講談社選書メチエ

614

国際紛争を読み解く五つの視座

現代世界の「戦争の構造」

篠田英朗

MÉTIER

目次

はじめに――紛争分析は問題解決の第一歩

世界はどこに向かっているのか?

冷戦が終わって四半世紀が過ぎた。あのとき、たしかに世界は大きく変わった。その後の四半世紀でも、さらに大きく変わった。

一九九一年、私は、大学を卒業し、バブル時代末期の超売り手市場で就職していく友人たちを横目で見ながら、大学院に進んだ。その前の二年ほどのあいだに、中国では天安門事件が起こり、東欧では共産主義政権の崩壊が起こり、中東では湾岸戦争が起こり、ユーラシア大陸中央部でソ連の崩壊の激震が走った。なにかひとつの時代が終わった、という感覚は、当時、多くの人びとが共有していた。もちろん、なにが終わったのか、次になにが始まるのかは、明らかではなかった。しかし、いずれにせよ、時代の転換点に生きているという感覚は、自然に広く共有されていた。

当時、冷戦後の世界では日本が大国になって米国に挑戦するといった言説が、まじめに語られていた。一九九一年からの二十世紀最後の十年間、日本のODA(政府開発援助)は世界一だった。日本は国連分担金比率で全体の約二割を負担し、安全保障理事会の常任理事国になるべきだという議論が盛んになされていた。日本国内ではのちにバブルと呼ばれることになる特有の社会現象が、冷戦時代の経済成長の最後の祭りのように、はなやかに進行していた。

私は、世界が大きく動いているという実感を抱きつつ、大学院に進んだのだった。そしてどこか現実離れしていた感のあった日本を離れ、海外で博士号を取得することを目指し、留学する準備を始めた。その私にとって、はたして世界はどこに向かって進んでいるのか、という問いは、非常に切実なものだった。

そんななか、私はＮＧＯ（非政府組織）の「難民を助ける会」で国内の難民支援ボランティアをしながら、海外業務にも携わらせてもらった。イランでのクルド難民支援、ジブチでのソマリア難民支援、カンボジアでの帰還難民支援の現場に送ってもらった。一九九三年にはＰＫＯ法（国際連合平和維持活動等に対する協力に関する法律）にもとづく派遣の最初の文民の一人として、カンボジアで選挙監視実務にあたらせてもらったりもした。

同時に、私は時代の動向を大きく見据えようとするいくつかの理論的視座に強い関心を抱いた。大きな視野で世界の動きをとらえていくための議論は、私にとっては国際関係の分野で研究者となっていくために必要な座標軸のようなものに思えた。それぞれの理論の個々の洞察を信奉するか否かにかかわらず、座標軸を見据えながら自分の生きる世界の動向を把握していくことが、有益であり、必要であった。

当時の私を含めた多くの人びとが座標軸とした理論的視座は、今日でもまだ有効性を失っていない。驚くべきほどに、現代世界とも関係している。もちろんそれらの理論的視座がもつ含意が、四半世紀のうちに変わってきたことも事実だ。しかしそれでもなお、継続と変化を調べるためにこそ、座標軸は大きな意味をもっている。

「冷戦の終焉」のような大きな物語を欠いている現代世界では、日々の細かい変化に目を奪われがちである。座標軸なき漂流といったイメージで、世界情勢をとらえがちになるかもしれない。混沌《こんとん》とした時代に育っている今日の若者層にとっては、とくにいっそうその事情があてはまるだろう。

だが現実が混沌としている時代だからこそ、座標軸を磨きなおし、据えなおす必要がある。

座標軸とは、絶対的な真理を教えてくれるドグマのことではない。時代の変化に気づく必要もなくなった年代の人びとであれば、無意識的であっても、ドグマを求める。しかし若者層のように未来を見据える者にとっては、座標軸とは、つねに更新されるべき地図の下書きにすぎない。しかも地図の下書きは何枚もある。

誰もどの地図がいちばん正しいのか、そもそも正しい地図が存在しているのかどうかすら、教えてはくれない。ただわれわれ自身が、人生をかけて、一枚一枚を修正し、精緻化し、相互に比較しあうという作業を、続けていくしかないのだ。残された時間が短ければ短い時間で、長ければ長い時間をかけて、作業を続けていくしかないのである。

失われた緊張感と紛争分析への関心

本書は、座標軸を精査するという問題意識を持って、戦争があふれている世界の現状を分析する。

戦争はなぜ起こるのだろうか。

個々の戦争にそれぞれ特有の事情がある。一般論で戦争の原因を語ることは許されない。

しかし、個々の戦争に特有の事情があるということは、それぞれの戦争が外部の世界とまったく無関係に切り離されて起こっているということを意味しない。表面的に理解できる戦争が起こっている地域の範囲をこえて、戦争の原因となっている事情が広がっているのがふつうである。だからこそ個々の戦争の地域をこえて広がる構造的な要因の分析の視点をもって、複合的に戦争の背景を考えることがいっそう重要になる。

約七十年にわたって戦争を経験していない日本人は、紛争分析に関心がないようだ。とくに弱いのが、紛争の背景となる構造の分析だ。

地域情勢については地域の事情に明るい専門家が解説できるだろう。しかし紛争を引き起こしていくメカニズムは、細かな事情分析だけでは判然としないことも多い。国際社会の大局的な構造の分析と組みあわせたうえで、はじめて細かな地域事情の分析もまた意味を増す。あるいはそもそも構造的分析なくして、地域事情の分析も十分に果たせるはずはない。

おそらくかつての日本人は、たとえば明治期の日本人は、異なった。

米欧の帝国主義列強が植民地化を拡大させているさなかに後発国として国際社会に参入した十九世紀後半の日本は、つねに世界でなにが動いているのかについて神経をとがらせていた。真新しい世界地図を目の前に置いて、いったい世界でなにが起こっており、世界はどう動いているのかを分析したうえで、日本のとるべき政策を思考していた。大きな時代の流れをとらえることなくしては、厳しい世界情勢のなかで、日本は生き残ることができないという危機意識があったからにほかならない。

今日の日本社会には、そのような緊張感は失われているように思われる。あいかわらず「自分たち」が日本の外に出ていったときに「世界」で通用するのか、といった問いには、大きな関心が寄せられる。しかし、実際の現実世界がどのように動いているのかという分析に費やされる議論は、非常に乏しい。厳しい世界情勢の分析を怠ったら日本は生き残れない、といった緊張感が、いまだに切迫感のあるかたちで共有されていないからだろう。

テレビのなかでは、わずかな数の紛争が思いついたようにとらえられては、思い思いのコメントがなされる。日本がかかわる領土紛争の場合には、感情的な言説がくりかえされることもある。しかし構造的な分析と言えるものがなされることは、あまりない。そのため長期的な日本の政策をめぐる議論も発展しない。

日本の外の世界には紛争があふれているが、「自分たち」の日本は関係がないと言わんばかりの雰囲気のなかでは、緊張感のある分析が生まれないのは当然だろう。

理論的な視座こそが

「日本らしい外交政策」や「日本らしい対外援助」が語られることは多い。しかしどんなに「日本らしい」ものであったとしても、達成のためには、相手の分析が重要になる。明確に定めた目標を達成したいからこそ、対象物およびその周囲の環境を徹底的に分析しつくすという態度が必要になる。

分析が弱ければ、政策の立案・実施も弱くなるだろう。よい政策の立案と実施はすべて、分析の質の高さにかかっている。

私自身は、特定の地域を専門にした観点からではなく、平和構築という政策的分野を専門にした観点から、世界のさまざまな紛争関連の地域情勢の分析をすることを仕事としている。最大限に個々の地域の事情について調べ、地域専門家と情報交換をおこない、なるべく頻繁に現地出張をおこない、多くの現地の方々と接触し、状況把握に努めるようにしている。だが長期にわたって同じ地域に滞在しつづけることは稀なので、自然に構造的な問題をとらえる視点を大事にするようになる。そうすると、むしろ構造的な分析こそが、決定的な意味をもつと感じるときも少なくない。

細かな断片情報だけで、大きな流れをとらえることは、どちらにしてもむずかしい。国際社会の構造的な動きとは、鳥瞰《ちょうかん》的な視点によってはじめて議論の俎上《そじょう》に載せることができるものだ。そこには相当程度に、国際政治を分析するための理論的な視座が必要になる。本書は、そうした理論的な視座を駆使して、現代世界の紛争を構造的に見るためのしくみについて論じてみようとする試みである。

もちろん理論的な検討だけを取り上げた場合でも、膨大な量の理論的視座を吟味することが必要になるし、重厚な議論を展開していくことは可能である。しかし本書では、各章において代表的な理論的視座を選び取ることによって、なるべく一般読者にも理解しやすい議論を提示することを心がけた。

理論で地域情勢のすべてが把握できるはずがないことはもちろんだ。ただ本書は、体系的に情勢把握をする視座を例示、関連性が高いと思われる理論を個々の地域情勢の分析にあてはめてみる。そうした方法論に限界はあるだろう。しかし限界は、本書を媒介にしたさらなる議論の展開のなかで、解消していくことができるはずであり、読みおえて読者が納得してくだされば幸いである。

第一章　現代の国際秩序——主権国家と自由主義

1　われわれは、いま、どんな時代にいるのか

「相容れない目的」

世界各地の問題を見ていく前に、全世界的な規模で展開している大きな流れをとらえておきたい。現代世界の紛争の構造的要因を考えるためには、国際社会の全体的な性格を見ておかなければならない。

そもそも紛争とはなんだろうか。国際的に共有されている紛争の定義が、学術界には存在する。日本ではあまり見られないが、国際的には、その定義は、相当程度に広く関係する実務の世界でも受け入れられている。[*1]

紛争分析の専門家は、「複数の人間（集団）が、相容れない目的をもっているとき」、紛争は生まれると、考える。この定義は、欧米諸国を中心にした数々の大学の紛争解決論の授業などで、将来の研究者や政治家や国際公務員などにたいして、教示されつづけている。

ここでポイントになるのは、複数の人間が「相容れない目的」（incompatible goals）をもっているという状態である。

この「相容れない目的」の認定によって、分析者は、客観的に紛争の存在を認定できると考えられている。つまり「紛争当事者」が、自分たちでは紛争の存在を否定しようとも、あるいは気づいてさ

えいない場合でも、「相容れない目的」が存在する場合には、なんらかの紛争が存在するとみなすのが、紛争を分析する学術・実務の世界の共通認識である。

たとえば、日本政府は尖閣《せんかく》諸島をめぐって領有権の問題があるとは公式には認めていないが、それは尖閣諸島をめぐる国際紛争があるという客観的な認識を分析者がもつことを阻害しない。

こうした事情から、紛争分析の業界では、「立場」(position)と「利益」(interest)を厳密に区別する。しかもその区別の方法はかなり国際的に共有されている。

「立場」とは、当事者が公式に表明している認識のことである。尖閣諸島をめぐる日本政府の公式の立場は、領有権問題は存在しない、というものである。

これにたいして「利益」とは、より実質的な目的の達成にかかわるものである。尖閣諸島をめぐる日本政府の利益は、尖閣諸島の実効支配を維持して(中国にたいして)領土問題で譲歩しない、というものだと考えることができる。

この利益は、現在のところ、日本の尖閣諸島にたいする領有権を棚上げにして海上権益の拡大を狙う中国政府の利益と相容れない目的を志向していると考えられる。したがって尖閣諸島には領有権問題は存在しないという「日本政府の立場」にかかわらず、日中間に尖閣諸島に関する紛争があると認定するのが、通常の紛争分析のやりかたである。

このような紛争当事者の利益の認定こそが、紛争分析および紛争解決において、つねにもっとも重要な論点となる。紛争分析の手腕がもっとも厳しく競われるのも、紛争当事者の「相容れない目的」をめざす「利益」の内容の認定をめぐってであろう。

交渉術の世界では、お互いの「立場」を否定することなく、水面下で双方の「利益」の調整を図ることが、基本的な考えかたとなる。「立場」と「利益」を誤認したり、混同したりすると、まとまる交渉もまとまらないということである。[*2]

「枠組み」の認識

こうしたいささか技術的な要素の強い紛争分析の業界の考えかたを、もう少し広い視点からとらえなおしてみると、次のように言うこともできる。

①紛争は、人間と人間のあいだに存在する矛盾から生まれる。ある人間が求めているものが、別の人間が求めているものと完全に一致しないとき、矛盾が生まれる。そして人間社会のなかに存在するさまざまな矛盾が、紛争を引き起こす。

②複数の人間集団のあいだに継続的に存在する矛盾は、紛争の構造的な原因と呼ばれるものになる。紛争の構造的原因とは、つまり社会のなかに存在している構造的な矛盾である。

③世界的規模で存在する紛争の構造的原因は、国際的な制度と、制度に収まりきらない現実とのあいだの矛盾から生まれる。したがって国際的な紛争の構造的原因となっている矛盾を知るためには、じつは国際秩序をつくっている制度的枠組みを知ることも重要になってくる。

紛争分析の理論からすれば、国際制度が世界に完全な調和をもたらすことはない。すべての人間の

「利益」が完全に一致することなどありえないと考えるからである。しかしそれは、集合的利益の調和の度合いを高めることが不可能だということを意味しない。

人間は生きていくうえで、自分自身の利益と他者の利益とを、社会的文脈を十分に考慮に入れつつ、不断に調和させるための努力を続ける。通常われわれはただ喧嘩《けんか》ばかりして毎日を過ごしていくわけにもいかないからだ。たとえ人間的な対立が社会から完全に消滅することはないだろうと感じているとしても。

国際社会においてもまったく同じように、破滅的な戦争ばかりをして暮らしていくわけにはいかないので、人間集団間の利益調和を少しでも進めていくための不断の努力が求められる。そこで国際社会にも利益調和の枠組みとなる制度をつくり、その制度がつくりだす矛盾を継続的に検証し、不断に改善を求めつづけることになる。

本書全体を通じた目的は、現代世界の紛争の構造的な背景を、理論的な視座から分析することである。各章で地域ごとの事情を明らかにし、いくつかの代表的な理論的視座を参照しながら、現代世界の紛争の構造的な背景を分析していく。

ただし、まず出発点として見ておきたいのは、数々の矛盾を抱えた現代世界が、そもそも基準として確立してきた秩序の枠組みは、どのようなものなのか、という問いである。それを知ることなくしては、構造的な矛盾を知ることもできず、「相容れない目的」を志向する利益の衝突の構造を分析することもできない。現代世界におけるもっとも根本的な構造的矛盾は、標準とする制度的枠組みと、それに対立するさまざまな動きとのあいだで、形成されているのである。

主権国家と自由主義

右の問題意識に沿って、本章ではまず、現代世界の国際秩序を形成している制度的枠組みについて考える。国際社会は、独特で複雑な制度をもっているが、そこにはやはり標準的な原則的枠組みというものがある。それは時代の流れに応じた変遷を遂げるが、やはり各時代に確立された標準的制度というものはある。二十一世紀の世界においても、確立された国際社会の秩序の基準は存在する。

国際秩序の基準を形成する原則の代表的な例をあげるとすれば、まず「主権国家」という制度を示すことができる。「主権国家」とは、現代国際社会の基本的な枠組みとなっているひとつの「制度」である。この「主権国家」という制度に、いくつかの政治的・経済的原則が密接不可分にかかわってくる。

そして、現代世界において「主権国家」の内実を定める制度的な原則となってきているのは、「自由主義」という国際秩序の思想的な基盤と言ってもよいイデオロギー体系である。「自由主義」とは、政治分野においては立憲主義によって体系化される諸個人の権利の思想を指し、経済分野においては「市場経済」という運用制度をもっている価値の体系のことである。

現代世界では、「主権国家」は、政治的・経済的「自由主義」と一体化しつつ、国際秩序を形づくっている。冷戦終焉後の世界において、「自由主義」は国際秩序の標準を形成するほぼ普遍的な思想原則となった。しかしそれは「自由主義」にたいする挑戦者がいなくなったことを意味しない。むしろ「自由主義」が標準化すればするほど、挑戦者の態度も過激化する、という現象が起こってきていると観察することができる。

本章では、こうした問題意識にしたがって、矛盾をかき立てている国際社会の中心的原則を、「主権国家」と「自由主義」として意識化し、次章以降の議論につなげる導入としていくことにする。

2　不安定でも維持されるべき秩序

ホッブズ、ルソー、ウィルソン

まず「主権国家」という制度が、なぜ国際秩序の枠組みをつくっていると言えるのかについて見てみよう。

現代世界の国際秩序とは、国民国家の原則が、普遍的に適用された秩序である。現代世界では、ほぼすべての地表が、それぞれの地域の「国民」がつくる「国家」に分割されている。それらの国民国家一つひとつは、いずれもとりあえず地上の最高権威のひとつであり、排他的な統治権をもっているとされる。この世界共通の国民国家による分割統治の制度こそが、現代世界に特徴的な秩序をつくりだしている。

たとえば、われわれは日本の外に行くときにはパスポートを所持して日本の当局にスタンプを押してもらわなければならず、次には世界のどこに行っても必ずその場所を統治している国家に入国を管理してもらう、という制度に慣れている。

しかしこの国際的制度は、ようやく二十世紀になってつくられたものにすぎない。国民国家が主権と呼ばれる最高の権威をもち、世界を分割統治しながら、しかし共通の国政制度も維持しているというしくみは、けっして数百年にわたって維持されてきたような制度ではなく、むしろ現代世界にのみ特徴的に見ることができるものだ。

トマス・ホッブズ（一五八八〜一六七九）がイギリス革命、三十年戦争の時代である十七世紀に、秩序のためには絶対主権を受け入れる社会契約が必要だと論じて以来、主権論はヨーロッパ政治思想の支柱の一角を占めるようになった。しかし主権論が「国民」概念と結びつくようになったのは、ようやく十八世紀後半のジャン・ジャック・ルソー（一七一二〜一七七八）の政治哲学とフランス革命によってである。

主権をもつ「国民」が国家を形成するという思想が欧米諸国に広まったのはせいぜい十九世紀のG・W・F・ヘーゲル（一七七〇〜一八三一）以降であり、その他の地域では第一次世界大戦後にウッドロー・ウィルソン（一八五六〜一九二四）の民族自決の論理を国際秩序の原則にしようとしたときからにすぎない。普遍化したのは二十世紀後半の脱植民地化の過程においてである。

このほんの百年にも満たないような歴史しかない国際秩序は、必ずしも世界中で盤石《ばんじゃく》であるとは言えない。むしろいたるところでほころびを見せ、抵抗を受けている。国際社会の中枢に生きる人びとは、国際秩序を守るために、欠陥を是正し、抵抗を退けるために、多大な努力を払いつづけている。

しかしそれでもなお、ほんとうにこの新しい国際秩序が永続的に続く基盤を獲得するのかどうかについては、われわれはまだ完全には確信できていないのが実際のところだろう。

世界各地で頻発する武力紛争、あるいは深刻な国家間の対立や政治勢力のせめぎあいは、この二十世紀につくられた新しい国際秩序の不安定性という問題と、密接不可分に結びついている。国際秩序が脆弱《ぜいじゃく》であるがゆえに、さまざまな矛盾が表出するのだ。

地域に応じた個別的な構造を見ていく前に、まずは世界大に確立されている国際秩序の特徴を考えることによって、現代世界に特徴的な紛争の構造的原因の分析へとつなげていきたい。

せいぜい百年にも満たない秩序

現代世界の国際秩序の制度的枠組みの根幹にあるのが「国家」という「制度」である。われわれは通常、国際秩序の基盤を形成している制度は、「国家」だと考える。つまり世界大に広がる二百近くの「国民国家」のそれぞれが「主権」をもって統治をおこなうというしくみが、国際秩序の基本的しくみを形成する制度である。

この国際秩序の姿は、最近つくられたものであり、せいぜい百年にも満たない歴史しかない。[*3]

現代世界には、二百近い国民国家が領域的な主権を相互に認めあいながら、地球のほぼ全地表を覆いつくして存在している。このような国際秩序のしくみは、人類の歴史上かつて起こったことがなかった。

もちろん有史以前から、世界中にさまざまな政治共同体があったことは確かだ。帝国的な支配体制や貢物による冊封《さくほう》体制があった場合だけでなく、相互に独立性が保たれていた場合も多かったはずだ。

だが、共同体の構成単位が「国民」という各地域の土着の生活集団に設定されるべきことが原則化され、それぞれの「国民」が居住する領域に「主権」を行使する権限をもっているということが原則化され、そしてそれによって地表のすべてが国民国家によって分割統治される制度が普遍化したのは、二十世紀以降のことである。

「国民」が政治共同体を構成する単位となることが正しい原則だという考えかたがあらわれはじめたのは、ようやく十八世紀末のフランス革命以降の「近代」という特有の時代の政治思想運動においてであった。近代以前の世界では、政治共同体の統一性を構成するのは共通の支配者によってであることは自明であった。支配する者が変われば、支配される者たちや領土が属する国も変わるという単純な原理であった。

江戸時代までの日本を考えてみよう。

今日の日本の領土のうち、本州・四国・九州の三つの島に居住する「大和民族《やまとみんぞく》」のあいだで、統一的な政治共同体の観念が古くからあったことは確かだろう。だがそれは相当程度に同じ支配者によって統治された経験をもつという歴史意識に依拠したものであり、近代的な意味での「国民」意識がそこにあったと考えることはむずかしい。支配は物理的な関係によって成り立っており、逃亡はありえた。日本各地の山間部等に残る「落ち武者伝説」などは、戦争と統治の結びつきを考える上で興味深い。

いずれにせよ、天皇家が支配する地域、あるいは江戸幕府の統治構造が及んでいる地域、といった観念はあっても、それらの政治支配関係をこえて存在する「国民」などという観念はなかったと言ってよい。

とても確立したとは言えない秩序

さらに言えば、お互いの領域的な主権を認める国民国家が世界に普遍的に存在しているがゆえに、世界大に広がるひとつの国際社会が存在しているという意識は、やはり二十世紀以前には存在していなかったものだと言ってよい。少なくとも国家間関係を通じて普遍的に広がる、共通の制度、共通の規則、共通の価値が存在しているという意識は、きわめて最近になって生まれた現象である。

二十世紀以前には、世界大の国際社会を想像する余地がないほどに世界は分断されていた。十九世紀末に頂点に達する帝国主義の時代になってようやく、ひと握りの数の帝国主義国家が世界を分有する「寡占的な国際社会」の姿が生まれてきたにすぎない。そこでは主権国家の原則は地理的には地球規模ではあったが、実際には世界のほとんどの地域が植民地支配されていることが当然視されていた、今日から見れば異質な世界であった。

ヨーロッパにポーランドやチェコがあり、中東にイラクとシリアがあり、アフリカにルワンダやコンゴ民主共和国がある、といった現代の学校の教科書に記載されている事実は、じつは数十年の歴史しかもっていない。そのような短い歴史しかもたない国際社会の制度が、つまり現在ある二百ほどの国民国家によって地球を分割統治するという最近になって導入された制度が、さまざまな挑戦を受ける非常に脆弱なものであったとしても、それはなんら不思議なことではないだろう。

まだ短い歴史しかもたない現代世界の国際秩序は、ほんとうに歴史の試練に耐えきって、永続的な制度として確立されたとまでは言えない。その制度を定着させるための努力は、まだ現在進行形でおこなわれている最中なのである。

いわゆる破綻国家にたいして大国や国連が暫定統治をおこなったり、現地政府だけでは対応できない人道危機や貧困などに、他国や国際機関が介入をおこなって支援を肩代わりしたりするのは、原則として認識されている制度が、現実においては多くの欠陥を抱えていることを示している。

いまなお確立を模索して制度を補強する努力が続けられている一方で、現存の国際的な制度の枠組みにたいしては、無数の挑戦がなされつづけてきているわけである。

ヨーロッパ中心主義の国際秩序観

国際社会の欠陥を見て、「最近の国際社会の不安定化」などといった安易な言いかたで納得したつもりになる議論を、しばしば見かける。かつて国際社会はきわめて安定していたのに、今日では不安定になっていると言わんばかりである。そして、かつて主権国家は絶対的な存在であったのに、今日では絶対的ではなくなった、などと仮定するのである。

だが、過去には国際社会は安定していて主権国家は絶対的であった、などと仮定できる根拠を、われわれはもっているだろうか？

ほんの百年ほど前、たとえば第一次世界大戦前の世界はどうだっただろうか。

ただひと握りの数の主権国家だけが存在していた。国際秩序に関与することができる大国だけが真に主権をもつ国家として認められるべきだと広範に信じられていた。十九世紀を通じて真に主権国家だとみなされていたのは、イギリス、フランス、ドイツ、オーストリア、ロシアなどのヨーロッパの大国だけであり、やがてアメリカ合衆国を追って中南米諸国が加わり、二十世紀になるころにようやく日本やトルコなどの周辺国が主権国家だと認められるようになったにすぎなかった。

十九世紀ヨーロッパのほんのわずかな国々の相互関係と、現在の二百近い諸国が独立主権国家となっている地球大の国際社会を単純に比較するのでは、対象がかみあっていない。つまりそのような比較は、まちがいである。

たしかに、十九世紀において欧米列強は帝国主義化して、地理的にはほぼ全世界を呑《の》みこんだ。だがそれでは、十九世紀の国際政治を見る際に、われわれはアフリカ大陸や中東における情勢をきちんと分析対象としているだろうか。欧州帝国の支配領域すべてに目配りをしたうえで、十九世紀国際政治を語っているだろうか。逆に、アジアやアフリカには独立国はほとんどなかったのだから、十九世紀国際政治は欧米だけを見ておけば事足りるといった安易な態度をもってしまっていないだろうか。

十九世紀に関してですら、欧米列強のそれぞれの帝国内の複雑な政治情勢を分析の視野に入れるならば、われわれの歴史観は変わってくるだろう。アフリカでもアジアでも南北米大陸でも、無数の反乱や抑圧や虐殺が起こっていた。十九世紀においても、今日と同じように、世界には紛争があふれていたのである。それらを度外視して十九世紀を安定した時代であったかのように考えてしまうのは、われわれがいびつな歴史観をもっているからにほかならない。

現代の国際社会が不安定で、十九世紀までの国際政治が安定していたかのような仮定は、まずわれわれの認識の無意識的なヨーロッパ中心主義によるところが大きい。

ヨーロッパ中心主義から脱するということは、たとえばいたずらに白人を批判したり攻撃したりすることなどとはちがう。白人を批判しようと憎もうと、無意識のうちにヨーロッパを中心にして世界を見てしまうのであれば、ヨーロッパ中心主義的な態度に陥っていることになる。そこから脱するには、認識論のレベルでの意識的な努力が必要である。

国際政治学の伝統的な認識論

十九世紀ヨーロッパには、むきだしの権力政治が存在していたが、全体としては安定性を保っていたと考えられているのは、なぜだろうか。そこには国際政治学の伝統的な議論の構図がある。

現実主義者の代表者であるハンス・モーゲンソー（一九〇四〜一九八〇）、イギリス学派の代表者であるヘドリー・ブル（一九三二〜一九八五）、現実主義をアメリカ外交で実践したヘンリー・キッシンジャー（一九二三〜）らは、頻繁に十九世紀ヨーロッパをモデルにした国際秩序の姿について議論をおこなった。日本においてすら、高坂正堯《こうさかまさたか》（一九三四〜一九九六）から坂本義和《さかもとよしかず》（一九二七〜二〇一四）にいたるまで、いわば左右両陣営の国際政治学者たちが、国際政治の基本的イメージのモデルを十九世紀ヨーロッパに求める論述を多数残した。*4

二十世紀の覇権国がアメリカであったにもかかわらず、十九世紀ヨーロッパが国際政治のモデルとされたのは、偶然ではない。十九世紀ヨーロッパを題材にして、新たに超大国になったアメリカに反省をうながそうとする動機づけが論者にあったのだろう。その背景には、アメリカは外交的には経験不足で、ヨーロッパには教訓に満ちた豊饒《ほうじょう》な外交史がある、という根強い考えかたがあった。

だがそれによってかき消されてしまうのは、アメリカの覇権的な力と価値観によって二十世紀の国際秩序は形成された、という事実である。そしてアメリカがもちこんだ価値規範とは、ヨーロッパ人にとっては異質なものであった。

アメリカの台頭がなければ、単にナチス・ドイツやソ連の支配を防げなかったかもしれないということだけではなく、帝国の崩壊や脱植民地化を通じた国民国家による世界分割という巨大な現象は、起こりえなかったかもしれない。

二百ほどの主権をもつ「国民国家」が全世界を分割して統治するという国際秩序のしくみが国際社会の原則として確立されたのは、二十世紀後半になってからのことである。そしてその現象は、非ヨーロッパ国であるアメリカが覇権を握ったという時代背景と、密接不可分な関係にある。その事実には、たとえ数多くの国際政治学者が十九世紀ヨーロッパを模倣すべきモデルとして参照しつづけても、けっして看過されてはならない重要性がある。

ヨーロッパ中心主義と日本

現代国際社会のしくみを過去にも投影して見る態度は、十九世紀「ヨーロッパ国際社会」が拡大して今日の「普遍的国際社会」になったという、ヨーロッパ中心主義的な歴史観と密接に結びついている。

たとえば、日本の場合ですら、標準的な主権国家のひとつとして「国際社会」に参入するようになったのは、せいぜい百数十年前であり、それ以前にはまったく異質な政治共同体を形成していたにすぎない。ただ日本は意識的にヨーロッパ国際社会に正規メンバーとして参入するという国家目標を立て、十九世紀後半にそれに向かって邁進《まいしん》した点において、どちらかというと突出した歴史をもつ。世界の多くの地域、とくに今日多くの武力紛争が起こっている地域の歴史は、それほど単純ではない。

十九世紀のように、普遍的な国際規範が確立されていない時代では、政治共同体の存在は、欧米社会で理論化されていた主権国家の存在と同じではなかった。明治以前の「日本」は、ひとつの政治共同体であったかもしれない。だが欧米人が信じる主権国家のひとつではなかった。そもそも日本人のほうが、主権国家の理論などに関心を持っていなかった。

江戸幕府がのちに「不平等条約」と称されるようになる一連の条約を欧米列強と結んだのは、それらが「不平等」なものだと当時の人びとが感じていなかったからに他ならない。「治外法権」は平等な主権国家間の関係では存在してはならないという観念さえなければ、面倒な外国人は居留地に押しこめておいたほうが好都合だったのである。

日本が苦心して「不平等条約」の改正に取り組んだのは、欧米と同じような主権国家になりたいという国家目標を掲げた明治維新以後のことである。欧米諸国と同じような主権国家になりたいと思うのでなければ、異質な文化を認めあうようなスタイルで、非対称的な協定で満足することに、問題はなかった。

国際政治学という学問分野で多く語られる「現実主義」の見かたでは、国際政治を形成しているのは国益を求めて権力闘争をくりひろげる主権国家群であり、この国際政治の性格は数百年にわたって変わっていないとされる。数多くの伝統的な手法を踏襲する国際政治学の教科書は、このような現実主義の教義を歴史的に妥当な見かたとして受け入れている。

だが明治維新より前の日本に「国家の利益」としての「国益」の概念が存在していたと言えるだろうか。国民国家の一体性を前提にした「国益」にそった政策が、欧米を模倣する近代化を進める前の日本に存在していたと言えるだろうか。そもそもひとつの国民にひとつの利益があると仮定して外交政策を決めるべきだといった考えかた自体が、きわめて近代的なものではなかったか。

今日と同じような特徴をもつ「国際社会」が十九世紀にも存在していたかのように考える非歴史的な見かたは、日本をはじめとする欧米以外の地域の十九世紀末までの実情を見れば、否定されなければならない。

主権国家体系としてのウェストファリア体制の神話

国際政治学には、「ウェストファリア体制の神話」と呼ぶべき「物語」が存在してきた。一六四八年のウェストファリア条約によって主権国家が生まれ、その時以来、主権国家の国際体系が絶対的なものであり続けているという「物語」である。

しかし実際には、三十年戦争を終結させた条約によって主権国家のアナーキーな国際体系が成立し、それが今日に至るまで三百六十年以上続いているなどという「物語」は、歴史的な裏づけを欠いた「神話」にほかならない。

十七世紀当時の三百以上にのぼるドイツ地域における諸領邦が有した権限が「最高性・絶対性」などといった考えかたで説明できるものではなく、むしろ「飽くまでも帝国国制内部の権限」にすぎなかったことについては、すでに詳細な研究が蓄積されている。[*5] 国際政治学者でスタンフォード大学教授のスティーブン・クラズナー（一九四二〜）は、現実のウェストファリア条約は、みずからも習慣的に「ウェストファリア・モデルの主権」と呼んでいるものとはまったく関係がないと述べる。なぜなら一六四八年のウェストファリア条約には、自律を脅かす宗教的寛容の規定など、絶対主権に反する規定が盛りこまれていたからである。[*6]

「ウェストファリア体制の神話」が生まれた背景については、筆者自身も機会を見つけて論じてきているので、ここでは細かくはくりかえさない。[*7] 端的に言えば、十九世紀に「国際法」の法律としての確立を狙った草創期の国際法学者たちが、国際法体系が生まれた歴史的瞬間を見出したかったこと、そして二十世紀に体系的な学問としての「国際政治学」の確立を狙ったハンス・モーゲンソーが、国際法学者たちの「物語」を都合よくつくりかえてしまったことが、大きく影響している。つまり体系的な学問の確立にあたって、歴史のダイナミズムを超越した「物語」が強く求められるため、学者たちがつくりあげたのが「ウェストファリア体制」であった。

十七世紀のヨーロッパにおいて国際政治は完成し、その後の三世紀以上の間はただ非欧州地域の人びとによる欧州の模倣が広がったにすぎないという歴史観が、「ウェストファリア体制の神話」である。この徹底した「ヨーロッパ中心主義」的な歴史観は、歴史を超越した学問体系をつくるためには便利ではあった。しかしそれは、あまりにも便宜的すぎる「非歴史的」な「物語」であった。

われわれが生きている現代の国際社会の秩序は、数世紀にわたって変化もなく維持されてきたものなどではない。実際には、つい百年ほど前から生まれてきて、ようやく二十世紀後半に原則として確立されたものにすぎないことは、どんなに強調しても強調しすぎることはないような重要な点である。

孤立主義としてのモンロー主義の神話

ヨーロッパ中心主義的な「ウェストファリア体制の神話」は、二十世紀にアメリカの覇権によって大きく世界がつくりかえられて現代世界が誕生したことも無視するという点で、さらにいっそう非歴史的である。

われわれは、安易にアメリカをヨーロッパの亜流とみなし、アメリカの覇権とはヨーロッパ国際社会の拡大であると仮定してしまいがちである。けっきょくは同じ白人だ、といった人種にもとづく世界観を、無意識的に学術的分析にまでもちこんでしまいがちである。

しかしアメリカ合衆国は「汚れた旧大陸」を嫌悪して独立した者たちによってつくられた政治共同体であり、アメリカの非ヨーロッパ的な性格を無視することは、歴史それ自体の無視と言っても過言ではない。

本書の第六章で詳述するように、アメリカの伝統的な外交思想を言いあらわす概念は、むしろ「明白な運命《マニフェスト・デスティニー》」といったものであり、けっして「孤立主義」といった当時のアメリカ人がまったく使うことがなかった概念ではないだろう。

自国がヨーロッパ国際政治にかかわらない代わりに、ヨーロッパ列強が西半球すべての諸国にかかわらないことを求めた、一八二三年のジェイムズ・モンロー大統領の一般教書演説を通じて宣言された考えかたが、「モンロー・ドクトリン」である。この一般的には「モンロー主義」と呼ばれるドクトリンについて、アメリカ外交史の専門家のさまざまな指摘にもかかわらず、日本ではいまだに「孤立主義」として理解する風潮があまりにも根強い。その風潮は、日本人の国際政治史の理解に大きな制約をつくりだしているだけでなく、日本人の現代国際秩序の理解に大きな制約をつくりだしている。しかし実際には、「モンロー・ドクトリン」とは共和主義を標榜《ひょうぼう》する西半球世界の諸国の、ヨーロッパにたいする卓越性を唱える思想であり、むしろ拡張主義を擁護するドクトリンであった（第六章を参照）。

モンロー・ドクトリンを標榜した十九世紀のアメリカ合衆国は、もはや北米大陸東部沿岸部の旧植民地の連合体ではなかった。周辺国やヨーロッパ諸国との軍事対立も意に介さず、苛烈な先住民の大虐殺を辞さず、メキシコにも戦争をしかけて、北米大陸全域を制圧する一大拡張国家であった。一八四八年にメキシコからカリフォルニアを割譲させて太平洋に到達し、そのわずか五年後には早くも日本を軍艦による威嚇外交の対象としていた。

日本が幸運だったのは、アメリカが、一八六〇年代からしばらくは五十万人が犠牲になったといわれる巨大戦争・南北戦争による分離独立運動の制圧と、その後の南部諸州の軍事占領統治に専心せざるをえなくなったことである。しかし十九世紀末までにはふたたび絶え間ない対外拡張を始め、ハワイ王国を併合し、スペインに戦争をしかけてキューバを保護国化し、フィリピン、プエルトリコ、グアム島などを植民地にしていった。

このような国の当時の歴史を、「孤立主義」と描写するのは、あまりにも現実からかけ離れた姿勢である。アメリカはヨーロッパに来なかったので「孤立主義」であった、というのは、いびつな「ヨーロッパ中心主義」がきわまった思考であると言わざるをえない。[*8]

「孤立主義としてのモンロー主義の神話」は、「主権国家体系としてのウェストファリア体制の神話」に次いで、国際政治学における「ヨーロッパ中心主義」の「神話」を形成しているものだ。「モンロー主義＝孤立主義」との理解は、十九世紀に存在していたのはヨーロッパ国際社会だけであり、十九世紀まではアメリカは無色透明で弱々しく、西半球には真空地帯のようなものがあったにすぎない、あとは後に国力をつけたアメリカがあたかももうひとつのヨーロッパ列強のようにヨーロッパ国際社会に参入してきただけだ、といういびつな歴史観・世界観につながっている。

しかしアメリカ研究の専門家からすれば、一八二三年のモンロー大統領の一般教書演説で表明されたモンロー・ドクトリンは、「アメリカ独自の国際秩序の標準が大統領教書として表明された」ものであり、「アメリカ合衆国の対外発展が単なる独立主権国家の確立、領土の獲得を超えて、ヨーロッパ公法秩序とは別原理で競争的な自由を肯定する西半球の秩序、アメリカン・システムを創り出すものであった」。つまり、独立戦争直後は妥協的な態度をとらざるをえなかったアメリカ合衆国は、一八二〇年代までには国力を整えて、「モンロー・ドクトリンでアメリカン・システムがヨーロッパ公法秩序、万国公法から独立したことを宣言したのであった」。[*9]

つまりモンロー・ドクトリンは、単に「孤立」することを目的にしていたのではなく、（まず）西半球世界において「アメリカン・システム」を確立することを目的にしていた。「孤立主義としてのモンロー主義の神話」は、「主権国家体系としてのウェストファリア体制の神話」とあわさって、「ヨーロッパ中心主義」の国際政治史の理解をつくりだしてきた。アメリカがたまま二十世紀に覇権国になったとしても、要するに十七世紀ヨーロッパに成立した国際政治が二十世紀にも続いているにすぎず、アメリカが二十世紀にもちこんだ新たな国際秩序の要素などはなにもない、といったいびつな歴史観を広げてきた。

「モンロー主義の神話」を、「ウェストファリア体制の神話」とあわせて排していくならば、アメリカという非ヨーロッパ国際秩序圏（西半球世界）の覇権国が、二十世紀の国際秩序に非ヨーロッパ的なインパクトを与えた事実を見ることができるようになる。

二十世紀になって新たに導入された諸原則である「集団安全保障」と「集団的自衛権」、さらに「自決」（self-determination）や「人権及び基本的自由」、そしてなんと言っても「主権平等」（sovereign equality）と呼ばれるようになった国家主権の形式的理解は、アメリカが西半球世界でモンロー・ドクトリンの一部として発展させたものだ。現在では国際連合憲章に導入されて国際秩序の支柱となった諸原則は、アメリカが非ヨーロッパ圏でつくりあげ、二十世紀になってヨーロッパにもちこみ、世界的規模に広げていったものなのである。[*10]

非ヨーロッパ国としてのアメリカが非ヨーロッパからアメリカにもちこんだ国際秩序の性格を把握することは、「ヨーロッパ中心主義」から脱する第一歩である。覇権国がもちこんだものすら認識しないのであれば、他の諸国の貢献に気づくことはまったく不可能になる。「孤立主義としてのモンロー主義の神話」からの脱却は、アジアやアフリカなどのその他の地域の国々（人びと）が、二十世紀の「普遍的国際社会」の確立にもたらした非ヨーロッパ的な貢献を評価するためにも重要だろう。

第一次世界大戦による地殻変動

現在の国際秩序は、世界全体を揺り動かした巨大戦争がくりかえされた結果、生まれてきた。最初の地殻変動は、第一次世界大戦によって引き起こされ、アメリカ主導で第一次世界大戦後の国際秩序がつくりだされたときに決定的なものとなった。

今日の二百近くの国民国家によって地球が分割されているという国際社会の状態は、つまり第一次世界大戦以降の二十世紀の国際変動によって、ヨーロッパの帝国が解体されつづけたという現象によって生まれた。

第一次世界大戦後、世界最強国となったウッドロー・ウィルソン大統領のアメリカ合衆国は、民族自決権を適用することによって大国間の領土をめぐる紛争を解決しようとした。オーストリア゠ハンガリー帝国（ハプスブルク王朝）、オスマン・トルコ帝国（オスマン王朝）、ロシア帝国（ロマノフ王朝）は崩壊し、ヨーロッパには新興独立諸国が多数成立することになった。その余波は中東や南アジアにもおよび、大英帝国から離脱して独立する植民地地域も相次いだ。

第一次世界大戦前の十九世紀の国際法の文献などを見ると、世界に真の主権国家は数ヵ国くらいしかないという認識が広く行きわたっていたことがわかる。民族自決権などは語られることもなく、国民国家の原則が普遍的に適用されるべきだなどといった観念も存在していなかった。アメリカが覇権を握り、欧州の帝国群が解体されはじめた二十世紀になって初めて、今日の国際社会で標準原則となったものの多くが国際法にも導入されはじめたのである。

帝国主義の時代は、第二次世界大戦後のイギリスやフランスの帝国の解体をもって、完全に終焉を迎える。二十世紀前半のアメリカが覇権国として登場してくる時代は、帝国が解体されて国民国家原則が普遍化されていく今日の国際社会が生まれてくる過渡的な時代であった。

ただしそれは簡単には完成しなかった。むしろ帝国の後始末の問題は今日でも続いている。ユーゴスラビアやウクライナといった帝国の間の領域の国家性、ヨーロッパ人による恣意的な中東やアフリカの国境線の策定などといった諸問題は、第一次世界大戦を経て現代にもちこされた帝国主義の遺物である。

民族自決と国家間の平等

ウィルソンは、民族自決の原理をヨーロッパにもちこむことにより、かぎられた数の大国間の勢力均衡による国際秩序のありかたを変えようとした。

ウィルソンによって生み出されたヨーロッパの小国群は、国力の大小にかかわらずすべての国家は平等な権限をもつという思想によって支えられた存在であった。そして主権国家群が集団的に国際社会全体の安全保障に参画するという新しいしくみを支える存在であった。

言うまでもなく新しい国際秩序は、現実を十分には変更することができず、ウィルソンがつくりだした東欧の小国群はのちにナチス・ドイツによって席巻されることになる。しかしウィルソンのアメリカが、ヨーロッパの帝国を解体した後の国際秩序の原理を示したことは事実だ。けっきょくその原理は、二十世紀後半には、よりいっそう強化された価値規範となっていった。[*11]

ヨーロッパの伝統的な国際秩序は、少なくとも第一次世界大戦の後に、アメリカ合衆国によって、大きな修正を迫られていたのであった。アメリカ合衆国こそが、主権平等の原理をまずみずからの連邦制度の枠内で実現した特異な国家であった。そして「新世界」の理念の卓越性を信じる「明白な運命《マニフェスト・デスティニー》」論者たちの国家であった。

二度にわたる世界大戦と冷戦は、国際秩序のしくみの面においても、ヨーロッパ中心主義を終焉させ、アメリカ合衆国が主導する体制で、「ヨーロッパ国際社会」を「普遍的国際社会」へと移行させる歴史的転換点であった。

現代国際秩序の不安定性

第二次世界大戦以降の世界では、大日本帝国が敗北を喫した後のアジア地域に、そして大英帝国などのヨーロッパの大国の影響力が及ばなくなった地域に、数多くの新興独立諸国が産み落とされた。

第二次世界大戦の余波は、冷戦すなわち米ソ対立によって欧州諸国が埋没する時代にまで及び、イギリスやフランスなどの欧州諸国の帝国の残滓《ざんし》の解体をうながした。その結果、二十世紀後半にはアフリカ大陸全域にまで脱植民地化の動きが広がり、次々と新興独立諸国が生まれた。これによって世界の地表部分のほぼ全域が、その地域に住む人びと自身によって統治される国家によって覆われるという時代が訪れた。

そして世界のそれぞれの地域に土着の「国民」が存在し、その「国民」が世界中のそれぞれの地域で「国家」を形成しているというしくみが、二十世紀後半に成立した。世界のどこに行っても、その土地の国家が存在するというしくみ、つまり政治的・経済的・文化的な差異のいっさいにかかわらず、主権をもつ土着の国家が世界を分割統治しているという国際秩序が完成した。

ただしそれらの地域では、新しい秩序がまだ安定的に確立されていない。

独立したのだから、脆弱さの責任のすべては現地に住む人びとにある、とまでは簡単には言えない。二十世紀後半の脱植民地化の流れのなかで独立した新興諸国のほとんどは、そしてとくに今日でも武力紛争などの不安定な統治にあえいでいる諸国は、歴史的な裏づけのない政治共同体の枠組みを受け入れざるをえなかった国々である。しかも本書が第五章や第六章で論じるように、制度的な植民地支配の部分だけを現地社会にたいする負の影響とみるのは、近視眼的である。多くの場合、より長い歴史の中で、むしろ非制度的な面での負の影響のほうが、圧倒的に深刻であった。

しかし解決策は国境線の引きなおしなどによってはもたらされないだろう。なぜなら矛盾を露呈しているのは、単なる国境線の引きかたのまちがいによってではないからだ。国境をどこに引くか、ではない。国境によって地表を分断して国民国家群が普遍的な分割統治をする、というしくみそれ自体の効果が問われているのである。

近代主権国家の理論を適用して諸制度を構築しているところに、根本的な現実との乖離《かいり》が生まれる。近代主権国家がいまだ普遍的に一律適用できる原理にまでなっていないということが、現代の国際秩序が挑戦を受けつづけている最大の理由である。

それは維持する努力に値するものなのか

一九九〇年代末に、メアリー・カルドー（一九四六〜／ロンドン・スクール・オブ・エコノミクス教授）は、冷戦終焉後に急増した武力紛争のほとんどが国家間戦争ではなかったことをもって、「新しい戦争」の特徴は、国内紛争におけるアイデンティティ闘争としての性格にある、と論じた。[*12]

十九世紀末に頂点に達した国際社会は、ほんのわずかな数の主権国家が帝国主義的支配を世界大に広げていた特異な時代の産物であった。帝国が解体して無数の形式的な主権だけを付与された新興独立諸国が支配する二十世紀後半になったことによって、戦争のパターンも変化した。国家の脆弱性を背景にした戦争が増えたのである。それは国家内紛争というかたちで立ちあらわれてくるかもしれないし、あるいはむしろ政府・複数政府機関・非政府の武装組織が入り乱れておこなわれるような、いわば国家逸脱的な戦争として立ちあらわれてくるかもしれない。

アフガニスタン、イラク、シリア、イエメン、リビア、スーダン、南スーダン、マリ、コンゴ民主共和国、中央アフリカ共和国、といった現在進行形の紛争地帯を見てみるならば、今日では「国家間」紛争に代わって「国家内」紛争が主流になった、といった言いかたが、あまりに単純すぎると感じられてくるはずである。

今日の世界の特徴は、むしろ「国家逸脱的」とでも形容するしかない複雑な武力紛争が数多く現出してきている状況にある。なぜそうなのかと言えば、主権をもつ国民国家の制度を世界中で一律に適用する、という二十世紀に開始された壮大な実験が、その限界を露呈した結果、武力紛争という現象

世界の紛争地域

があらわれてきていると言えるからである。

現在の国際秩序が完成されたものであるか否か、などといまさら問うのはやめておこう。それは普遍的に適用されているが、完成されていないことは、明白である。

今日の国際社会で真に問題になるのは、われわれが標榜する国際秩序は、本当に維持する努力に値するものなのか、ということだろう。

平和構築、国連PKO、対テロ戦争、人道的介入、緊急人道支援、貧困削減、能力開発……、無数の表題のもとに無数の国際介入が、世界的規模で継続的におこなわれつづけている。すべては確立すべき国際秩序を確立するためである。

二十世紀後半以降の現在の国際秩序を確立させる努力のなかで、さまざまな国際的な支援も試みられてきた。ときには犠牲者を出すこともいとわずに、介入してまで支援をおこなうのは、支援者の側も支援することになんらかの利益を見出しているからである。そうした利益を個々の国家の国益の観点から説明することもできるだろう。いずれにせよ、支援者たちは、現在の国際秩序を維持安定させることに、大きな利

表1：2014年の武力紛争

〈アフリカ〉
アルジェリア（政府 vs. AQIM） リビア（政府 vs. Zintan Brigades, Libyan National Army） マリ［アザワド］（政府 vs. MNLA, AQIM, al-Murabitun） スーダン（政府 vs. SRF, Darfur Joint Resistance Force, SARC） 南スーダン（政府 vs. SPLM/A In Opposition） エチオピア［オガデン］（政府 vs. ONLF） ソマリア（政府 vs. Al-Shabaab） コンゴ民主共和国（政府 vs. APCLS, PARC-FAAL, Kata Katanga） ナイジェリア（政府 vs. Jama'atu Ahlis Sunna Lidda'awati wal-Jihad） ウガンダ（政府 vs. ADF, LRA） エジプト（政府 vs. IS-SP）
〈中東〉
イスラエル（政府 vs. ハマス, PIJ） イラク（政府 vs. IS） レバノン（政府 vs. IS） シリア（政府 vs. IS, Syrian insurgents） イエメン（政府 vs. AQAP, Ansarallah）
〈アジア〉
アフガニスタン（政府 vs. Taleban） インド（政府 vs. NDFB-S, GNLA, CPI-Maoist, Kashmir insurgents/パキスタン） パキスタン（政府 vs. BLA, BRA, TTP, Lashkar-e-Islam, IMU, Jamaat-ul-Ahrar） ミャンマー（政府 vs. KIO, MNDAA, PSLF） タイ［パッターニー］（政府 vs. Patani insurgents） フィリピン（政府 vs. ASG, BIFM, MNLF-NM, CPP）
〈ヨーロッパ〉
ロシア［コーカサス首長国］（政府 vs. Caucasus Emirate） アゼルバイジャン［ナゴルノカラバフ］（政府 vs. ナゴルノカラバフ共和国） ウクライナ（政府 vs. United Armed Forces of Novorossiya, Maidan, Donetsk People's Republic, Lugansk People's Republic）
〈アメリカ〉
アメリカ合衆国（政府 vs. al-Qaeda） コロンビア（政府 vs. FARC）

＊UCDP（Uppsala Conflict Data Program）のデータをもとに篠田英朗が作成

益を見出している。そして国際秩序の完成のために、多大な努力を払っているのである。

維持することの利益は努力にともなうコストを上回る

現在の国際秩序を維持する努力に成功の見こみはあるのか。もし費用対効果に見あう方法で維持ができるのだとすれば、それはどんな方法によってなのか。これらの問いに究極的な答えは見つかっていない。

しかしそれにもかかわらず、現在の国際社会の主要な勢力は、現在の国際秩序を維持することの利益は努力にともなうコストを上回る、という判断をなしている。

主要な諸国や国連を中心とする国際機関の努力は、現在の国際秩序を維持することに大きな利益があるという判断によって正当化される。もし維持することが不可能であれば、それらの努力の価値は水泡に帰する。そのリスクにもかかわらず、国際秩序が失われることのリスクのほうが圧倒的に大きいと見積もって、行動しているのである。

ただし、すべての諸国が等しく同じような努力をしているわけではない。たとえば日本であれば、ODAは世界四位といった水準でおこなうが、軍事的関与はおこなわない、といった具合である。国際秩序維持のための努力のレベルは、個々の国家の現存の国際秩序にたいする関与の度合いによって決まってくる。

たとえばアメリカは、世界最大のODA拠出国であり、さらに頻繁に軍事介入もおこなっている。なぜか。現存の国際秩序の維持と、自国の利益の確保が、どの国と比べても深く結びついているからだろう。つまり、現在の国際秩序は、アメリカを中心とする勢力がつくりあげた秩序なのだということである。

アメリカが形成する勢力に近ければ近いほど、現在の国際秩序の維持に投資をすることに合理性が見出されることになる。逆にその勢力に敵対すればするほど、国際秩序の維持には合理性がないということになっていくのである。

3　自由主義の覇権をめぐって

特別な地位を占める特別な思想運動

現代国際秩序の制度的枠組みの強化は、自由主義諸国の勢力の拡大の問題と、表裏一体の関係にある。より国際政治的な言いかたをするならば、自由主義を標榜する米国を中心とする勢力、と言い換えてもよい。あるいは自由主義的価値規範によって体系づけられた国際的・国内的な諸制度の影響力の広がりだと言い換えることもできるだろう。

二十一世紀の今日の世界は、全世界的な規模で影響力を行使する政治勢力・思想運動が存在している、という点によって人類史においても特筆すべき段階にあると言える。

自由主義の思想が世界中で例外なく信奉されているわけではない。挑戦者の数は無数だ。しかしそれでもなお、人類の長い歴史において、ここまでひとつの体系的な政治勢力・思想運動が世界的規模で支配的になったことはなかった、と言うことは可能だろう。

自由主義思想の権威を理解するために重要なのは、現代では、自由主義の思想を共有していることによって説明される一群の諸国家によって形成されている自由主義諸国のネットワークが存在している、という点である。日本もその一翼を担っている。それは、市民革命以降の世界における世界的規模の近代化の流れを、現代においてもっとも典型的に受け継いで発展している政治勢力である。

自由主義は、国際社会の秩序を論じる者にとって、特別な地位を占める特別な思想運動のことである。少なくとも第一次世界大戦以降の過去一世紀にわたって、あるいはそれ以前の産業革命や市民革命の時代から、自由主義的な思潮とどう対峙《たいじ》するかが、思想的な態度を決するひとつの大きな国際的な問題であった。

自由主義の来歴とE・H・カーの批判

第一次世界大戦の後の国際秩序では、産業革命後の資本主義（自由貿易）と、市民革命後の国民主権（自由権の保障）の地位を受け入れることが、つねに正統なものでありつづけている。そのため二十世紀の国際政治学においては、存在している国際秩序の妥当性を問いなおすために、自由主義思潮の妥当性を問いなおすという試みがくりかえされてきた。

一九三九年に出版された『危機の二十年』で有名なE・H・カー（一八九二〜一九八二）は、第一次世界大戦から第二次世界大戦にいたる両大戦間期に、戦勝国側が「ユートピア主義」にもとづいて国際秩序を構築したことが、危機の原因であると論じた。[*13]

「ユートピア主義」とは、自由貿易や世論への信頼などにもとづいて国際平和を維持しようとする立場のことである。その中心的な推進者は自由主義を標榜するアメリカであり、アングロ・サクソン諸国であった。自由主義の原理は、すでに国際社会で優位な立場にある諸国の利益になるイデオロギーである。そのため、ドイツなどの敗戦国や日本のような新興国の自由主義にたいする不満が高まったというわけである。つまりカーは、現状維持を図って自国の利益増進を狙う米英を中心とする諸国の政策を問題視するにあたり、その思想的基盤となっている自由主義の欺瞞《ぎまん》性を問題視したのである。

自由主義の原理は、政治思想の観点から言えば、十七世紀イギリス名誉革命の時期に、ジョン・ロック（一六三二〜一七〇四）が「革命権」も正当化する諸個人の自然的な権利を擁護したときから確立されはじめたと言える。その後のイギリスでは「功利主義」が台頭し、諸個人の最大の利益を確保するところに社会全体の最大利益も確保されるというドクトリンが広まった。

また、アダム・スミス（一七二三〜一七九〇）が、経済活動においても、諸個人の最大の利益の確保が社会全体の富の増大につながると論じて、のちに古典派経済学と呼ばれるようになる自由主義の政治思想と経済思想の結合をはたした。十九世紀のジョン・スチュワート・ミル（一八〇六〜一八七三）は、それをさらに強固な社会進歩史観と結びつけ、自由主義こそが人類を発展させるものだという壮大なドクトリンがつくられていくようになった。

イギリスでは、自由主義の進展は労働者階級の悲惨な境遇と裏腹な関係にあることが自明であったため、二十世紀前半には自由主義的なものとしての資本主義の限界と是正を強調する社会主義運動と労働党の台頭を呼びこんだ。カーは、政治思想としては、今日の言葉でいう「左翼」思想に浸かっていた。そのためイギリス自由主義のもっとも楽観的な部分を浅薄なやりかたで主張しているようにしか見えなかったアメリカの政治家たちのふるまいは、許しがたいものに見えたのだろう。

カーによって現代にまでつらなる国際政治学が始まったと言えるが、その際にカーが用いた「ユートピア主義」と「現実主義」の対比は、国際社会で支配的地位にある米（英）のふるまいを批判し、国際秩序の枠組みを形成する自由主義の問題性を批判するための概念装置であったと言える。

「政治的現実主義」

同じパターンは、ハンス・モーゲンソーによってアメリカで開花した「政治的現実主義」の議論にも見られる。

第二次世界大戦終了後、冷戦が開始された時代にあって、モーゲンソーは権力闘争の世界である国際政治のなかでは、国益追求を重視した「現実主義」の外交政策が必要であることを強調した。みずからを「政治的現実主義者」と規定したモーゲンソーが批判の対象としたのは、国際政治における「理想主義」であった。

「理想主義」とは、つまり国際政治が権力闘争の世界であることを否定し、諸国の協調によって国際秩序を維持することができると考える立場である。ここでモーゲンソーが批判したのは、実際にはアメリカの伝統的な政治思想に見られるような自由主義的な価値規範への過度な信頼であり、自由主義の理念によって国際秩序を構築し、維持することができるとする考えかたであった。

二十世紀前半の国際秩序の批判にあたっても、国際政治学の誕生の瞬間にあたっても、中心的な問題は自由主義だったのである。アメリカが世界最強の国家となり、古典的なヨーロッパの国際秩序を否定し、自国が標榜する価値規範に依拠した国際秩序を推進したのが二十世紀であった。そのとき、国際秩序の体系を全体的に問題にする作業が、自由主義の妥当性の検討に必ず行きつく時代が訪れたのである。そのためカーやモーゲンソーが政策的な議論を展開するにあたっても、体系的な批判をおこなうために標的とせざるをえなかったのが、自由主義の問題だった。

自由主義の勝利としての冷戦の終焉

二十世紀後半の冷戦体制は、自由主義が国際秩序の基盤となりうるかを争う戦いでもあった。政治分野でも、経済分野でも、教条的な自由主義の弊害が唱えられ、二十世紀の自由主義の広がりは、純粋理論の修正にもとづく反省的な態度によって進められた。一九七〇年代までは社会主義を標榜する諸国の数も増加し、国際的にも自由主義の可能性に限界があることが強く認識されていた。

しかし一九八〇年代に米英を中心とする勢力による保守革命は、今日われわれが「新自由主義」と呼ぶ古典的な自由主義理論の復権をもたらした。言うまでもなく、東欧革命とソ連の崩壊が、自由主義陣営の勝利による冷戦の終結と理解されるようになったことによって、その流れは決定的に強くなり、自由主義は普遍的な価値規範の体系としての地位を固めた。

日本人にとっては、社会の秩序の基盤になんらかの思想体系がある、ということ自体があまり馴染まない視点かもしれない。しかし思想的な体系なき社会秩序はありえない。現代の産業社会のように複雑化したシステムを内包する社会においてはとくに、統合的な体系をもたらす上位理念が重要になる。日本の場合であれば、最高法規としての日本国憲法が依拠している理念、つまり基本的人権の尊重、国民主権、そして平和主義が、社会統合的な思想の表現であるということになる。

冷戦終結後の四半世紀の間に、自由主義的価値規範は、国際人権法や国際人道法の権威の高まりによって、いっそう強固なものになった。自由貿易を推進する自由主義的な市場経済も世界の標準型の経済体制モデルとして進展しつづけている。人権、市場、そして主権がすべて矛盾なく活発化していくという前提は、自由主義的な価値規範にもとづく国際制度への信頼のなかで進展しているのである。

「歴史の終わり」と自由主義の覇権

一九八九年、冷戦終焉をもたらした東欧革命が起こった年に、フランシス・フクヤマ（一九五二〜）は「歴史の終わり？」という論文を発表し、大きな注目を集めた。

フクヤマによれば、人類の歴史は、理念の闘争によって展開していく。イデオロギー戦争であった冷戦が、自由民主主義諸国の勝利によって終焉したのだとしたら、それは理念としての自由民主主義の勝利でもある。それによって理念の闘争に終止符が打たれ、自由民主主義の理念が標準原則として普遍的に適用される時代になったのだとすれば、それはむしろ「歴史の終わり」をも意味しているかもしれない、とフクヤマは論じた。

世界の武力紛争の発生数の推移（1946～2014 年）

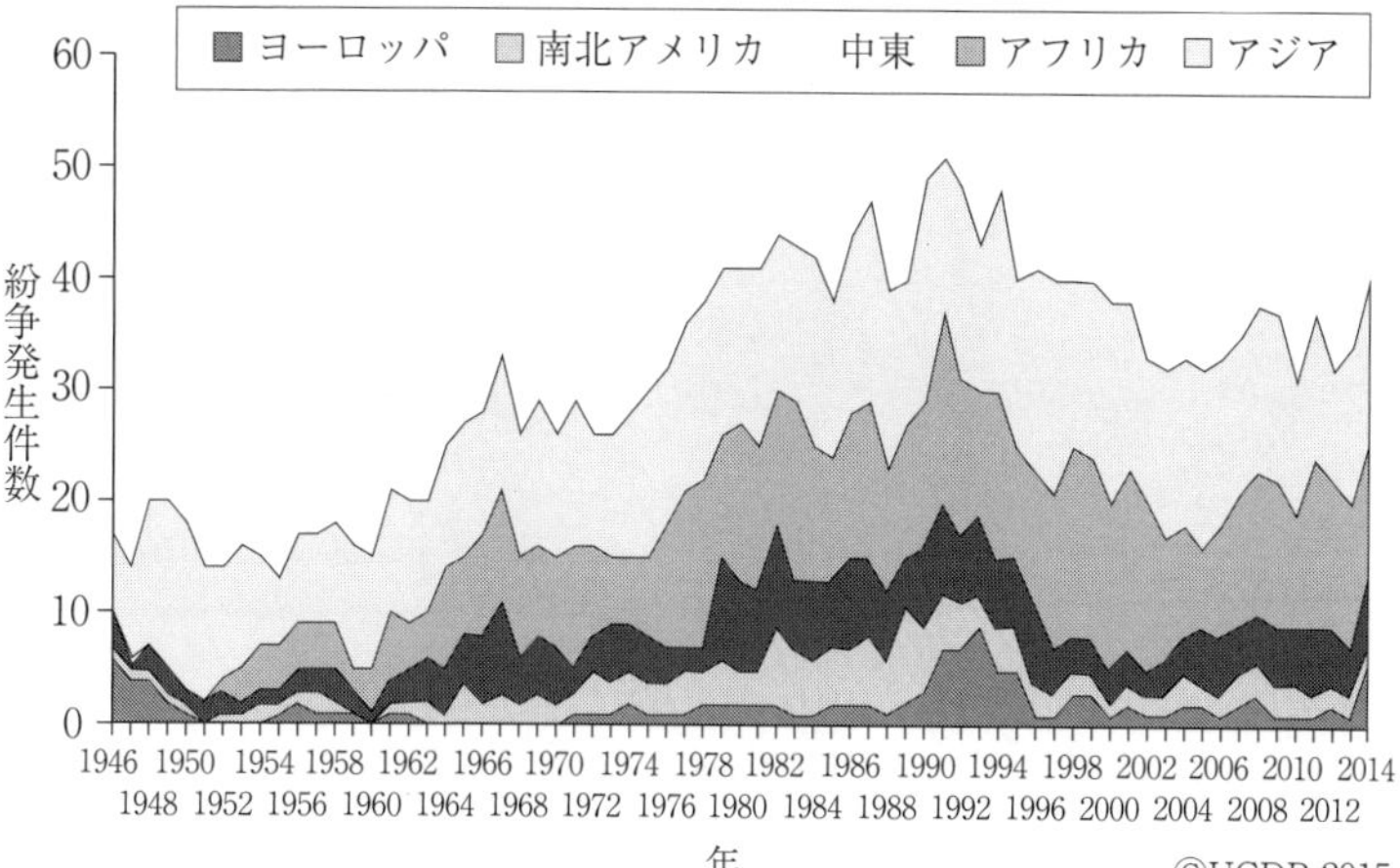

©UCDP 2015

フクヤマの中心的な洞察である、自由民主主義がイデオロギーの戦いで最終的な勝利を収め、理念の争いに終止符が打たれたという見解の妥当性については、大きな議論が巻き起こった。その議論の余波は、今日にまで続いていると言ってよい。

フクヤマの洞察が、自由民主主義の最終的な勝利が、より安定的で平和な世界をもたらすというものだったとしたら、それはまちがいであったことは明らかだ。冷戦終焉後の世界が、それ以前の世界と比べて平和だと考えることができる証拠はない。むしろ武力紛争の数は増えている。

だが、はたして、自由民主主義は最終的に勝利を収めたが、それは安定的で平和な世界につながるような事件ではなかった、と言えるのだろうか？　自由民主主義が勝利したにもかかわらず、ではなくて、自由民主主義が勝利を収めたがゆえに、世界はむしろ不安定化して多くの戦争を抱えこむようになった、と考えるべきなのだろうか？

フクヤマの議論は、ヘーゲルに端を発した哲学的な「歴史」の概念に依拠したものであり、「歴史の終わり」になにを読みこむべきかについては、多分に哲学的な要素が含みこまれている。フクヤマにとって「歴史の終わり」とは、ニーチェが「最後の人間」と呼んだ理想なき人びとに、警鐘を鳴らすことを意図した議論であった。

「最後の人間」とは、理想をもたないがゆえに、みずからを高めるために生きるということを忘れ、刹那《せつな》的な快楽に身をゆだねる者たちである。自由民主主義の勝利は、「最後の人間」たちが生きる世界をつくりだすのではないか、とフクヤマは疑った。「最後の人間」たちは、世界を安定化させるのだろうか、不安定化させるのだろうか。[*14]

ミードとアイケンベリーの論争

自由民主主義の勝利は、その価値観に依拠した国際制度が普遍的に広がっていく現象を引き起こした、と言える。

プリンストン大学の国際政治学者ジョン・アイケンベリー（一九五四〜）の議論で有名になったように、そもそも第二次世界大戦後の国際秩序は自由主義的な制度の導入によって特徴づけられる。[*15]

諸国の主権平等が原則化されて植民地主義が否定され、人権規範が原則化されて国際人権法・国際人道法は発展し、市場経済が広まって各種の国際銀行や調停機関も導入された。この大きな流れが決定的となったのが冷戦の終焉であり、冷戦終焉後に国際社会が導入した一連の政策は、自由主義に依拠した国際秩序を広めるものであった。

アイケンベリーであれば、覇権国家アメリカが力だけによる国際統治をせず、自由主義的制度の普遍化を通じた国際統治をめざしたことは画期的であり、高く評価すべき点だと考えることになる。

だが、はたしてこのような自由主義的な国際秩序は、ほんとうに確立されたのか。もし確立されたとしても、それは挑戦者を受け付けず、絶対的に世界を安定化させる結果をもたらすように確立されたのか。フクヤマの議論から連なる大きな問いが、依然としてアイケンベリーの主張の後に残される。

二〇一四年、外交雑誌『フォーリン・アフェアーズ』誌上で、ウォルター・ミード（一九五二～／バード大学教授）とアイケンベリーの論争が展開された。[*16]

ミードは、冷戦終焉後の高揚期が終わり、世界は地政学的な権力闘争の性格をはっきりさせていると指摘した。じつはミードも、冷戦の終焉が自由主義に依拠した国際秩序をもたらす大きな契機であったことを否定しない。しかし二十一世紀の世界では、たとえばロシア、中国、イラン、そして日本（！）などによって、地政学的発想にもとづく権力闘争が活発化し、しだいに自由主義的な国際秩序は後退するようになった、と論じたのである。

これにたいしてアイケンベリーは、ミードの議論は近視眼的であり、長期的な自由主義的国際秩序の拡大強化の流れが強固であることを見逃していると論じた。アイケンベリーは、自由主義的国際秩序がいかなる挑戦も受けていないと主張するつもりはないと論じたうえで、しかし国際社会全体の大きな流れは自由主義的国際制度から逸脱したものではないと主張したのである。

ミードが代表する議論と、アイケンベリーが代表する議論のちがいは、現代世界の多様な要素のうちのどれに重きを置くか、という点にある。けっきょくのところ、今日の世界では、国際秩序は自由主義的価値観を中心にした制度によって形成されている。ただしそれは必ずしも完全に安定的で平和な状態をもたらしたわけではなく、依然として数多くの挑戦者たちが存在している。両者はこれらの認識では一致している。ただそれらの挑戦が、制度を崩壊させるほど深刻なものか否かという点については、解釈のちがいがありうるということである。

じつはほとんど同じような構図の議論が、フクヤマ自身と、「ネオコン」として知られるロバート・ケーガン（一九五八〜）の間でおこなわれ、『ジャーナル・オブ・デモクラシー』という学術雑誌に掲載された。[*17] フクヤマは、最近の世界で民主主義が停滞しているように見える理由を論じた。フクヤマは、民主主義の定着には、国家機構の能力の問題があると指摘する。しかしその基本的姿勢は、堅実な能力発展とともに、民主主義は定着していく、というものである。これにたいしてケーガンは、自由民主主義が広がったのは、力による裏付けがあればこそであることを強調し、民主主義の定着は約束されたものではないと主張した。ケーガンによれば、政治ですら、地政学に追随せざるをえないのだという。[*18]

制度そのものを問うとき……

今日の世界では、主権国家が形成する国際制度が、政治的自由主義と市場経済の価値規範と一体化して、強固な国際秩序の枠組みをつくりだしている。主権国家と政治的・経済的自由主義は、簡単にはつくりかえることのできない国際制度の基盤となっているのである。この制度のなかに安住している者たちは、フクヤマが言うニーチェの「最後の人間」たちである。自由主義的国際制度の中枢に位置する「最後の人間」たちは、制度の変更はもちろん、制度の妥当性をあらためて問いなおすこともなく、制度の存在を前提にしたうえで日々の享楽を追い求めている。

ただし、人類のすべてが「最後の人間」になったわけではない。むしろ「最後の人間」を軽蔑し、「最後の人間」が前提としている国際制度を忌み嫌い、主権国家・自由主義・市場経済の国際制度に挑戦することすら厭《いと》わない者たちは、たしかに存在しているのである。自由主義的な国際制度が確立されていることと同時に、その国際秩序にたいする挑戦も多々存在していることについては、フクヤマもアイケンベリーも、彼らの批判者たちも同意するだろう。

本書の第六章においては、アメリカを中心とする勢力によって推進された近代の発展主義が、「成長の限界」に苛《さいな》まれた場合に、何が起こるのかを論じる。自由民主主義の最終勝利がはたされて、野心のない「最後の人間」が蔓延《まんえん》する世界を、アメリカは拒絶するだろう。なぜなら自由への挑戦はくりかえし引き起こされているので、覇権国家・アメリカはより完成された自由主義的な国際秩序の確立のために、努力を払わざるをえない。内なる障害を克服するために、成長しつづけることをめざすのである。

ニーチェであれば、「最後の人間」を拒絶するのは、高みをめざしつづける「超人」である。はたしてアメリカは、「成長の限界」に直面してもなお、高みをめざして邁進しつづける超大国でありつづけるだろうか。第二章以降の論点を見た後に、本書が第六章で立ち戻って問いなおすのは、そのような問いである。

普遍と個別の間の矛盾をとらえる

十九世紀のヨーロッパのような伝統的な国際社会の秩序が、複数の勢力の相克関係を基本的性格にしていたとすれば、冷戦終焉後の世界では、それとは異なる様相をもつ状況が広まっている。国際秩序の中心に位置する勢力と、その挑戦者たちの対立という性格をもつ争いが、増えてきている。つまり制度維持勢力と、制度挑戦勢力のあいだの対立として、国際社会の基本構造が展開するようになってきている。

一方では覇権的な価値規範に依拠した国際秩序があり、しかし他方では画一的な秩序に対抗する勢力も日々発生するという現象が、今日の世界では起こっているのである。

次章からは、それぞれの章において、中心的な視座となる分析理論をひとつずつ設定し、その理論にもとづいて、東アジア、ヨーロッパ、中東、アフリカ、そしてアメリカの各地域の紛争状況を分析していく。したがってそれぞれの章において、分析対象とする地域と、採用する分析理論は、異なってくる。しかし共通しているのは、普遍主義的な国際制度が挑戦されている、という点である。

第二章では勢力均衡、第三章では地政学の概念を参照しながら、東アジアとヨーロッパの情勢を分析し、普遍的な国際社会の内部にある確執の構造を見ていく。第四章で焦点をあてる文明の衝突をめぐる議論は、中東を中心地とする対テロ戦争の現象を読み解くための視点となる。第五章では、世界システム論の視点を導入して、アフリカを分析する。第六章では、ふたたび自由主義の問題を取り上げ、その発展の限界の可能性を、ひとつの構造的な矛盾の要素として論じていく。

そのようにして本書は、普遍的な制度が直面している問題を、さまざまな位相から検討することを試みる。さまざまな複雑な事情をもつ世界の紛争情勢を総覧したうえで、普遍と個別の間の矛盾をとらえるという一貫した視点で、あらためて各地域の紛争の構造をとらえなおしてみるのが本書の狙いであると言ってもよい。

具体的な様相は地域によって異なる。しかし国際制度の基盤があらためて問いなおされている点では、世界各地の状況は共通している。各地域の挑戦は、最終的には、普遍的な国際制度がほんとうに普遍的なものでありうるのかという問いに通じていくはずである。

第二章　勢力均衡——東アジアの紛争と中国

1　もっとも広く知られた理論

中国の台頭

東アジアの国際政治情勢を特徴づける現象は、なんと言っても新しい超大国としての中国の台頭である。このことがもつ世界大の衝撃は計り知れない。

冷戦終焉後の四半世紀にわたって、アメリカは「唯一の超大国」としての地位を享受しつづけてきた。しかしそのような時代はやがて終ろうとしている。超大国がひとつではなく、ふたつある時代が、もうすでに到来しつつあるからである。世界的な影響を放つ、まさに構造的と呼ぶべき変化が、東アジアで起こっているわけである。

この場合、超大国とは、圧倒的な国力を保持しているがゆえに、世界のほとんどの諸国が簡単には対抗できないような国のことを指す。「超大国」とは、他の大国をも凌駕《りょうが》する圧倒的な国力を保持している国だということになる。二十一世紀において、中国はアメリカに次いで、そのような国になった。

ただしこのことは、中国がアメリカとまったく同じような行動をする国になるということを意味しない。たとえばアメリカの外交政策の屋台骨となっているのは、NATO（北大西洋条約機構）、米州機構、東アジア各国との二国間同盟をはじめとする軍事同盟および地域機構、さらには緊密な政治関係をもつ諸国との世界的規模のネットワークの網の目である。文字どおり世界中に広がる米国の同盟国のネットワークは、単に中国が「超大国」になり、国力の面でアメリカに匹敵する国になったということだけで自動的につくりだすことができるものではない。

逆に言えば、一九四五年には世界の工業生産高の四五パーセントを占めていたアメリカ経済のシェアが、二〇一一年で言えば一七・五パーセントにまで下がっているのに、依然としてアメリカが世界の超大国と目されているのは、独自の軍事的・政治的なネットワークの実力と権威によるところが大きい。

アメリカにとっては西半球世界における米州機構のネットワークは十九世紀以降の外交政策の遺産であり、ヨーロッパ諸国やアジア諸国とのネットワークは二十世紀の二度の世界大戦と冷戦を勝ち抜いてきた成果である。中国が同じような同盟ネットワークをつくりだし、世界的規模でアメリカに匹敵する影響力を行使するには、さらに相当な年月を要するだろう。

それにしても中国の超大国としての台頭は、アジアを中心に巨大な影響を放つ。今日のアメリカで代表的な現実主義の国際政治学者であるジョン・ミアシャイマー（一九四七〜／シカゴ大学教授）は、二〇〇六年の文章で、次のように述べていた。

今日、最も豊かで強力なアメリカでさえ、全世界を支配することは不可能だ。しかしアメリカが西半球で行ったような地域覇権なら達成可能だ。よって、すべての大国にとっての究極の目標は、世界のある一定の地域を支配し、他の大国が自分以外の地域で覇権国にならないようにすることだ。……この国際政治の理論を、私は自分で「オフェンシヴ・リアリズム」（攻撃的現実主義）と呼んでいるが、これはアジアにとって重要な関連性を持つ。なぜならこの理論は、「中国が次の一〇年間に見事な経済成長を続けていけば、強力な軍事組織を築き上げ、アメリカが西半球で行ったようなやり方でアジアを支配しようとするはずだ」と予測しているからだ。中国が覇権を目指す理由は、中国の文化が伝統的に攻撃的であるとか、政治指導者の失策などにあるのではなく、ただ単に「覇者になることが自国の生き残りを最も確実に保証してくれる」という点にある。もしアメリカの国益が他の地域にある大国を西半球から追い出しておくこと（そしてこれこそがモンロー主義の核心なのだが）にあるのなら、中国の国益が「アジアからアメリカを追い出すこと」にあるのは言うまでもない。[*1]

まずもって中国は、東アジア地域での伝統的な勢力の均衡状態に変更を余儀なくさせている。東アジアの主要プレーヤーの力関係が変われば、それに応じて勢力均衡の力の構成も変わるのは当然である。しかしそのような変更は、一朝一夕には達成されない。東アジアでは、東シナ海・南シナ海の領土問題を中心に、中国が関係した領土問題が多い。東アジアの紛争メカニズムは、中国の超大国としての台頭による勢力均衡メカニズムの変動という構造的要因によって説明されるのである。

勢力均衡（バランス・オブ・パワー［Balance of Power］）は、国際政治においてもっとも広く知られ、もっとも頻繁に参照されてきた安全保障に関する理論である。勢力均衡の考えかたは、長い歴史のなかで、世界の隅々にまで適用されて論じられてきた。しかし現代の東アジア情勢を考えるにあたっては、他地域の場合と比しても、とくにいっそうこの考えかたが重要になる。

そこでこの章では、勢力均衡の理論に焦点をあてながら東アジアの現状について理解することを試みる。

国際政治における「神の見えざる手」

勢力均衡とは、複数の行為者（政治主体）の間で形成される力の均衡状態を意味する。勢力均衡は、アメリカ合衆国憲法の批准を説いた『ザ・フェデラリスト・ペーパーズ』で頻繁に参照された原理であったことからもわかるように、けっして国際政治だけに限定される概念ではない。[*2] むしろ伝統的には、連邦制（連邦政府と各州の政府の力の均衡）や、三権分立（行政府・立法府・司法府の間の力の均衡）は、勢力均衡の原理にしたがって、そのしくみに関する説明がなされてきた。しかし国際政治では、超越的な権力が不在であるために、複数の力の均衡を達成することによって社会的安定を図っていかなければならない要請が強く、勢力均衡が重要な原理として認識される度合いが高いこともまた事実である。

ヨーロッパ国際政治史において、勢力均衡は、比類なき重要な役割を与えられてきた。古来より人類は国家の内部の政治秩序に関する思想を豊かにもってきたが、国家間の秩序に関する思想は乏しかった。もっともキリスト教やイスラム教などの宗教に基盤を置く社会秩序の思想を視野に入れれば、中世のヨーロッパやイスラム世界には複数の政治共同体の関係を規定する思想があったと言えるのかもしれない。しかし世俗的な諸国家間の秩序に関する思想は、人類の長い歴史のなかで欠落していた。逆に言えば、国際的な秩序に関する思想がない時代には、国際社会の観念もなかった。現代の国際社会にまでつらなるヨーロッパ国際社会が生まれてきた時代に、宗教的権威によらない国際社会の秩序形成思想が生まれた。勢力均衡とは、国際社会の存在を説明可能なものにした思想であったと言って過言ではない。

自分の利益を追求しているだけの諸個人が市場を通じて経済秩序をもたらすというアダム・スミスの「神の見えざる手」のように、勢力均衡とは、自国の利益を追求しているだけの諸国家が国際社会の秩序をつくりだすという考えかたを指していた。一七一三年に結ばれた「ユトレヒト条約」は、勢力均衡の維持を目的としている、と謳った。スペイン王位継承戦争後のヨーロッパに秩序を回復させるために掲げられたこの目的は、ヨーロッパに平和と安定をもたらすものだと信じられていた。

古典的なヨーロッパの国際社会に着目した議論を展開したヘドリー・ブルらの国際関係論における「イギリス学派」が、歴史のなかに「国際社会」の全体思想を見出すことができたのは、主にヨーロッパにおける勢力均衡の高い認知度によってであった。十八世紀になるころのヨーロッパに、諸国家が形成するひとつの社会があるという観念が存在していたとすれば、それは萌芽《ほうが》的に発展していた外交や国際法によるものでもあったかもしれないが、しかし決定的だったのは、やはり勢力均衡であった。

「イギリス学派」の祖とされるマーチン・ワイト（一九一三〜一九七二）は、次のように述べていた。

勢力均衡は、十八世紀を通じて、ある意味で国際社会の不文憲法であるかのように、一般的に語られていた。[*3]

この言葉が意味しているのは、勢力均衡は、ほとんど自然法則のように認識されていたと同時に、諸国家が行動の指針とすべき規範的原則としても機能していた理論であった、ということである。

ハンス・モーゲンソーは説く

第二次世界大戦直後に大著『国際政治』を著し、いわゆる現実主義的な国際政治学の代表となったハンス・モーゲンソーはこう述べる。

すべての社会は多数の自律的単位で構成されているが、その構成部分の自律性は一般的な社会原理によるものであり、しかも国際的なバランス・オブ・パワーは、この一般的な社会原理の単なる特殊なあらわれにすぎない。[*4]

つまり、国内社会においてと同様に、国際社会にも勢力均衡の原理が適用されるが、それは勢力均衡が社会の一般原理を構成していると言ってもよいからだ。モーゲンソーによれば、勢力均衡政策は、「諸主権国家から成り立つ社会においては、単に不可避的のものであるのみならず本質的な安定要因である」[*5]。

モーゲンソーの定義によれば、「均衡」とは、「多数の自律的な力から成り立つ、ひとつのシステムのなかにおける安定を意味する」。国際政治においてそれは、諸国家それぞれが力を保持してうごめきあう過程で、力の均衡状態が生まれ、それによって社会全体に安定が訪れることを意味する。

外部の力によって、あるいはこのシステムを構成する要素の変化によってその均衡が撹乱されるたびに、このシステムは、本来のあるいは新たな均衡を再建しようとする傾向を示す。[*6]

つまり一度成立した均衡状態は、やがて崩壊する運命にあるが、しかしまた新しい均衡が生まれてくる。国際政治でいえば、勢力均衡によって国際社会に保たれていた安定は、やがて世界大戦のような事件によって崩壊させられてしまうかもしれない。しかしたとえそうであっても、じつは崩壊後にあらためてまた新しい均衡が訪れる。モーゲンソーの見かたにしたがえば、この均衡と崩壊、そしてまた均衡、というサイクルが、国際社会の動態的な流れを決定づけるものである。

さらにモーゲンソーは述べる。

あらゆる均衡の目的は、システムを構成している諸要素の多様性を破壊せずに、システムの安定を維持することである。[*7]

つまり均衡をつくりだすのは、個々の社会構成員の存在を維持しながら、社会全体の安定を図るためである。国際政治にあてはめて言えば、勢力均衡は、個々の国家の存在を維持しながら、国際社会全体の安定を図っていくための原理だと言える。

直接的対抗のパターンと競争のパターン

勢力均衡の理論は、細かく見ていくならば、いくつかの種類に分けることができる。たとえば、政策によって操作的に維持されるものとしての勢力均衡の概念と、より自然発生的に生まれる状態としての勢力均衡の概念がある。さらにモーゲンソーは、勢力均衡を、直接的対抗のパターン（図2―1）と競争のパターンに類型化した[*8]。

そもそもモーゲンソーは、国家の外交政策のパターンを、拡張主義的な政策をとっている帝国主義的なものと、現状維持的なものとに分けていた。そこから勢力均衡のふたつのパターンも生まれる。もし帝国主義的な政策をとる国家どうしが対峙すると、直接的対抗の関係が生まれ、そこから発生する勢力均衡も、直接的対抗関係を基本としたものとなる。

勢力均衡の図式

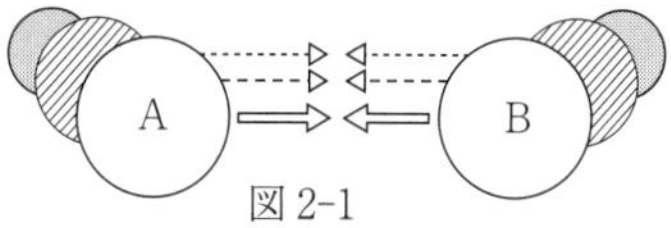

図 2-1

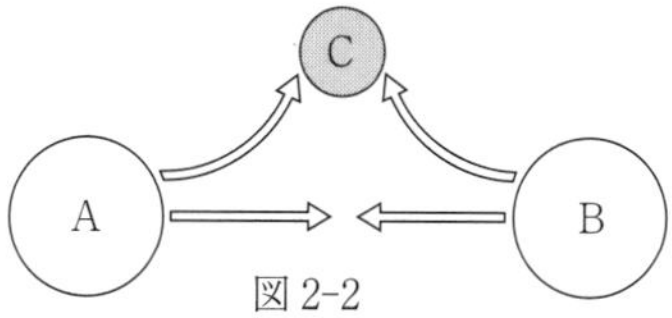

図 2-2

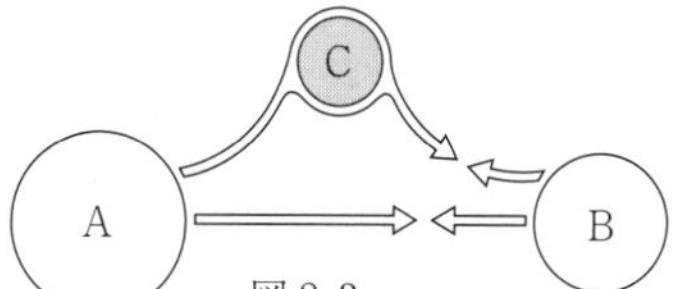

図 2-3

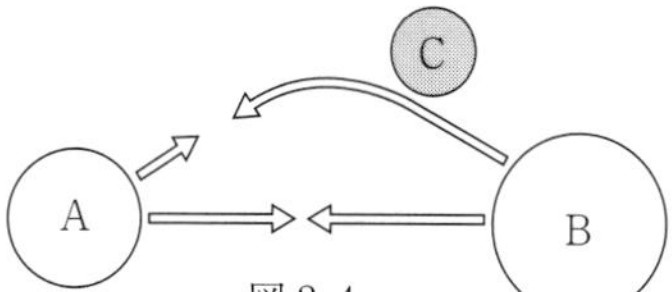

図 2-4

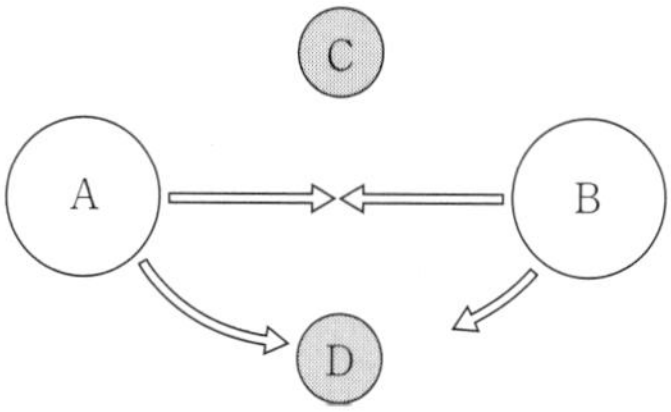

図 2-5

＊モーゲンソー『国際政治』より

モーゲンソーによれば、勢力均衡の競争のパターンだと、ふたつの強国のあいだで、その他の国家にたいする影響力の行使をめぐる確執が生まれる。独立した第三国の存在が勢力均衡によって維持されるのは、対立するふたつの強国の勢力が拮抗《きっこう》し、どちらも第三国にたいして影響力を行使できない場合である（図2―2）。ふたつの強国のあいだの力の均衡が崩れると、第三国の独立は危機に陥る（図2―3）。ただし勢力を有利に伸ばした強国が現状維持政策をとる場合には、第三国の独立は維持される（図2―4）。また、どちらの強国も第三国にたいする関心をもっていない場合にも、その第三国は独立を維持できる（図2―5）。

ところでモーゲンソーは、この競争のパターンの勢力均衡の説明として、ヨーロッパの小国だけではなく、「朝鮮の運命」も参照した。なぜなら、

強い隣国からのコントロールないし介入によって、朝鮮はその長い歴史の大半を独立国として存在してきた……。中国の力が朝鮮の独立を保護するに十分でないときにはいつでも、他の一国、概して日本が朝鮮半島に足場を獲得しようと試みた。紀元前一世紀から、朝鮮の国際的地位は大体、中国の優位かあるいは中国・日本間の対抗か、のいずれかによって決定されてきた。[*9]

後述するように、モーゲンソーによる朝鮮半島をめぐる大国間の勢力均衡の描写は、二十一世紀の東アジアの情勢の描写としても、ほぼそのままあてはまるだろう。二〇一〇年代になってからの中韓関係の蜜月と、日韓関係の悪化を、第二次世界大戦時の歴史の認識といった問題だけに還元して理解

するのは無理がある。勢力均衡の国際政治のメカニズムが働いていると考えるほうが理解しやすいことは、本章の後半で論じる。

逆張りのウォルツ

十八世紀、十九世紀ヨーロッパを勢力均衡が維持された国際社会のモデルと考えるならば、大陸における覇権国の誕生を阻止するイギリスの役割が特別なものとして意識される。

モーゲンソーはこのような見解に立って、かつてのイギリスのような「バランサー」を欠いた硬直した冷戦期の二極構造を警戒していた。ハーバード大学教授から国家安全保障担当大統領補佐官・国務長官になり、米中接近を演出したヘンリー・キッシンジャーも同様であった。キッシンジャーの博士学位論文は、ナポレオン戦争後のウィーン会議において、いかに繊細な配慮で勢力均衡が回復されたかについての研究であった。[*10]

伝統的な勢力均衡の考えかたでは、ヨーロッパにおいてイギリスが「バランサー」としての特別な役割をもってきたと考えられている。大陸諸国間の力関係を見きわめたうえで、特定国が大陸で圧倒的な力をもつことを防ぐためにイギリスが柔軟に同盟関係を組みなおしていくことによって、勢力均衡はようやく保たれたと考えるからである。もし、第三極が情勢を見きわめて柔軟に動くことによってはじめて勢力均衡は保たれるのだとすれば、第三極が存在しない二極構造は、対立がエスカレートしていくことを防げない構造であるということになる。

しかし冷戦が緊張緩和《デタント》の時期に入ったころに出版されたケネス・ウォルツ（一九二四～二〇一三）

の『国際政治の理論』は、二極構造こそが安定性の高い構造であることを論じて、一躍有名になった。ウォルツはヨーロッパ型の多極的な勢力均衡を標準モデルとする考えかたの逆を論じた。二極構造こそが安定して、安全度が高いので、冷戦体制はけっして完全な不安定状態ではないと論じたのである。[*11] ウォルツはカリフォルニア大学バークレー校で長く教鞭《きょうべん》をとり、「ネオリアリズム」の代表者として知られるようになる。

バンドワゴン理論

勢力均衡理論の対抗理論とも、補強理論ともなりうるのは、国際政治学においてはバンドワゴン理論である。バンドワゴンとは行列の先頭を行くにぎやかな楽隊車のことで、get on the bandwagon といえば「優勢なほうにつく、勝馬に乗る」との意味になる。

バンドワゴン理論によれば、中小国は自国だけではみずからの安全を確保できないので、大国の庇護《ひご》を求める。もっとも強い力をもつ大国の庇護を受けることができれば、それが最善である。したがって最強国の覇権が判明してくると、雪崩《なだれ》を打つように中小国が最強国との同盟関係を求めて動き出す。これがバンドワゴンと呼ぶべき現象である。[*12]

バンドワゴン理論は、冷戦期にふたつの超大国のどちらかの陣営に世界の多くの中小国が属したという現象の背景を説明する。なぜ数多くの諸国がかぎられた数の大国が形成する極に属することを求めるのか、という問いにたいする理論的な視座を与える。ただしバンドワゴン現象は、最終的にはあるひとつの勢力に諸国が終結する可能性を示す。覇権国による庇護が、少なくとも許容できる従属の範囲内で達成されるのであれば、ほとんどの諸国がひとつの特定の覇権国による庇護を求めるであろう。

冷戦後期以降、そして冷戦終焉後、アメリカの圧倒的な勢力が明らかになったのだとすれば、バンドワゴン理論は、数多くの中小国がアメリカによる庇護を求めて動くようになる現象を説明する。したがって二極以上の勢力によるバランスを基本とする勢力均衡が崩れて、一国による覇権体制が生まれる事態を、バンドワゴン理論は説明するのである。

効果は信ずる程度による

バンドワゴン理論は、勢力均衡理論の妥当性を弱めるという点において、大きな意味をもっている。次章で論じるＮＡＴＯの東方拡大問題は、ロシアの影響圏をそのままアメリカの影響圏に置き換えてしまうという大胆な政策であった。その是非については歴史の評価が待たれると言えるが、いずれにせよ、冷戦が終焉して勢力均衡の隙間となった東欧諸国が、雪崩を打ってＮＡＴＯに加盟するという事態は、まさにバンドワゴン理論によって説明されるものであった。

積極的な拡張政策の信奉者は、意識的であるかどうかにかかわらず、バンドワゴン理論を受け入れているのだと言える。したがって、そのような人びとは、慎重な勢力均衡政策を積み重ねていく動機づけをもっていない。

国力を弱めたロシアを前にし、アメリカの庇護を求める東欧諸国を前にしてもなお、潜在的な危険をかんがみてＮＡＴＯは東欧に手出しすべきではない、と主張する人びとは、バンドワゴンではなく、勢力均衡論者であると言える。本章の冒頭で紹介したミアシャイマーは、大国は必ず覇権の確立を求めると考える「攻撃的現実主義」を理論的視座とすることで知られる。NATO東方拡大に反対しながら、アメリカによる中国の「封じこめ」を提唱する点で、「攻撃的な」勢力均衡論者だと言えるかもしれない。[*13]

勢力均衡は、信奉者がいる範囲内で、その妥当性を高める。モーゲンソーが強調したように、「競争している諸国家が、彼らの努力の共通枠組みとして勢力均衡のシステムを受け入れること」が、勢力均衡の考えかたが意味をもつために、非常に重要である。もし自国の勢力の拡大に、けっして他国が関心をもつことはないと考える場合には、勢力均衡の計算をして政策を進めることはない。諸国家間の関係が勢力均衡の論理によって決まってくるという「コンセンサス」が存在していないか、非常に弱い場合には、勢力均衡は「国際的な安定と国家の独立のためにその機能を遂行するということができなくなる」。[*14]

けっきょくのところ、勢力均衡理論の効力は、諸国が勢力均衡を信じて行動する程度によって左右されるわけである。

それでは、今日の二十一世紀の世界において、勢力均衡理論がもっとも強く意識されるのは、どのような場面においてであろうか。たとえばアメリカが、もっとも強く勢力均衡を意識して行動するのは、どのような状況だろうか。疑いなくそれは、もうひとつの超大国としての地位をほぼ獲得することに成功した、中国との関係においてである。アメリカの影響圏が、台頭するもうひとつの超大国である中国の勢力と衝突を起こすような場面において、勢力均衡の考えかたはもっとも強く政策決定者の意識をとらえることになる。地理的な対象で言えば、東アジアこそが、今日の世界でもっとも強く勢力均衡の理論が意識される場所であると言って過言ではないのである。

なお現代世界において中国の影響力は高まっており、北東・東南アジアのみならず、南アジアやアフリカにも中国と近いとされている国々が生まれてきている。しかしその制度的な永続性や影響力の度合いについては、まだ不確定であり、せいぜい発展途上だと言える。同じアジアであっても、南アジアにおいては、中国の影響力は、たとえば人口十二億を擁しながら着実な経済成長を遂げてきているインドの立場によって、大きく変わってくる。

そこで本章では、中国の超大国としての台頭がもっとも劇的であり、中国が自国の「裏庭」(「前庭」?)をつくろうとしているとさえ考えられている東アジア情勢に焦点をあわせて、分析を試みる。

2　超大国としての中国

中国の経済規模は日本の二倍以上

中国は目覚ましい経済発展によって、二〇〇九年に日本を抜き去り、世界第二の経済大国としての地位に躍り出た。

このことがもつ歴史的な衝撃度は巨大である。アメリカに次ぐ経済大国という地位は、日本が約四十年にわたって維持していた地位であった。世界全体にとって、そして東アジア情勢にとって、中国の超大国としての台頭がもつ巨大な意味を過小評価することはけっしてできない。

ＩＭＦ（国際通貨基金）による統計で、二〇一四年の中国のＧＤＰ（国内総生産）推計は、十兆三千八百億ドルであり、日本のＧＤＰの四兆六千百六十三億ドルと比して、じつに約二・二五倍の大きさである。二〇〇九年に経済規模で日本を抜き去った後も、日本の停滞をしり目に、中国は成長を続け、その四年後の二〇一三年には日本の二倍の経済規模を誇るところにまで到達していた。[*15]

日本人は、「世界第二位の経済大国となった中国と三位の日本」、といった物言いを好むが、それはいささか遠回りな言いかたである。要するに、日本の経済規模は中国の半分以下だ、ということである。そして今後の数年のうちに、日本のＧＤＰは中国のＧＤＰの三分の一以下になるだろう。

中国の経済成長率の鈍化はすでに顕著である。そのことは、さまざまな国内的・国際的事象をもたらすだろう。しかし、中国がすでに獲得した相対的地位に大きな変化があるとは思われない。

世界最大の経済大国であるアメリカのＧＤＰは、十七兆四千百八十九億ドル（二〇一四年）だが、中国の追い上げは急速である。ちなみに日本は、世界三位の経済規模を誇るとはいえ、アメリカの四分の一程度の水準にまで落ちこんでいるわけで、もはや米中の超大国関係に単独プレーヤーとして影響力を行使できる水準にあるとは言えない。単独で比べれば、たしかにドイツ、イギリス、フランスよりもなんとかまだ経済規模は大きいが、ＥＵ（欧州連合）として合算すればアメリカと拮抗する経済規模を持っているると言えるヨーロッパ諸国と比しても、日本の地位の埋没は顕著だ。

日米中名目 GDP の推移

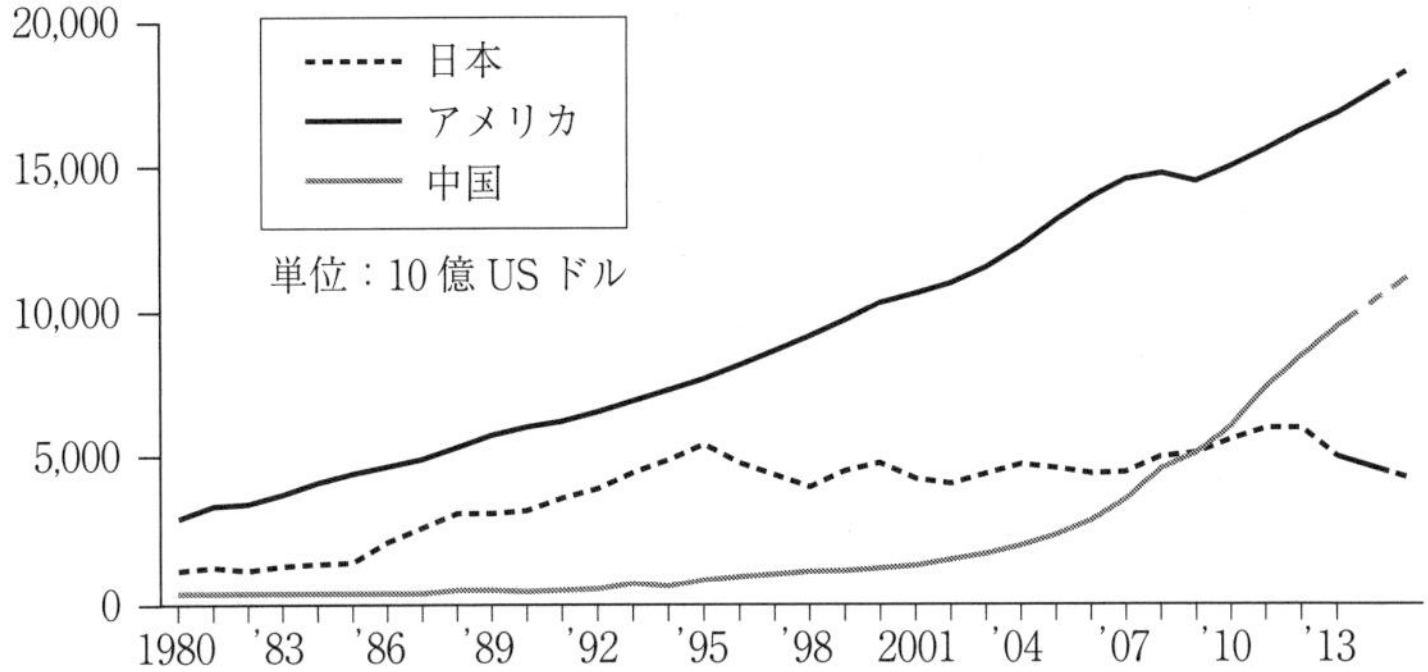

「世界経済のネタ帳」(http://ecodb.net/exec/trans_image.php?type=WEO&d=NGDPD&c1=JP&c2=US&c3=CN&s=&e=) のデータをもとに作成

年	1980	1981	1982	1983	1984	1985	1986	1987	1988	1989
日本	1,086.99	1,201.47	1,116.84	1,218.11	1,294.61	1,384.53	2,051.06	2,485.24	3,015.39	3,017.05
アメリカ	2,862.48	3,210.95	3,345.00	3,638.13	4,040.70	4,346.75	4,590.13	4,870.23	5,252.63	5,657.70
中国	309.06	292.37	286.56	307.47	316.52	312.78	303.18	330.06	411.74	459.78

年	1990	1991	1992	1993	1994	1995	1996	1997	1998	1999
日本	3,103.70	3,536.80	3,852.79	4,414.96	4,850.35	5,333.93	4,706.19	4,324.28	3,914.58	4,432.60
アメリカ	5,979.58	6,174.05	6,539.30	6,878.70	7,308.78	7,664.05	8,100.18	8,608.53	9,089.15	9,660.63
中国	404.50	424.12	499.86	641.06	582.67	756.96	892.01	985.04	1,045.20	1,100.78

年	2000	2001	2002	2003	2004	2005	2006	2007	2008	2009
日本	4,731.20	4,159.86	3,980.82	4,302.94	4,655.82	4,571.87	4,356.75	4,356.35	4,849.19	5,035.14
アメリカ	10,284.75	10,621.83	10,977.53	11,510.68	12,274.93	13,093.70	13,855.90	14,477.63	14,718.58	14,418.73
中国	1,192.85	1,317.24	1,455.56	1,650.51	1,944.67	2,287.26	2,793.16	3,504.61	4,547.72	5,105.77

年	2010	2011	2012	2013	2014	2015
日本	5,495.39	5,905.63	5,954.48	4,919.56	4,616.34	4,210.36
アメリカ	14,964.40	15,517.93	16,163.15	16,768.05	17,418.93	18,124.73
中国	5,949.65	7,314.48	8,386.68	9,469.13	10,380.38	11,211.93

単位：10億USドル

ほんの二十年前の一九九四年には、中国のGDPはわずか五千八百二十七億ドルだった。すでに四兆八千五百四億ドルのGDPを記録していた日本の約一二パーセントの水準に甘んじていたわけである。日本にたいしてわずか一割強の経済規模しか持っていなかった中国が、その二十年後には日本の二倍以上の経済規模を誇るようになったのである。この短い間の両国の経済規模の関係の劇的な変化は、人類の歴史を見ても類まれな目を見張らざるをえないものだ。日中関係が二十年前とは大きく異なる性格をもちはじめているとしても、まったく驚くには値しない。むしろ当然である。

言うまでもなく、中国は十三億六千万人という世界最大の人口をもつ大国である。じつに約七十二億の世界人口の一九パーセント近くが中国人によって占められていることになる。日本の人口は、中国の十分の一にも満たない。しかも急激な人口減少の時代を迎えようとしている。日本の人口規模はいまだ世界十位の水準にあるとはいえ、三億一千六百三十七万人の人口をもつアメリカと比較しても、そして域内で五億人以上の人口をもつEUと比較しても、まったく相手にならない。

長いあいだ中国は巨大な人口を抱えながら、貧しい国であるとみなされてきた。しかしいまや中国の一人当たりGDPは六千九百五十八ドルで、世界八十三位の水準にあり、少なくとも中堅層に入ってきている。いかに国内の経済格差が甚大だといっても、十三億の人口を擁しながら、なおアジアでは、シンガポール、日本、(香港)、韓国、台湾、マレーシアにしか劣っていない順位を得ているのは、驚異的ですらある。

ちなみに日本の一人当たりGDPは、いまや世界二十四位の水準にすぎず、三万八千四百六十七ドルという数字は、北米や欧州の主要国に水をあけられているだけでなく、アジアでトップのシンガポールの五万五千百八十二ドルとも大きな差をつけられている。

軍事費でも

中国の人民解放軍は、現役兵二百二十八万五千人、予備役五十一万人と推定されており、世界最大規模を誇る。ちなみにアメリカの現役兵は約百四十六万人である。日本の自衛隊の員数は約二十四万人にすぎない。

軍事費を見ると、中国は二〇一四年度予算が約一千三百十七億ドルであったと推計されており、五千五百二十一億ドルのアメリカには遠く及ばないものの、世界第二位の水準を誇る。ちなみに世界三位のイギリスの軍事費は、五百九十六億ドルにすぎない。日本の防衛費は世界六位の五百四十六億ドルである。

もちろん兵力数や軍事費は、軍事力それ自体を完全に表現するものではない。しかし客観的に見て、中国がアメリカに次ぐ軍事大国の地位を獲得していることは明らかだ。

中国は、世界最大の人口と兵力をもち、世界第二位の経済力と軍事費をもち、アメリカとのみ対峙するような超大国の水準に入る国力を蓄えはじめている。超大国としての米中両国のライバル関係は強まり、それ以外の国との格差はますます決定的になっている。

たとえば、日本はいまだに世界有数の大国だと言うことはできるだろうが、まったく次元が異なるレベルでの大国であるにすぎない。中国は世界大の勢力均衡の主要なプレーヤーであり、アジアに存在するすべての諸国を圧倒する国力をもつ超大国であり、日本はそうではない。

中国の超大国としての台頭は、冷戦が終焉した後の時代の過去二十年間で顕著になってきた情勢である。したがって現代の東アジアの秩序を構想するのであれば、新しい現実を踏まえた、新しい勢力均衡の考えかたが導入されなければならない。

東アジアは、世界でももっとも劇的な勢力均衡の図式の変更が不可避となっている地域であり、そもそも勢力均衡が超大国間の対峙というかたちであらわれてくる唯一の地域だとさえ言える。このような現状について考えるために、まず次に、東アジアにおける勢力均衡の変遷について整理をおこなってみたい。

十九世紀以前は……

欧米諸国が帝国主義的勢力を広げはじめる十九世紀以前の東アジアは、中国を中心とする中華秩序が確立されていた独特の地域であった。

もっとも、中国大陸を支配していたのは、必ずしもつねに漢民族であったとはかぎらない。モンゴル帝国や、満洲民族の清《しん》朝など、北方民族が漢民族を征服した時代はかなり長く存在した。

中国と言えば漢民族が他の少数民族を支配しているというイメージが強い。だが数千年にわたる中国の歴史のすべてが、漢民族による支配の歴史だと考えるのはまちがいである。また伝統的に漢民族が生活する狭義の「中国本土」(China proper) は、黄河流域に発し、長江流域とあわせた地域に、政治・経済・文化の中心地をもつ。北京が中国の首都であるのは、北方民族との交流・摩擦を経た歴史による。ただし漢民族の生活地域も変転をくりかえし、十九世紀後半の清朝末期に始まった漢民族の拡散は、中国内部において、そして、東アジア全域に広がる国際ネットワークとして、進められた。

漢民族の変転・拡散とは別次元の問題として、中国という国家の意識が存在していることは重要である。北京から黄河・長江流域を含みこむ華北平原を中心にした中国大陸に統一的政権が生まれた場合、それはほぼまちがいなく東アジアの覇権を握る政権となるという歴史のパターンは、多くの人々の意識のなかで共有されている。

東アジアは、北はシベリアの極寒冷の無人地、東は世界最大の大洋、西はゴビ砂漠、そして南は世界最高標高を誇るヒマラヤ山脈に取り囲まれた、地理的になかば閉ざされた空間である。ヒマラヤ山脈以南の東南アジアすら、深いジャングルにおおわれて陸上交通は困難であったため、伝統的な外部地域とのチャンネルは砂漠を通り抜けるシルクロードにつくられたくらいであった。そのなかば閉ざされた空間における最大の平野部の人口密集地域に統一政権がつくられるのであれば、それは自動的に地域的な覇権を手中にする権力機構となるのであった。

したがって今日われわれが「中国」として理解するものは、拡張したり縮小したり、漢民族が支配していたり北方系民族が支配していたり、相互に同化していたりする流転をくりかえしてきたものである。それでも国内外で単一政治体としての「中国」の強固なアイデンティティが共有されているのは、ひとたび華北平原に統一政権ができれば、それが周辺国を圧倒する地域覇権国であることが約束されているという東アジア特有の事情によるところが大きいだろう。

日本は島国ではあるが、島国としては規模が大きいため、少なくとも有史以来、十三世紀の元寇《げんこう》の例外を除いて、中国大陸の権力機構から深刻な軍事的脅威を受けたことはなかった。十九世紀以前の日本の政権もまた、十六世紀末の豊臣秀吉《とよとみひでよし》の文禄《ぶんろく》・慶長《けいちょう》の役を除いて、中国大陸の政権に軍事的挑戦を挑んだことはなく、おおむね中国の覇権を認めるかたちで、みずからの存在を確保してきた。それが東アジアの地域的秩序であった。

大日本帝国の覇権と没落

その意味で、十九世紀末以降の東アジア秩序は、長い歴史のなかでは、例外的な性格をもったものであったと言える。そしてその例外的状態をもたらしたのは、東アジアの内在的な勢力であるというよりも、ヨーロッパ諸国の帝国主義であった。

十九世紀の東アジアには、中国大陸が欧米列強に侵食されながら、虎視《こし》眈々《たんたん》と北から南下してくるロシアと、東南アジアを確保してロシアの南下を防ごうとするイギリスを中心とする勢力が対峙する構図があった。そこにドイツ、フランス、アメリカの権益が絡んでくるせめぎあいの場となっていた。

日本は同じ海洋国家でロシアの南下を防ぐ共通の利益をもつイギリスとの同盟関係の構築に成功し、海洋国家同盟《シー・パワー》を基盤にした国力の増強を図った。これが帝国主義時代の大国となることをめざした当時の日本が、国際政治の構造において保持した立場であった。

日本が明治維新を経て近代化を進めていた十九世紀後半には、東アジアは「グレート・ゲーム」の最東端という位置づけが適切な状況にあった。

「グレート・ゲーム」とは、ユーラシア大陸の中央部から南下政策をとって拡張する大陸国家ロシア帝国に対抗して、海洋国家の雄でありユーラシア大陸の外周部分での交易に巨大な利益をもつイギリスがロシアを封じこめる政策を取るという国際政治の構造のことを指す。

日本は極東においてもロシアが南下政策を取りはじめていることを強く警戒し、それを防ぐために日清戦争を先行しておこない、次に日露戦争によってロシアの軍事拡張に楔《くさび》を打ちこんだ。そのような日本の対外政策を支えたのは、日英同盟であり、太平洋の帝国アメリカとの協調関係であった。

日本は、ヨーロッパ諸国が清朝の力を削ぎ落としているあいだに、西洋化を進めて国力を高めた。それによって、日清戦争でアジアの強国の地位を獲得し、二十世紀の満洲事変から日中戦争にいたる過程でも、地域内覇権国としてふるまうようになった。

日露戦争までの日本の対外政策がおおむね成功したと言えるのは、政策当事者が明白な脅威の認識をもち、脅威に対抗する方策についても一貫性のある認識をもっていたことによるところが大きい。つまり優先されるべき目的と手段について政策当事者がひとつの体系的な認識をもっていたために、集中的で効果的な政策資源の投入を図ることができた。

十九世紀日本の脅威の第一は、南下政策をとるロシアであった。日本が脅威にさらされるのを防ぐためには、中間に位置する地域を自国の影響下に置いてしまうか、緩衝地帯化させる手段が必要であり、同じ脅威に敵対している勢力とは同盟関係を結ぶことが必要であった。そして自国だけでも脅威に物理的に対抗する能力があることを示す必要もあった。

しかし、日露戦争の後には、なにが脅威であるかも不明になり、二十世紀前半の日本からは対外政策の戦略的一貫性は失われていってしまった。

二十世紀になってロシアの国力が低下し、ドイツも力を失った後、共通の敵を失った海洋国家群は相互に警戒して敵対しあうようになった。それが東アジアにおける米英の支持を欠いた日本の覇権主義的な行動を突出させ、ついには日本と米英勢力の海洋国家群との雌雄を決する最終戦争とも考えられた太平洋戦争の勃発へと至る道筋を用意した。石原莞爾《いしわらかんじ》（一八八九〜一九四九）の言葉を用いれば、それは世界の覇権争いの「決勝戦」のようなものだと想定された。[*16]

第二次世界大戦の荒廃と無条件降伏を経験した後、つまり「決勝戦」で敗れた後、日本は、いわば優勝国であるアメリカの忠実な副官となって生まれ変わり、世界的規模の海洋国家同盟（自由主義陣営）の盟主アメリカとの同盟関係を死守することを国是とするようになったのである。

冷戦初期において東アジアは独自の極をもたなかった

第二次世界大戦後、ソ連がもうひとつの超大国として台頭し、戦争を通じて獲得した広大な自国の影響圏を囲いこむ政策をとった。

東アジアにおけるソ連の領土および影響圏の拡張は、旧大日本帝国が事実上支配していた満洲から朝鮮半島、そして北方領土にいたる千島列島にまで及んだ。ソ連は確乎たる大陸での基盤と太平洋への足がかりをつくった。日本を占領し、朝鮮半島の南部に駐留していたアメリカは、東アジアにおいてもソ連と直接的に対峙することになった。

中国大陸では、中国共産党が国民党政権を台湾に駆逐して中華人民共和国を樹立し、朝鮮戦争によって朝鮮半島の南北分断が固定化された。ここに北東アジアでは大陸にソ連と中国の大陸国家群《ランド・パワー》の共産主義勢力の牙城が形成され、それにたいして島国の日本と台湾、そして大陸の入口に位置する韓国がアメリカの影響圏に置かれるという二極分化構造が確立されるようになった。

さらに東南アジアでは、ＡＳＥＡＮ（東南アジア諸国連合）諸国が反共政策で一致し、アメリカとの軍事協力関係をつくりだした。東南アジアもまたアメリカ側陣営に組みこまれ、大陸深奥部の共産主義国家を封じこめる一翼を担うことになったわけである。

二十世紀後半の東アジアにおける勢力均衡は、外側世界に位置する米ソというふたつの超大国が、域内の国々をふたつに分けてそれぞれの陣営に呼びこんだうえで厳しく対峙するという、典型的な冷戦時代の構図で形成された。

この二極分化構造がもつ意味は、アジア独自の大国は独自の極をもたない、ということであった。大日本帝国が崩壊し、冷戦が開始されたとき、東アジアでは米ソ間の二極対立構造を離れて行動できる国はなくなった。見かたを変えれば、東アジアにおける冷戦構造の進展は、日本を具体的に念頭に置いた地域大国の台頭を抑えこむという意図にもとづいておこなわれたものであったと言ってもよい。日本は日米安全保障条約の枠組みの下、アメリカの「庇護下」に置かれることによって抑えこまれた（なお、ヨーロッパでは、ドイツの抑えこみという共通の課題は、東西両陣営がそれぞれ東と西でおこなった。ソ連を盟主とするワルシャワ条約機構と、アメリカを盟主とするＮＡＴＯの制度的枠組みのなかで、ドイツの地位は制度的に抑えこまれた）。

冷戦初期の段階において、中国は広大な面積と膨大な人口を抱える大国ではあったとしても、経済的・軍事的水準の低い発展途上国であった。自由主義陣営（西側）と共産主義陣営（東側）に真っ二つに分断された東アジアにあって、中国はひとつの共産国にすぎなかった。

冷戦後期において東アジアは三極であった

しかし、中国が徐々に国力を整備し、一九六〇年代になって中ソ対立も表面化すると、一九七〇年代のデタントの時代に米中接近が図られた。

アメリカは中国を国家承認し、中華人民共和国は中華民国（台湾）に代わって国連で安保理常任理事国の席を占めるにいたった。このとき、中国は東アジアにおける第三の大国として登場しはじめたのだと言える。当時は、ベトナム戦争で疲弊したアメリカの国力の低下を受けて、国際政治学の分野でも、多極化する世界、といったテーマが好んで議論された時代であった。

勢力均衡のくみかえによって中国は、小さいながらも、ひとつの力の極としてあらわれることになった。米中接近は、東アジアの勢力均衡が、アメリカに有利なかたちで修正が施された措置であった。アメリカにとっては、国力が相対的に低下したと言われる時代に、中国をソ連陣営から完全に引き離して米ソの中間の位置に置くことによって、冷戦時代の国際的な勢力均衡を自国に有利につくりかえることに意味があった。一方、中国は、米ソの影響圏に挟まれて二正面作戦を強いられる構図を回避して国力の充実を図ることができるようになった。

やがて、鄧小平《とうしょうへい》（一九〇四～一九九七）の指導の下で経済成長路線を追求した中国共産党政権は、一九八九年の第二次天安門事件において学生指導者層を徹底的に弾圧した。それは同年に東欧諸国の共産党政権が雪崩を打って崩壊したこととは、決定的な対比をなすものであった。

一九八九年の東欧革命を経験した諸国が、いまではことごとくNATOやEUに加盟していることを考えれば、中国共産党が強硬路線で危機を乗りきってしまったことは、その後の東アジア情勢を決定づけたと言ってもよい事件であった。

国際的な勢力均衡の観点から言えば、分裂した共産主義諸国とも一線を画し、しかしアメリカの同盟国に近づくという選択もせず、中国はひとつの独自の力の極として、超大国化路線を歩むことになったのである。

三極から二極へ

東アジアでも、世界の他の地域と同じように、冷戦終焉とともにアメリカの圧倒的優位が定まり、冷戦時代の勢力均衡は大きく変化した。しかし、ヨーロッパやアフリカなどとも異なっていたのは、単純な二極構造の崩壊と一極覇権への展開という道筋をたどらなかったことである。

東アジアでは、すでに単純な二極分化構造は一九七〇年代以降に変質を遂げていたのである。中国の無視しえない影響力があり、それをアメリカが容認しているという冷戦時代の裏づけをもって、共産主義勢力が消滅した冷戦後の世界においても中国の地位は残存した。二極構造が早くから溶解していたがゆえに、一極構造への展開は明白には起こらなかった。

中国という別の大国が存在しているという事実をふまえて、冷戦後の東アジアの政治情勢は動き、新しい勢力均衡形成の流れも生まれることになった。

すでに冷戦時代から、米中対立を反映して、アジアでは共産主義諸国の間の対立構造が生まれていた。たとえばインドシナ半島では、中国に支援されたカンボジアのクメール・ルージュ（ポル・ポト派）と、ソ連に支援されたベトナムが鋭く対立した。一九七九年にポル・ポト政権が倒れてベトナムの傀儡《かいらい》政権と言われたヘン・サムリン政権がカンボジアに誕生した後も、中国はゲリラ勢力となったクメール・ルージュを支援しつづけた。

ミャンマー（ビルマ）も中国の影響下に入ることによって長期にわたる軍政を維持してきている。ネパールでは内戦下の王政を通じて、最近ではマオイストと呼ばれた毛沢東主義の集団を通じて、中国の存在感は顕著である。さらに最近では、タイで、長く続くタクシン派と反タクシン派の対立の収拾を名目にして二〇一四年に軍事暫定政権が成立すると、欧米諸国がいっせいに非難したため、それに呼応して、すかさず中国が影響力を強めている。

東アジアにおいて、すでに冷戦時代後期から、中国は二極構造に還元されない政治情勢をつくりだす、ひとつの極としての存在感をもっていた。そして二十一世紀には、当然ながらその中国の存在感は拡大をしつづけた。たとえばASEANは冷戦中には反共連合としての性格をもっていた。しかしカンボジアやミャンマーのような親中派が加入するに至った今日では、ASEANの内部においても、中国は一定の影響力を行使できるようになっている。

けっきょくのところ、東アジアにおける冷戦の終焉とは、端的に言えば、ロシアの影響力の低下のことであり、それだけであった。同じ共産主義政権であったと言っても中国は冷戦終焉によって影響力を低下させることはなかった。むしろ北方からの脅威の消滅、という中国大陸の歴史では重要な情勢を受けて、沿岸部中心の発展と海軍力の増強という方向で、国力を増大させつづけた。

つまり東アジアでは、冷戦時代の米中ソの三極的な構造から、冷戦終焉後には米中の二極対立的な構図が生まれることになったわけである。

ふたつの超大国・中国とアメリカの勢力均衡が、東アジアでどのようなかたちをとってくるのかは、領土問題や軍事問題だけをめぐって争われているのではない。日本などのアジア諸国の環太平洋戦略的経済連携協定（ＴＰＰ）加入やアジアインフラ投資銀行（ＡＩＩＢ）加入といった経済問題をめぐっても、争いは発生する。あらゆる政治問題が、勢力均衡の道筋を見きわめるための議題となっていく。これが現在の東アジアが直面している状況である。

冷戦が終焉したとき、アメリカが唯一の超大国として残された。言うまでもなく、日本は対抗する極となる意志がなく、実際には国力もなかった。バンドワゴン理論によれば、雪崩を打って覇権国アメリカの下に中小国が駆け寄っていくはずであった。実際に、冷戦終焉後の東アジアにおいて、アメリカの影響圏から逃れようとした国はない。むしろベトナムのようにアメリカとの関係改善に進んだ国はある。

だが、東アジアの国際政治情勢において決定的な試金石となったのは、中小国ではなく、アメリカと同盟関係にもなく、ただアメリカから第三極としての立場をすでに認知されていた、中国であった。冷戦終焉後、中国だけが、バンドワゴン理論が予測するような行動に出なかった。そして中国の影響下に置かれていたいくつかの国々、つまり北朝鮮やミャンマーなども、バンドワゴン理論が予測するような行動に出なかった。

二極体制から離脱していたがゆえに冷戦体制の終焉の影響を最小限に抑えていた中国が、二十一世紀になるともうひとつの超大国として台頭した。冷戦終焉によって東アジアの勢力均衡は、一方の片方にたいする勢力の優越というかたちではなく、第三極の三番目の地位からの脱却というかたちで、組みかえられた。

　東アジアにおける勢力均衡の進展を理解するためには、「二極から一極へ」ではなく、「二極から二極へ」でもなく、むしろ「三極から二極へ」の流れがあることを、念頭に置いておく必要があるということである。

四半世紀のあいだに

　冷戦終焉の直後には、中国の国力の増強などよりも、冷戦時代に抑えこんでいた古い問題、つまり日本の一極としての台頭などが、国際的な懸念の対象であった。ソ連の脅威に対抗するために日本がアメリカとの同盟を維持する必要性は低下した。そこで当時経済力において絶頂期にあった日本が、より独立性の高い野心的な外交政策をとるかもしれないと、東アジア諸国やアメリカにおいて、恐れられていた。

　冷戦終焉から四半世紀が経過した今日と、当時の雰囲気を比べるならば、隔世の感がある。日本は冷戦終焉とともにいわゆるバブル経済の崩壊という現象に直面し、低成長時代に突入した。基本的に日本は冷戦終焉後の時代にまったく経済成長していない。つまるところ、日本の高度経済成長は、冷戦時代の一ドル三百六十円という著しく円安に偏った固定相場の時代に主に達成されたものでしかなかったのである。

輸出主導の日本経済が成長しつづけ、やがてアメリカの国内産業を脅かすまで、アメリカが異常な為替水準を放置していたのは、共産主義勢力を守るアジアの盾として日本の政治的・戦略的重要性を過大視していたからにほかならない。日本それ自体の共産化を防ぐためにも、日本の保守勢力に求心力を与える高度経済成長は、アメリカにとって望ましい事態であった。軍事費にわずらわされることもなく、固定為替レートの利益を享受しつくした日本の経済成長は、冷戦時代の特殊な国際政治情勢とアメリカの政策によって支えられたものであった。

国際政治の構造から見れば、冷戦の終焉と時を同じくして日本経済が停滞期に入ったのは、まったく偶然ではない。

冷戦末期の一九八五年のプラザ合意以降、日本経済は二度とかつての円安水準を夢見ることができない時代に突入した。当初は輸出製造業中心の産業構造から、不動産投資に代表される「バブル」経済への移行が円滑になされるかのような幻想がふりまかれた。しかし冷戦が本当に終わった時、それさえも破綻した。

年間国家予算の半分を国債で賄いつづけ、国民総生産の約一・五倍もの債務残高を抱えている一方、急激な人口減少が進み、少子化によって社会の少数派となり選挙で自分の意見を通すことができない若年層世代に、親の世代の富裕層が持つ国債の支払いのための税金を払いつづけさせるしくみを漫然と放置している日本が、今後急速にふたたび発展を遂げたり、なんらかの大胆な施策をとる余力があったりすると想定する者が、世界に多く存在するはずはない。日本の地位の停滞と、急速に進められた中国の国力の増強によって、東アジアはアメリカ優位の多極構造型の勢力均衡モデルから、米中対立を基本とした二極構造の勢力均衡モデルへと移行していくことになった。

ただし、そこで日本にとって切実な問題になるのは、勢力均衡は東アジアにおいても二極構造になるのか、世界的規模においては二極構造であっても東アジアだけを見ればそうではなくなってしまうのか、である。

東アジアをめぐる勢力均衡のふたつのイメージ

東アジアをめぐる二極体制の勢力均衡は、超大国のひとつが東アジアに存在するだけに、まだゆくえを見定めきれぬところがある。というのは、二極体制の勢力均衡が不可避的な流れであるとしても、そこにはさらに大きく異なるふたつの方向性がありうるからである。

ひとつは、東アジアが真っ二つに分かれ、アメリカ側の勢力と、中国側の勢力が対峙して、均衡状態が生まれるというイメージである。一方で、同じ二極の勢力均衡であっても、異なるイメージもある。つまり二極構造はあくまでも世界大の勢力均衡の構図であり、東アジアという限定的な地域のなかでは中国がアメリカを圧倒する、というイメージである。

言うまでもなく、前者（東アジアにおいても二極分化の勢力均衡が維持される）は日米が思い描くシナリオであり、後者（東アジアは中国が覇権を握ったうえで世界的規模ではアメリカと形成する二極構造の勢力均衡の一部となる）は中国が思い描いているであろうシナリオである。

本章の冒頭で引用したミアシャイマーの言葉が示唆するように、新たなふたつの超大国が対峙する時代に問われるのは、世界的規模での勢力均衡だけではなく、各地域それぞれでどのような個別的な勢力均衡が形成されるか、である。

アメリカという超大国を抱える南北米州大陸の西半球世界は、冷戦時代においても、あるいは十九世紀から一貫して、ソ連などの他の大国の影響力が及ばないアメリカの覇権地域でありつづけた。もちろん今日でもそうである。二十一世紀においては、NATOの傘がかかるヨーロッパも基本的には同じアメリカの勢力圏だと考えてよいだろう。

しかし南アジアやアフリカでは、中国の影響力が高まり、拮抗しはじめていると言えるかもしれない要素がある。中東に中国の影は薄いが、アメリカの影響力の低下とともに、大国の勢力均衡の空白地帯だとも言える状態が生じている。

東アジアはどうだろうか。中国が巨大な存在感と影響力を持っている一方で、アメリカも多数の軍事同盟を維持し、具体的なアメリカの軍事基地等のプレゼンスも高い。つまり世界で米・中の勢力争いがもっとも激しくくりひろげられているのが、東アジアだと言ってよい。

アメリカは、太平洋の覇者として、アジア全域に広がる海洋での覇権を譲り渡すつもりはなく、そのためには島嶼《とうしょ》国（日本やフィリピン）は絶対的な防衛ラインであり、半島部（朝鮮半島南部＝韓国やインドシナ半島沿岸部）も基本的な防衛ラインだと考えるだろう。

しかし中国にしてみれば、アメリカの覇権に挑戦できる唯一の超大国としての地位をもつのであれば、自国が存在する地域内での絶対的な覇権は、必須の要件になるだろう。いわばホームグラウンドがなければ、対外試合に乗り出すこともできない。

中国が、アメリカにとっての西半球世界に限りなく近い「裏庭」の領域を東アジアにつくりあげたうえで、アメリカとの間の世界的な勢力均衡を求めるのかどうかは、現代世界の勢力均衡のゆくえを占う一大トピックである。東アジア全域が中国の覇権の下に置かれるというのは、いかにも急激な変化であるかもしれないが、少なくとも中国大陸を囲む地域にはそのような領域をつくることができるかどうか。

今後数十年で、その帰趨《きすう》が決まってくるだろう。

3 二十一世紀の日本の位置

現代の東アジア情勢は、第一次世界大戦前のヨーロッパに似ている

勢力均衡の理論によれば、力のバランスが変化するということは、国際政治の構造の変化をもたらす。構造の変化は、さまざまな具体的な問題に波及的な影響を及ぼす。

近年になって東アジアで顕在化してきた国際政治上の諸問題は、勢力均衡の理論の観点からすれば、すべて中国の超大国としての台頭によって説明される。日本人にとっては、尖閣諸島の問題が典型的に思い出されるであろう。中国とベトナムやフィリピンのあいだで問題になっている南シナ海の領土問題もまた、中国の国力の著しい増強によって生まれたものであると言うことができる。

勢力均衡の観点からは、現代の東アジア情勢は、第一次世界大戦前のヨーロッパに似ているという議論が成り立ちうる。

十九世紀のドイツ帝国の成立は、ヨーロッパ最大の大国がヨーロッパの中央部に出現したことを意味した。しかもドイツは急速に国力を増大させ、イギリスの海洋覇権に挑戦するために、いわゆる建艦競争にまで乗り出すようになった。統一ドイツの誕生は、ヨーロッパの勢力均衡のしくみに硬直性を与え、「バランサー」としてのイギリスの特別な地位をなくさせてしまった。結果として、二極分化したふたつの同盟陣営が対峙する構図に陥り、第一次世界大戦は出口のない泥沼の戦争となってしまったのである。

現代の東アジアにおいても、急激な中国の超大国としての台頭は、既存の勢力均衡の構図を時代遅れなものにしてしまった。

第一次世界大戦前夜のヨーロッパ情勢と同じ傾向があらわれれば、新たな超大国である中国と、中国を包囲する諸国の陣営とが、二極分化して対峙していくことになる。日本は、アメリカとの同盟関係を強調し、海洋国家連合を形成して中国を封じこめることを意図し、この二極分化の構図を補強するかもしれない。

実際のところ、安倍晋三《あべしんぞう》首相は、二〇一四年一月にスイスで開催された世界経済フォーラム年次総会（ダボス会議）において、日本と中国の緊張関係は、第一次世界大戦前のイギリスとドイツのあいだの緊張関係に類似していると発言し、物議を醸《かも》した。安倍首相は、第一次世界大戦百周年に当たる年を迎えて、単に経済的依存関係が強い二国間においても緊張が高まることがありうると言っただけであったようだが、国際政治を分析する者にとっては、発言の含意はその程度のことにとどまらない。すでに指摘したように、十九世紀末の統一ドイツの国力増大は、イギリスをバランサーとする多極構造型のヨーロッパの伝統的な勢力均衡体制への重大な挑戦であった。

イギリスを含むヨーロッパ全域が、ナポレオンによるフランスの覇権の確立の脅威にさらされて以来、ヨーロッパ協調の多元的勢力均衡の体制が、十九世紀の「長い平和」を維持していた。ヨーロッパ中央で最大人口をもつ国であるドイツが他を圧倒する国力をもつことは、既存のヨーロッパの国際秩序を大きく揺るがす大事件だとみなされた。

東アジアにおける中国の位置づけ、国力増大の勢い、域内海洋国家の雄（日本／イギリス）との相対的力関係の変化は、まさに第一次世界大戦前夜にドイツがもたらしたのと同じ構造的変化を東アジアにもたらしていると感じさせるのに十分なものである。

イギリスはドイツの覇権を看過することができず、第一次世界大戦に参戦した。そのイギリスが最後にドイツを駆逐することができたのは、アメリカという地域外の大国を自国の陣営に招き入れることに成功したからである。しかしそれは、戦後の世界がアメリカを中心に展開する時代になることを受け入れ、もはやかつての大英帝国の維持は不可能だという現実を受けいれるという前提において、初めておこないうることであった。

安倍外交の性格

安倍首相は、ダボス会議での発言を裏づけるように、集団的自衛権などの日米間の懸案事項を同盟強化の方向で解決することに努力し、同時に、日本の首相としては記録的な数の外遊をこなし、中国を取り囲む諸国との関係強化に意欲を見せている。

南シナ海で中国と領有権問題を抱えるフィリピンやベトナムと海洋の法の支配について語り、インド洋で中国が重視して港湾建設支援などをおこなっているスリランカやバングラデシュには手厚い支援の約束をおこない、オーストラリア、ロシア、フランス、イギリスと、2＋2会合《ツー・プラス・ツー》（両国の外務・防衛の閣僚協議の枠組み）について語る、という具合である（ただしインドには断られており、いまのところ安倍外交の南アジアにおける成果は微妙である）。

日本は、こうした背景から、ウクライナ問題をめぐって関係悪化を余儀なくされたロシアにたいしても友好関係の維持を重視した姿勢をとりつづけている。ヨーロッパ諸国のなかでは、中国と親しく、たびたび首脳会議も開催しているドイツではなく、フランスやイギリスとの戦略的関係の構築をめざしている。

スリランカのラージャパクサ政権は、二〇〇九年に終結した内戦中の戦争犯罪が疑われる行為によって国連人権理事会などでくりかえし批判されていたが、日本は欧米諸国とは一線を画し、政権との親密な関係の構築を優先させていた。ラージャパクサ政権が、中国からの大々的な軍事支援を活用して内戦に勝利して以来、中国と緊密な関係を維持していたことに危機意識をもっていたからにほかならないだろう。

なお強権的な縁故政治が災いしてラージャパクサが与党内の離反によって二〇一五年一月に選挙で敗北し、新大統領に就任したマイトリパラ・シリセナが中国との関係の見なおしを明言している状況が生まれた。しかし実はラージャパクサは依然として隠然たる勢力を誇っており、完全に失脚したわけではない。日本は、欧米と中国のはざまにあって、埋没することなく、中立的に外交を進めようとしている。

中国を囲む円を描くように、安倍首相は精力的に外交を進めている。一連の政策は、すべて中国の超大国化という現象に対応しておこなわれていることだと言っても過言ではない。安倍政権は、中国の超大国としての台頭という事態にたいして、少なくともひとつの一貫性のある政策で対応しようとしているわけである。

勢力均衡と韓国

日本人がなかなか正面から議論しようとしないのは、中国の超大国としての台頭が、たとえば日韓関係などにも大きく影響しているという事実だ。

大陸に属する半島国家である韓国にとって、中国の国力の増大の意味は、日本にとってのそれとは、比較にならないほど大きい。

朝鮮戦争以来、韓国は忠実なアメリカの同盟国としてふるまってきた。そしてかつて自国を植民地化した日本との関係も、繊細な配慮をもって管理してきた。その背景には、朝鮮戦争以来の敵国である北朝鮮に対抗し、さらにはその背後にいる中国にたいしても牽制《けんせい》をするという外交的な事情があった。しかし冷戦終焉後の世界では、中国を仮想敵国とみなす必要性は低下した。現在では、ほとんど消滅していると言ってよい。

その一方で、近隣にあらわれた新しい超大国である中国との友好関係維持は、韓国にとってよりいっそう死活的な意味をもつようになってきた。アメリカとの同盟関係を傷つけない範囲内でさえあれば、韓国が、国力を低下させている日本の重要性の認識を低下させ、代わって中国との良好な関係を強調する方向で外交姿勢を変化させたとしても、それはまったく合理的なことであろう。

韓国は伝統的にアメリカの同盟国として行動し、それによって日本との関係も見定めてきた。韓国がアメリカとの同盟関係を放棄する可能性はないという意味においては、伝統的な構図はいまでも有効である。しかし韓国はよりいっそう強く中国を意識し、中国に配慮し、中国と良好な関係を保つことに外交政策上大きな意味を見出すようになってきた。

万が一、朝鮮半島が統一される事態が起これば、米国と軍事同盟をもつ国が、中国と長い国境線を接することになる。それを受け入れるにしても、あるいはもし避けるとしても、相当な準備が必要だ。朝鮮半島統一は、ドイツの統一を上まわる計り知れない影響を国際政治に与える恐れがある。韓国が、そのことを日本の数十倍の配慮で心配するのは当然である。

「歴史問題」とは、慰安婦の問題だけに還元されない。ヨーロッパの場合とは異なり、アジアでは、日本の代わりに、朝鮮半島が分断された。半島分断の歴史にたいして、日本は無関係ではありえない。日本としても、朝鮮半島が統一されるまで、「歴史問題」は終わらないというくらいの覚悟をもつのは、避けられないことなのである。

韓国は、ふたつの超大国が東アジアの勢力均衡の基本構造を規定していることを、どの国よりも強く意識している。そして伝統的なアメリカの同盟国としての位置づけは守りつつ、しかし隣国として中国との友好関係を強めつづけることによって、両者の中間に位置する国としての立場を見定めようとしている。いわば二股外交である。

韓国は自国の国力を冷静に見たうえで、中国の隣国としての立場と、米国の同盟国としての立場を最大限に効果的に両立発展させることを追求しようとする。米中というふたつの超大国の双方が、他方にたいする最善の窓口を韓国と指名するようなシナリオが、韓国にとって最善である。

この役割を遂行する韓国にとって最大のライバルにして障害となりうるのが、日本である。日本が米中双方に信頼されてしまっては、韓国は埋没する。あるいは日本が米中対立を加速化してしまっては、韓国の外交政策は股裂き状態となる。

歴史問題という人間の価値観を問いなおすような問題を題材にして、過剰なまでに反日的な態度をとるのは、両面作戦をかける韓国にとっては、合理的である。もしアメリカも中国も、日本ではなく韓国とより強く同じ価値観を共有していると感じはじめたら、それは韓国にとって望ましいシナリオである。

けっきょくのところ、日本と韓国では、置かれている国際政治上の環境が異なる。そして望ましいものとして構想する勢力均衡のイメージが異なるのである。その必然的な相違を、過大評価も過小評価もするべきではないだろう。

韓国の目論見がはずれ、米中対立が進展し、アメリカから日本との関係改善をうながされるのであれば、韓国は日本との関係改善の姿勢を見せざるをえない。あるいは中国が、日本との関係改善を東アジアにおけるアメリカの覇権にたいする牽制として有効と見なす場合にも、やはり韓国は日本との関係改善に動かざるをえないだろう。

一般大衆レベルでは、日本と、中国・韓国との関係にいわゆる「歴史認識問題」があることを情緒的にとらえがちだが、中国の超大国としての台頭、そしてそれを受けた韓国の外交姿勢の修正という、国際政治上の大きな構造的な流れが背景にあることは、けっして見失うべきではない。

歴史認識問題とは

日本の対中包囲網の抜け穴となっているのは、韓国である。日本と中国の中間に位置する韓国が親日的な態度をとれば、日本の立場は決定的に有利になる。安倍政権に韓国関係を悪化させる意図があるわけではないだろう。むしろ逆に辛抱強く韓国との関係改善の機会をうかがっているのは事実だろう。

関係が悪化した原因が、慰安婦や靖国参拝などのいわゆる歴史認識問題であるならば、日本とすれば、韓国が同じアメリカの同盟国としての日本との友好関係の戦略的重要性について思い出すのを待つしかない。日本との友好関係維持の重要性を説くアメリカの態度に接すれば、韓国はやがて歴史認識よりも、現在の安全保障のほうが重要であることを思い出してくれるだろう、と日本政府関係者は期待している。そして日本がアメリカとの蜜月関係を強調したり、中国との関係改善の兆しを見せたりすれば、韓国は敏感に反応してくるだろう、とも期待している。

しかし日本と距離をとろうとする韓国の態度を、すべて歴史認識問題だけに還元しようとするのは、無理がある。現在の戦略的計算のほうが歴史認識問題よりも重要だ。それは日本人だけではなく、韓国人も了解している。ただ見据えておかなければならないのは、韓国は日本と同じようなイメージでは東アジアの勢力均衡の将来を構想していない、ということである。

日清戦争・日露戦争で日本が勝利を収めて以来百年以上にわたり、日本は東アジアにおいて地域大国であった。国際政治の文脈における東アジアの歴史問題とはつまり、地域大国であった日本が、かつて中国大陸をも席巻するほどの実力をもっていたという歴史的事実のことである。つまり域外から影響力を行使してくる大国を除けば、二十世紀の東アジア地域において日本がもっとも重要な大国であったという事実によって、いわゆる歴史認識の問題も生まれえた。

しかし日本が地域大国であるという感覚は、中国の超大国としての台頭により、いまや完全に時代遅れになろうとしている。過去二十年間の日本の国力の絶対的・相対的な低下は、いまや日本がどれほどのレベルの大国であるかを周辺国に問いなおさせるほどに劇的なものであった。

中国は、少なくとも東アジアにおいて覇権を握ることを歴史の当然の流れと考えている。中国は、そのことを周辺国に理解させ、とくに日本に理解させたいと考えている。中国の力の増加を考えれば、このような中国の願望は、けっして的はずれなことではない。少なくとも韓国がそのように感じたとしても、それはまったく奇異なことではない。

日韓関係こそが

韓国の立場に立ってみれば、中国の意向を無視して、日本との関係維持を至上命題とするのは、時代遅れの外交政策であり、二十一世紀の現実をふまえたものではない。中国が二十一世紀の超大国であり、日本は前世紀の大国でしかないとすれば、韓国が中国と足並みをそろえて日本と距離をとる政策をとることは、まったく合理的な政策だということになる。

韓国は、米中のふたつの超大国の関係維持によって成り立つ国際秩序において安全な地位を確保しようとしている。その際に日本との友好関係は必ずしも重要性が高いわけではない。それはふたつの超大国との関係維持に対応した後に計算に入れる従属変数である。中国との安定的な関係維持にとって、日本と距離を置くことが潤滑油になるのであれば、韓国にとってそれは合理的な政策である。ただしアメリカとの安定的な関係維持にとって、日本と敵対しないことが安全な選択であるならば、韓国にとってそれは合理的な政策である。

二〇一五年四月にアメリカのシンクタンクであるスティムソン・センターから出された報告書が、米・日・韓ではなく、米・日・豪の安全保障面での協力関係をいっそう発展させることを提言したものであったことが、注目を集めた。中国をめぐる脅威の認識は、米・日・豪の三国の間では共有されていると言ってよい。報告書に集められた論考のなかには、米・日・韓の間では、日韓関係の停滞により、地政学的論理を実際の政策に発展させていくことができないという指摘が端的になされている。[*17]

実際に、アメリカ、日本、そしてオーストラリア相互の安全保障面での協力は良好である。協力関係の円滑さで言えば、米・日・韓の三国の場合よりも高い次元で進むだろうことはまちがいない。日米にオーストラリアを加えることによって西太平洋に大きな三角形を描き出す安全保障ネットワークは、中国の超大国化への備えとして合理的である。

だがその円滑さの裏を返せば、中国はオーストラリアと競合するほどの海洋権益をもっていない。より重要なのは、オーストラリアとは比べようがない程度に中国に近い東南アジア諸国の位置づけであり、そしてまさに大陸で中国と隣接する韓国の位置づけである。

韓国がアメリカの同盟ネットワークの充実のために期待されている行動をとらないとして、やむをえず韓国を取り除いてオーストラリアを入れるといった代替策を充実させようとすることも一定程度は合理的であろう。しかし、代替策が妥当で成功していく場合であっても、韓国の存在を無に等しいものにしてしまえる措置はありえない。韓国が占めている特別な位置を、一夜にして別の国がとってかわって占めるということは想像できない。それほどまでに、韓国の位置づけは特別である。

日本にとって韓国との関係は、超大国として台頭する中国とどうつきあっていくかという政策課題から派生する諸問題のなかでもっとも切実なものである。変化する東アジアの勢力均衡の構造のなかで、日本は歴史認識問題のみを気にして韓国との接しかたを決めるような余裕のある立場にはない。

いずれにせよ、すべては東アジアにおける勢力均衡状態の変化をどう評価し、今後の変化の進展をどう予測するかにかかっているのである。

第三章 地政学——ヨーロッパの紛争とグレート・ゲームのゆくえ

1　マッキンダーの洞察

ロシアの位置づけ

冷戦終焉以降、なんどとなく西欧諸国とロシアとの間の緊張関係が高まり、「新冷戦」の勃発がささやかれた。

だが冷戦とは、ふたつの超大国が世界を二分して対峙した状況のことを指すので、もはやロシアが超大国と呼ぶことができる存在ではない以上、「新冷戦」の勃発もありえない。それでもくりかえし目撃されているのは、依然としてユーラシア大陸の中央から周辺部への影響力を行使しようとするロシアの対外政策であり、依然としてそれを封じこめようとするユーラシア大陸外周部の諸国の対外政策である。

ユーラシア大陸の西側、つまりヨーロッパ地域において、冷戦終焉後に発生した武力紛争を見るならば、ボスニア・ヘルツェゴビナやコソボのように、共産主義国の崩壊にともなう混乱が紛争を招いた場合と、チェチェン、ジョージア（グルジア）、ウクライナのように、ロシアの国境の周辺部分で起こった紛争の場合に大別される。

前者の場合であっても、紛争当事者の一方の支援者としてロシアが存在しており、ロシア国境周辺部の紛争の場合と同じ構図をつくっている。そしてＮＡＴＯ加盟国を中心とする、いわゆる西側諸国は、直接的な軍事介入あるいは間接的な政治介入などを通じて紛争に関与し、その結果、ロシアとの対決の構図が再構成されることも辞さない構えを見せてきた。

ユーラシア大陸をめぐる力のせめぎあいは、数百年にわたって世界大の国際政治の機軸を形成してきたと信じられている。それは伝統的な国際政治の文脈で、「グレート・ゲーム」と呼ばれたものである。

十八世紀、十九世紀と国力を増大させたロシアは、天然港を通じた海洋へのアクセスを求めて大陸の深奥部から拡大を続けた。一方、海洋の覇権を握るイギリスは、ロシアに自由な海洋へのアクセスを握らせないために対抗的な封じこめ政策をとった。このユーラシア大陸全域を舞台にした壮大な「大陸国家」の雄と「海洋国家」の雄とのせめぎあいが、「グレート・ゲーム」と呼ばれたものである。

「大陸国家」と「海洋国家」

たとえば明治維新以降の日本の外交政策の機軸は、太平洋へのアクセスを求めて東アジアにおいて南下政策をとるロシアを封じこめることであった。そのために利益を一致させるイギリスとの同盟を結び、戦争に備えた。冷戦期にはイギリスの役割を引き継いだアメリカとの同盟関係の維持を、日本は守りきった。

日本がロシアと対峙していたころ、イギリスの海外権益の牙城であった英領インドを守り、ロシアのインド洋へのアクセスを阻むために、イギリスはアフガニスタンに侵入したロシアを駆逐する軍事作戦をくりかえした。同様の行動を、ソ連に対抗したムジャヒディン勢力への支援というかたちで、二十世紀後半の冷戦期にアメリカも採用した。

十九世紀の大戦争であったクリミア戦争が、ロシアの黒海へのアクセス確保の欲求と、それを阻むイギリスの対抗行動によって勃発したことも、よく知られている。冷戦勃発と同時にアメリカは、いちはやくトルコをNATOに招き入れ、黒海を握ったソ連海軍が地中海に侵入して大洋へのアクセスをもつことを防いだ。

このように「グレート・ゲーム」の構図は、数百年にわたって国際政治の基本構造を形成してきた。ある意味で、東アジアで中国とアメリカを中心とする勢力の間でくりひろげられているせめぎあいも、同じような構図で展開していると言える。

ただし、伝統的には、「大陸国家」の代表は、ユーラシア大陸の深奥に位置する難攻不落のロシアであり、「海洋国家」の代表は、海洋貿易で世界を主導するアングロ・サクソン諸国群である。

地理的条件に重きを置いて世界的規模の国際政治情勢を把握する視点は、各国が持つ力の計算と均衡の上に成り立つ勢力均衡の論理とも、区別されるべき性質を持っている。

ロシアとアングロ・サクソン諸国の特別な位置づけは、理論的には「地政学」(geopolitics)における独特な「回転軸(pivot)=ハートランド」と「半円弧(crescent)=リムランド」の理解によって成り立つものである。

本来の意味は

「地政学」の理論の構図がもっとも重要な意味をもつのは、ヨーロッパを中心とするユーラシア大陸の国際政治である。

ここで「地政学」と呼ぶのは、ふつうに日本語で流通している、実質的意味を失った言葉の「地政学的な」云々ではない。「地政学」は、Geo-politics（地理政治学）の略称であり、地理学と政治学を融合させた学問的視点を指している。そのもともとの意味は、地理学的な観点をふまえて国際政治をとらえるということにある。したがって地理学的な要素を含めることなく、国家間関係のようすを描写したとしても、本来の言葉の意味からすれば、それはまったく地政学的なものではない。

狭義の「地政学」とは、イギリスの地理学者であったハルフォード・マッキンダー（一八六一～一九四七）を始祖とする特定の学問的伝統のことを指す。マッキンダーの地政学は、現代でも大きな影響力をもっていると考えられるが、そのことに意識的な人びとが多数いるヨーロッパにおいて、とくに大きな影響力がある。

この第三章では、まず冷戦後の世界においてもロシアが「世界島」の中心である「回転軸」として行動しがちであり、アングロ・サクソン諸国を中心とする諸国群が「世界島」の外周を形成する「半円弧」としての反応をしがちであることを見ていく。そのうえで、マッキンダーの地政学理論を主に参照しながら、ユーラシア大陸における国際政治の構図が、依然として地政学的枠組みによって説明されるものであることを論じていくことにする。

マッキンダーとマハン

学説史を描くのであれば、『海上権力史論』（*The Influence of Sea Power upon History, 1660-1783*）を書

いたアルフレッド・マハン（一八四〇〜一九一四）は、マッキンダーに先立って十九世紀にアメリカの海軍士官学校の教官を務めていた人物であった。[*1] 「シー・パワー」という重要概念を提示したマハンの功績は、軍事史・戦略研究の分野で燦然《さんぜん》と輝くものであり、マッキンダーにも一定の影響を与えたと考えるのが妥当だろう。

　マハンの現実政治への影響力は、アメリカが世界の超大国として台頭する過程において、「シー・パワー」を最大限に駆使したという事実によって、いっそう伝説的なものとなった。アメリカの超大国としての台頭の歴史は、マハンの教義を現実の政策を通じて実行した結果であったとさえ思われたのである。

　しかし、海洋制海権をめぐる軍事史は、海軍力の分析によって描かれるものであり、それは地理的環境に制約されない視点であった。マハンの「シー・パワー」とは、いかなる政治権力であっても、およそ海洋に乗り出す際には必然的に関係してくる論点のことであり、必ずしも地理学的な要素を本質的に内包しているとまでは言えない概念であった。

　これにたいして、世界全体の地理的環境が国際政治にどのような全般的な性格規定をおこなっているかという問題関心は、やはりマッキンダーによって正面から取り上げられたものだと言ってよい。かりにマッキンダーの地政学につながる戦略研究が、すでに十九世紀において開始されていたと言えるとしても、国際政治が地理的要因によって大きく性格づけられているという、運命論的とさえいえる大胆な見かたを体系化した偉業は、やはりマッキンダーの名に結びつけられるべきものである。

二十世紀国際政治の担い手たちの「密教」

地政学の創始者としてのマッキンダーの実際の著作群は、いわば地政学のグランド・セオリーと言うべき壮大な理論を提示したものであった。同時代の各国の戦略研究者や政治指導者へのマッキンダーの影響力は、圧倒的なものだ。

第二次世界大戦前夜に活躍した地政学者たち、つまりアメリカのニコラス・スパイクマン（一八九三～一九四三）やドイツのカール・ハウスホーファー（一八六九～一九四六）、そしてイギリスやアメリカの政治指導者のみならず、ヒトラーやスターリン、大日本帝国の軍事指導者や思想家という べき者たちは、ある意味でマッキンダー理論をどう咀嚼《そしゃく》するかを争ったと言っても過言ではないだろう。彼らは、マッキンダーによって開始された地政学の理論構築の課題と格闘し、その理論的射程を応用的に探ろうとした者たちであった。

たとえば第二次世界大戦開始を決断し、大戦後には東欧支配を固めたソ連に対決姿勢で臨むことを表明したチャーチルの行動などは、マッキンダーの地政学によってもっともよく説明される。二十世紀を通じてマッキンダーの地政学は、政策決定者たちが重要な外交政策の方向性を決める際に、影響を受けざるをえなかった視点であった。

ドイツのハウスホーファーは、マッキンダーを含むアングロ・サクソン世界への対抗心をむき出しにしつつ、人種的特性まで視野に入れた観念論的なタイプの地政学を編み出した。ハウスホーファーは、ルドルフ・ヘス（一八九四～一九八七／ナチス副総統）をミュンヘン大学で教え子としていたことを通じて、ヒトラーとも通じ、「レーベンスラウム」（生存圏）の概念などに関して、影響を与えた。

太平洋の地政学に関心を持っていたハウスホーファーは日本にも多大な関心を持っており、日本人との親交も深めていた。[*2]

さらに、アメリカの視点であれば、完全に外側から「世界島」を見たときに、「リムランド」をいずれかの一者が制圧していないかが、大きな問題関心となる。一九四三年、つまり太平洋戦争中のアメリカで、スパイクマンの遺稿をまとめた著作を公刊したイエール大学の同僚たちを代表して、同大学国際研究所長のフレドリック・シャーウッド・ダンは、次のように述べた。

世界はイギリスの地理学者マッキンダーが一九〇四年に発表した「歴史の地理的回転軸」の影響の大きさにまだ気づいていない。地理的なロケーションを研究することにより、彼は大英帝国の安全保障問題に適用できるいくつかの結論を導き出したのだ。不幸なことに、この地理的なアプローチはハウスホーファーとドイツの地政学に悪用され、エセ科学としてゆがめられ、領土拡大政策の正当化に使われてしまった。その他の国々では、地政学はほとんど注目されていない。……(しかし)スパイクマン教授の分析と結論に注目せずに一貫して実践可能な安全保障政策を作り上げることは、かなり困難になると言えよう。……アメリカの安全保障の中で最も重要な問題を一つ挙げるとすれば、それは「ヨーロッパとアジアのリムランド(rimland)を誰がコントロールするか」ということである。[*3]

このように二十世紀前半にさまざまな派生的議論を喚起し、さまざまな応用・変更の対象とみなされながら、マッキンダーの理論は、くりかえし参照されつづける地政学の古典となった。政治家（の助言者）としてではなく、理論家として密かに政策決定者たちに政策の思考枠組みを与えたという点で、マッキンダーの地政学は二十世紀国際政治の担い手たちの共有財産であり、共通に信奉した「密教」であったと言える。

ちなみに大日本帝国の一九三〇年代以降のドイツ重視の外交政策は、シー・パワーとしてのみずからの位置づけを度外視したという点でマッキンダー地政学にたいする背反であったが、それは同時にドイツを中心にした世界秩序のなかで、汎アジア地域の覇権を日本に与えることを構想したハウスホーファーへの傾倒でもあった。

しかし後に、枢軸国の壊滅によって、日本においてのみならず、世界的にも、ハウスホーファーの理論は、評価が下がる。代わりにマッキンダー理論の古典的な名声は維持された。おそらく「世界島」に近接する「外側の半円弧」に属する島国として、イギリスと類似した「沖合」（off-shore）の立場にある日本は、本来的には、明治期の外交政策を説明するイギリスのマッキンダーの古典的な地政学の視点がよくわかるはずである。

それにしても今日の世界では、より小さい地域に焦点をあてた情勢分析も盛んにおこなわれているため、マッキンダーの壮大な理論をそのまま適用することは、必ずしも絶対的ではない。そのため、非常に素朴な国際政治情勢であっても、ときに「地政学的」と描写されてしまったりするのである。しかし単にマッキンダーのグランド・セオリーを採用していないだけでなく、そもそもまったく地理学的要素を国際政治研究に導入していない分析であるならば、それは地政学的なものではない。地政学のダイナミズムを導入するのであれば、そこには少なくとも地理的要因を分析に導入した視点がなければならない。

前章でとりあげたハンス・モーゲンソーは、地政学を、地理がすべてを決めると考える「えせ科学」と呼んだ。亡命ユダヤ人であったモーゲンソーが、とくにナチス・ドイツとハウスホーファーのつながりを念頭に置いて地政学そのものを糾弾したことは、驚くべきことではない。ただモーゲンソーの理論が、地政学の理論と異なる傾向を持っていたことも否定できないだろう。[*4]

地理的要因を重視する見かたが、人間の自由意思に重きを置く発想とは緊張関係を持つことは、確かだ。たとえば、マッキンダーの古典的地政学においては、ロシアが「ランド・パワー」を代表する国であり、イギリスが「シー・パワー」を代表する国としての性格をもつことは、ほぼ運命論的に決まってしまっている。逆に前章で検討した勢力均衡の理論は、純粋には、各国の国力の総体を計算した後、その自由な組みあわせを構想するもので、マッキンダーほどには地理的要因を重視しない。

最近の論者のなかには、モーゲンソーに代表される国際政治の現実主義と、マッキンダーに代表される地政学との間には、ほとんど差がないと言う者もいる。科学技術の進展が、地理的条件が人間生活に与える制約を軽減し、地政学の特徴が過小評価されるようになってきたのかもしれない。だがだからといって、ほとんど地政学的とは言えない単なる国際政治情勢分析を、「地政学的」と呼ぶのは、まさに「えせ科学」的な現象であり、それでは「地政学」を語る意味がない。

本章では、非地政学的な分析を安易に地政学的なものだと呼んでしまうことを避けるため、まず、もっとも古典的であり、もっとも基礎的な地政学の学説であるマッキンダーの理論を確認することから議論を開始する。そのうえで、マッキンダーの理論の視座が、今日の国際政治、とくにヨーロッパ地域の国際政治を理解するのに依然として有効であることを論じていくことにする。

「ハートランド」

マッキンダーの地政学を世界に知らしめたのは、一九〇四年に王立地理学協会でおこなわれた講演録「地理学からみた歴史の回転軸」（"The Geographical Pivot of History"）であった。歴史に回転軸があるという壮大なテーゼを、地理学の観点から論証しようとする意欲的な内容であり、「地政学」が広く定着していく契機になった歴史的論文である。[*5]

マッキンダーにしたがうと、端的に言えば、「回転軸」とは、ユーラシア大陸の中央部に位置するロシアのことである。ロシアがもつ比類なき地理的特性は、ロシアが歴史を動かす回転軸となる特別な性格をもった国であることを示すと、マッキンダーは論じたのであった。

マッキンダーによれば、ユーラシア大陸は、その面積と人口の大きさから、「世界島」と呼ぶべき大陸のなかの大陸である。マッキンダーは、実際には陸続きだと言ってよいアフリカ大陸はユーラシア大陸の一部だと主張する点において、独特の「世界島」理解をもっていると言ってよい。

この「世界島」に位置するユーラシア大陸の中央部は、「ハートランド」（中心地帯）と呼ばれる。ハートランドとは、単に大陸の中央に位置している場所というだけでなく、外界からの侵入者を遮断する閉ざされた場所としての性格ももっている場所である。

ハートランドと呼ぶべき地域の背後には、北極の無人地域があり、それは基本的に人間が交通路として考えることができるルートが存在しない、地球上でも稀有《けう》な地域である。ところで近年は温暖化の影響もあって北極海が航行可能になってきているが、まだ制限的なものなので、今日であっても条件の根本的な改変が起こったとまでは言えないだろう。

ハートランドを流れる河川は、ことごとく北極海側に流れこんでいくものであり、アゾフ海へ注ぐドン川（およびベラルーシとウクライナを通過して黒海に注ぐドニエプル川）とカスピ海に注ぐヴォルガ川以外には、冬期には凍結してしまう中国との国境線となっているオホーツク海に通じるアムール川（黒龍江）があるくらいである。こうした状況から、海上覇権を握る勢力は、河川沿いに上流地域のハートランドに侵入することができない。そして、ゴビ砂漠の存在は、ハートランドの遮断性をさらに高める。

ただし、ヨーロッパ・ロシアから東欧にかけて広がる大平原だけは、ハートランドとヨーロッパを結ぶ広大な交通路となりうる。この大草原の舞台では、遠いアジアの反対の端から、ウラル山脈とカスピ海とのあいだの通路を通って、色とりどりな遊牧民族が入れかわり立ちかわりやってきた。そのためヨーロッパの歴史の多くの部分は、これらのアジア民族がもたらした変化によって特徴づけられるものであった。マッキンダーによれば、ユーラシア大陸の西端でイギリスやフランスなどの近代国家群が生まれたのは、大陸中央部からの征服民族に対抗する必要性があったからであるという。

半円弧地帯のシー・パワー群

ハートランドの東側、南側、および西側には、大きな半円弧の形（三日月形）をした諸地域があ

マッキンダーの世界図

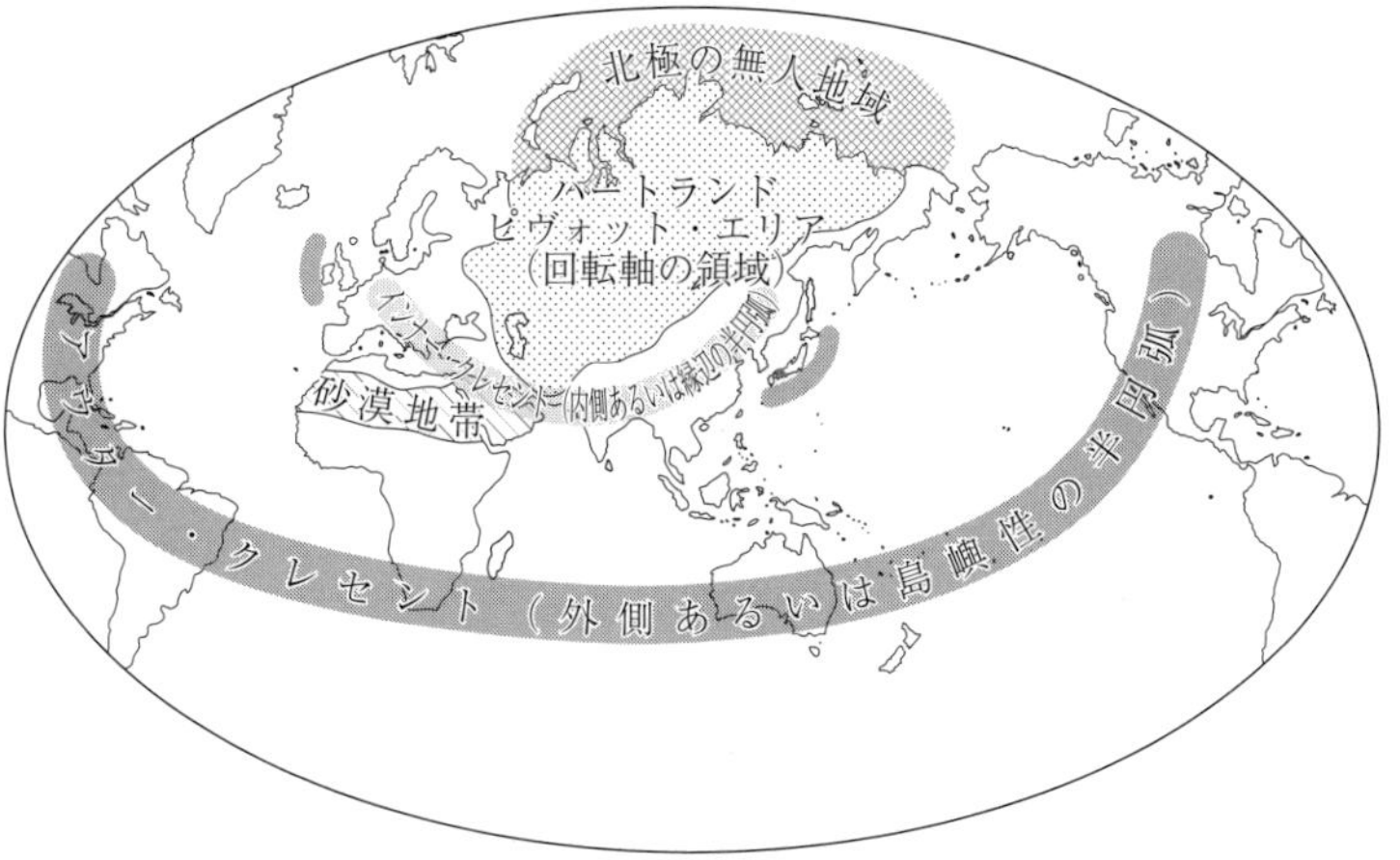

"The Geographical Pivot of History", *Geographical Journal* 23, no. 4（April 1904）掲載図をもとに作成

り、それは海上交通路に開かれている地域である。この温暖多湿な気候のユーラシア大陸外周部分に、地球の人口の大多数が暮らしている。この大陸の外周部分は「インナー・クレセント（内側あるいは縁辺の半円弧）」と呼ぶべき一帯である。

　そのさらに外側には、大陸を取り囲むイギリス、日本、そして大陸というよりも巨大な島としてのアメリカやカナダ、オーストラリアが構成する「アウター・クレセント」（外側あるいは島嶼性の半円弧）があり、「海洋国家《シー・パワー》」の領域を形成している。

　マッキンダーは、大陸の外周部分を形成する海洋国家の地域にたいして、大陸中央部のハートランドこそが、「世界島」の動きを左右する「回転軸」だと考えた。この地理的制約を受けたふたつの大きな勢力の間のせめぎあいこそが、「グレート・ゲーム」を形成してきたものである。

　マハン流の「海を制する者は世界を制する」というテーゼにたいして、マッキンダーはハートランドのランド・パワーは歴史法則的に拡張主義をとるという洞察を提示し、外洋に向かって勢力圏を拡大させる「海洋国家」群は、実際には大陸中央部からの「回転軸」の拡張に対抗して抑えこむ政策をとっていかざるをえないという洞察も示した。

なお、マッキンダーによれば、フランス、イタリア、エジプト、インド、朝鮮半島などは、有力な「橋頭堡《きょうとうほ》」(Bridge Head) と呼ぶべき存在だ。海洋国家群は、海それ自体を全面的に支配するわけではない。橋頭堡と基地を押さえることによって初めて、海洋における覇権を確保し、大陸諸国を牽制するための足がかりももつことができる。

海洋国家群にとっては、回転軸となる国家に有利な地位を与えないようにすることが外交政策の指針になるので、たとえば具体的には、ドイツとロシアの合体を阻止することなどが至上命題になる。そのための死活的な命題は、「橋頭堡」の確保であり、海洋国家群の政治行動は「橋頭堡」にたいする働きかけによって特徴づけられる。

それでもマッキンダーによれば、「地理学的な観点からみて、いずれ世界のバランスは一定の回転軸となる国をめぐって展開される」[*6]。マッキンダーは言う。もしロシアが日本に占領併合されるのであれば、ハートランドの性格は日本に与えられる。

マッキンダーにとって問題なのは、国家の思想基盤や民族構成ではない。地政学の観点から言えば、地理的な位置づけが、政治的性格を決めるのであった。

今日、いわゆるＢＲＩＣＳ(ブラジル、ロシア、インド、中国、南アフリカ共和国)といわれる新興諸国の経済発展がどのような地政学的インパクトを持つか、などといった問いがなされることがある。

もちろんラテン・アメリカ、中央アジア、南アジア、東アジア、アフリカのそれぞれで、経済成長著しい国を、ハブ国として見ていこうといった議論は、それ自体として大きな意味がある。しかしたとえばマッキンダーの考えかたにそって言えば、そのような単なる力関係の描写が「地政学」ということになるのではない。

たとえば中国は「橋頭堡」ではないが、インド亜大陸の先端に属するインドは「橋頭堡」だとされる。インドは「非同盟諸国」の雄としての歴史を持つが、地理的環境からすれば、「シー・パワー」と「ランド・パワー」の地政学的確執から逃れることができず、実際の歴史がそれを物語っているという見解が導き出されることになる。これは中国などと比しても大きく異なっている特徴である。アメリカ合衆国と同様に、ブラジルは大陸に属しているように見えるが、マッキンダー理論にしたがえば、「海洋国家」群に属するひとつの島の一部ということになるだろう。南アフリカ共和国は、「世界島」の先端部だ。

他方、ロシアは絶対的な「ハートランド」であり、その内陸国としての特性を、たとえば中央アジア諸国（カザフスタン、ウズベキスタン、タジキスタン、トルクメニスタン、キルギス）と共有する。中央アジア諸国も、モンゴルやアフガニスタンと同じように、けっして海洋国家群の影響下に置かれるだけで安定することはないだろうという見解が導き出されることになる。

このように地理的状況が政治状況を規定するという考えかたが、マッキンダー理論にしたがったきわめて伝統的な地政学の発想である。そしてこうした地政学的考えかたにしたがったときに初めて、ヨーロッパという「世界島」の「半島」部分の「付け根」にあたり、同時に「世界島」の中央部で

「シー・パワー」と「ランド・パワー」の確執の最前線となると想定される、東欧の比類なき地政学的な重要性を感じることができるようになる。

2　東欧を支配する者は……

『デモクラシーの理想と現実』

このように一九〇四年に鮮烈に登場したマッキンダーの地政学は、「ハートランド」＝ロシアの強調によって特徴づけられるものであった。そして「ランド・パワー」と対比させられる「シー・パワー」の雄がイギリスであることは自明であったので、この初期地政学は、十九世紀を通じてユーラシア大陸をめぐる国際政治の構造を決めた「グレート・ゲーム」を地理学的観点から説明したものだという性格が強かった。

しかしそのイギリスとロシアは、一九〇七年の英露協商によって同盟関係に入る。ともに国力を増強しつづけていたドイツを警戒するという共通の関心をもっていたためであった。もちろん極東では、日露戦争によってロシアの南下は押しとどめられ、伝統的な「グレート・ゲーム」の構図は重大懸念ではなくなっていた。

イギリスとロシアの同盟は、ヨーロッパの国際政治の構造に重大な変更をもたらし、一九一四年の第一次世界大戦がヨーロッパのすべての大国を巻きこんだ破滅的戦争になる要因となった。同時に、ヨーロッパ中央部で他国を圧倒する国力を誇ったドイツが、ついに世界大戦に勝ちきれなかったのは、東部戦線と西部戦線の二正面作戦、および陸上戦のみならず制海権をめぐる戦いもおこなわなければならなかったためであり、つまりロシアとフランス、そしてイギリスと同時に戦わなければならなかったためであった。

このような事態の推移をふまえて、第一次世界大戦が終結したのちの一九一九年に公刊されたマッキンダーの著書が、『デモクラシーの理想と現実』であった。この著書においてマッキンダーは、一九〇四年に提示した地政学の議論を発展させると同時に、一九〇四年には見られなかった視点も導入し、新しい現実により明確に対応した視点を提供しようとした。

まずマッキンダーが戦勝国を「デモクラシー」を標榜する陣営として性格づけたことは、一九〇四年にはまったく見られなかった要素であり、彼の議論を理解するためにも興味深い。第一次世界大戦の大衆動員の時代をへて、戦勝国側である協商国陣営の政治家たちはみずからの依拠する価値観をデモクラシーと表現しはじめていた。政治家たちは、第一次世界大戦の意味を、デモクラシーが専制独裁主義を駆逐する一過程としてとらえて正当化しようとしていた。マッキンダーは、学術的立場をこえて、戦勝国側のイデオロギー言説にのった議論をおこないはじめたのだった。

またすでに、イギリスにとっての脅威はロシアではなくドイツである、という時代に入っていた。ロシア問題ではなく、ドイツ問題を、地政学の観点から論じる社会的要請が強く、マッキンダーもその要請にこたえる努力をした。

さらに、国際連盟などによって代表される新しい国際秩序のしくみが、地政学の観点からなにを意味しているのかを明らかにする必要があった。そこでマッキンダーは、国際連盟がもつ将来の国際秩序運営にたいする含意を示そうとした。

『デモクラシーの理想と現実』において、マッキンダーは、従来のみずからの地政学の議論を踏襲し、「ハートランド」の概念の精緻化などをおこなった。しかし重大な相違として、「ハートランド」はもはやロシアを具体的に意識した概念とは言えず、むしろ第一次世界大戦の文脈ではドイツが重大な役割をはたすことが自明視されるようになっていた。いわばマッキンダーは、十九世紀の「グレート・ゲーム」の観点を応用して、イギリスを中心とする連合国とドイツの対抗軸を説明しようとしたのである。

マッキンダーによれば、第一次世界大戦は、民主主義国家と独裁制国家のあいだの戦いであっただけでなく、シー・パワーとランド・パワーのあいだの戦いであり、「島国人」と「大陸人」のあいだの戦争であった。[*7]

一九一九年のマッキンダーの議論では、彼の議論に一貫して存在した地理政治的概念の適用が見られた。その一方で、時勢に応じて、ロシアが持っている特別な位置への注目が、ドイツの脅威への注目とあわさって、「ハートランド」と「東欧」の接合という問題意識を際立たせる方向に進んでいる。

マッキンダーの議論から、より一貫性のある地政学的洞察を抽出するためには、彼が提示した理論的枠組みをさらに具体的に見ていく必要がある。

あまりにも有名なテーゼ

ドイツが「ランド・パワー」の代表者として、「ハートランド」からの勢力を押しこめる「シー・パワー」を代表する島嶼国勢力の標的となったのは、ドイツがハートランドとヨーロッパをつなぐ大平原地帯の征服を目論んだからである。

逆に言えば、ドイツなどのランド・パワーが覇権的な地位を獲得するのを防ぐためには、ハートランドとヨーロッパを結ぶ地域をなにものかが制覇することを防ぐことが必要になる。そこでマッキンダー地政学を象徴する有名なテーゼが強調されることになる。

東欧を支配する者はハートランドを制し、
ハートランドを支配する者は世界島を制し、
世界島を支配する者は世界を制する。[*8]

このあまりにも有名なテーゼは、第一次世界大戦がなんだったのかを説明するために、マッキンダーによって述べられたものだった。しかしその後は、第二次世界大戦のヒトラーの野望を説明するために、戦後のスターリンの野望を説明するために、そして両者の野望を打ち砕く決意を定めたチャーチルら自由主義陣営の指導者層の判断を説明する者によって、なんどとなく引用されることになる。

いったんどこかの国が東欧およびハートランドの資源とマン・パワーとを組織しようと試みたばあい、西欧の島国とその半島に属する国々とは、事のいかんにかかわらず、これに対抗する必要に迫られる。……われわれが半分ドイツ製の露帝《ツァーリ》の支配に反対したのは、それが半世紀にわたってハートランドと東欧に君臨し、また暴威をふるったからだ。さらにわれわれが純ドイツ製のカイゼルの支配に反対したのは、ドイツが東欧の主導権をロシアからもぎとった上で、反抗するスラブ族を押しつぶし、東欧とハートランドに君臨しようとしたからにほかならない。[*9]

マッキンダーによって東欧に与えられた比類なき地政学上の重要性は、なぜふたつの世界大戦は、ロシア（ソ連）とイギリス（アメリカ）の間ではなく、ドイツ問題をめぐって引き起こされたのか、という問いにたいする答えも示唆する。

両大戦間期の国際連盟は、マッキンダーの視点で説明すれば、中立化された東欧の新興独立諸国を維持管理するための国際機構であった。マッキンダーは述べていた。

東欧における領土の再編成にあたって安定を期するための条件は、国家群を二つではなく、三層のシステムに分けることである。すなわちドイツとロシアのあいだには複数の独立国家からなる中間の層があることが、どうしても必要である。[*10]

したがって国際連盟は、東欧諸国を守れないことが判明した時点で、崩壊した。

第二次世界大戦は、東欧で始まった。多くの人びとがヒトラーの冒険主義的行動の背景に世界支配の意図を読み取ったのは、ヒトラーがドイツ人居住地域をこえて、東欧全域の制圧をめざしたときだった。その野望は、ヒトラーが東欧支配を、ハートランドたるソ連の制圧へと発展させたときに、よりいっそう鮮明になった。

ドイツのようなヨーロッパ中央部の勢力が、東欧を支配するとき、ランド・パワーであるロシアとシー・パワーである英米は、同盟を組んで、この勢力に対抗する。このパターンは、二十世紀前半の二回の世界大戦でくりかえされ、二度とも同じ結末を導き出した。ドイツ帝国成立前にはフランスが「リムランド」地帯の大国であったため、ナポレオン戦争においてまったく同じパターンが存在していた。

つまりフランスとドイツ（ナポレオン、ヴィルヘルム二世《カイゼル》、ヒトラー）のヨーロッパ統一の野望は、大陸の内側のランド・パワーと外側のシー・パワーの連合体によって駆逐された。これはマッキンダー自身が予言的に説明したことではなかったが、しかし彼の地政学理論の明白な含意として読み取れる事態であった。

ドイツのようなヨーロッパ中央部の勢力が東欧を支配すれば、やがてハートランドの支配を目論む。ハートランド支配が達成されてしまえば、シー・パワー陣営は著しく不利な立場に追いこまれるため、シー・パワー陣営はハートランド勢力と同盟を結んで、覇権的行動の抑止にあたるはずなのである。

逆に言えば、ランド・パワーとシー・パワーの対立は、むしろあくまでも構造的なものであり、辺境地帯での衝突は多発するとしても、全面戦争は起こりにくい。

マッキンダーのテーゼをめぐる論争点

しかし、このマッキンダーの有名なテーゼには、じつは本書が「マッキンダーのテーゼをめぐる論争点」と呼んで強調したい、地政学理論の最大にして複雑かつ重大な論争点がひそんでいる。

マッキンダーのテーゼは、頻繁に引用されるにもかかわらず、じつはあまり正確には踏襲されていない。その最大の理由は、「はたして東欧はそれほど重要なのか？」という疑問が、マッキンダーを信奉する人の心のなかにもなお残存しているからではないかと思われる。そのため、マッキンダーの議論をけっきょく、「ランド・パワーとシー・パワー」の対立にだけ着目して解釈し、あえて「東欧」に注目しない議論が多い。そのような態度は、中国など大陸に属している国はすべて「ランド・パワー」だ、といった議論にもつながっていく。また、「東欧」を拡大解釈して、中央アジアも類似した立場にあるといった議論に発展させていく場合もある。

日本では地政学全体の議論の裾野が狭いため、こうした複数の地政学理論相互の比較検討はほとんどなされておらず、この「マッキンダーのテーゼの論争点」も、地政学を意識的に掲げる論者によって論じられることがほとんどない。したがって読者層にも紹介されていない。[*11]

だが私見では、「マッキンダーのテーゼの論争点」を意識することなくしては、地政学理論の要点を考えることはできない。この「論争点」を意識しないから、地政学の理解が雑駁《ざっぱく》な時事放談になるのである。

じつは「東欧」の重要性を低く見積もる議論は、いわばそれを「リムランド」全体と解釈してマッキンダー理論に修正を加えたスパイクマンにおいて、すでに顕著であった。一九四二年にスパイクマンは次のように論じていた。

今までの歴史の中では、純粋な「ランドパワーとシーパワーの対立」は発生していない。戦いの組み合わせを歴史的に見れば、「リムランドの数カ国とイギリスの同盟国」が「リムランドの数カ国とロシアの同盟国」に対抗したり、イギリスとロシアが支配的なリムランド国家に対抗するという構造はあった。したがって、マッキンダーの格言である「東欧を支配するものはハートランドを制し、ハートランドを支配するものは世界島を制し、世界島を支配するものは世界を制す」というのは間違いである。もし旧世界のパワー・ポリティクスのスローガンがあるとすれば、それは「リムランドを支配するものがユーラシアを制し、ユーラシアを支配するものが世界の運命を制す」でなければならない。アメリカは過去三〇年間の内に二度も戦争をしており、その際の安全保障への脅威は、「ユーラシア大陸のリムランドがたった一国によって支配される」という形で表れたのだ。[*12]

一見して、理論的な明晰性《めいせき》としては、スパイクマンの議論のほうが上である。「リムランド」という概念で一般化させたうえで、「リムランド」地帯の帰趨が「ユーラシア大陸」の運命を決める（ユーラシア大陸全体の運命はアメリカの運命を決める）と論じるほうが、明らかにマッキンダーのテーゼよりも抽象度が高い。スパイクマンと比べると、マッキンダーの議論は、あまりにもヨーロッパに偏って世界を見ているように見える。したがって、少なくともアメリカ人の心に訴えるためには、スパイクマンのような鳥瞰的な抽象度が適切だっただろう。

だが、それではほんとうにわれわれはマッキンダーのテーゼが「まちがい」だと断じていいのだろうか。あるいはそれによってチャーチルなどもまた「まちがった」地政学的発想にもとづいた政策をめざしていたと考えるべきなのだろうか。

議論はそのように単純には終わらない。われわれは、長い冷戦構造の時代やその後も残る西欧諸国とロシアとの緊張関係を知っている。したがって、「イギリス・ロシア・アメリカのランドパワーとシーパワーの協力関係がヨーロッパ沿岸部をコントロールし、その結果として実質的に世界の力関係もコントロールすることになる」[*13]というスパイクマンが構想した状況を、あまり恒常的なしくみとしてはイメージできない。もしそれが制度化すれば、きわめて強力であり、危機の時代にはそのようなしくみがとられる可能性があるということを知っているとしても、それはむしろ国際連合の設立者などが夢想したタイプの「理想主義」的なしくみではないかと思わざるをえないのである。

実際には、マッキンダーが言うように、「ランド・パワー」と「シー・パワー」の対立は根深い構造的なものなので、危機の時代における共同歩調の経験にもかかわらず、平時にはやはり対立構造に戻りがちなのである。

ただその間隙をぬって「リムランド」に強大な国があらわれれば、「ランド・パワー」と「シー・パワー」の双方が懸念を深める。そしてたしかに、「リムランド」の強大な国が、「リムランド」全域を支配することも懸念するだろう（スパイクマン理論）。

しかし広大で多様な「リムランド」を、ひとつの国が支配するのは、想定するのが困難であり、歴史上も起こったことがない事態である。スパイクマンは第二次世界大戦中の枢軸国間の同盟関係を念頭に置いていたのだと思われるが、たとえどんなに強国であったとしても、ドイツ、イタリア、大日本帝国（リムランドの朝鮮半島や満洲を含む）の三者だけの同盟をもって「リムランド」全体の支配の成立と置き換えることにも無理がある。

もっともスパイクマンを裏切ったのは、リムランド支配をめざさず、太平洋を攻めたりソ連を攻めたりした枢軸国の政策決定者だったかもしれない。いずれにせよそれもまた、「リムランド」全体の支配が枢軸国にとってもきわめて困難だったからだろう。

地政学的に言えば、「ハートランド」を通過せず、さまざまな険しい山脈やジャングルを乗り越えて「リムランド」全体という広範な「半円弧」だけを支配することは、きわめて難しい。だから歴史上の前例もないのである。

そこで「リムランド」全体を支配していないとしても、どんなタイプの「リムランド」の強国がもっとも懸念すべき場合であるか、という問いを発するべきだということになる。その答えは、「ランド・パワー」か「シー・パワー」のどちらかの有力国を支配してしまうような「リムランド」の強国、というものであろう。

ただし「シー・パワー」とは、ユーラシア大陸を囲む「外側の半円弧」の海洋国家群であり、一気に支配することは想定しにくい。したがって現実的にもっとも懸念されるシナリオは、「リムランド」

の強国が「ハートランド」を支配すること、である。

ではどの「リムランド」の具体的地域が「ハートランド」の支配への道として、もっとも懸念すべきであるか。ユーラシア大陸のなかで、もっとも陸上移動が容易なかたちで平野が広がっている東欧部分こそが、もっとも懸念すべき地域である。実際に、世界支配を企図し、「ハートランド」と「リムランド」を同時に支配したモンゴル帝国などは、東欧を通過して、その稀有な支配体制を実現している。したがって地理的環境をかんがみるならば、「東欧」こそが、「ハートランド」と「リムランド」の同時支配をめざす者がまず支配しようとする地域である（マッキンダー理論）。

もっとも、ゴビ砂漠とタクラマカン砂漠を回避してハートランドと華北平原を結ぶ軍事行動をとることは不可能ではない。スパイクマンがヨーロッパと並置して、東アジアの人口密集地帯を重要な「リムランド」と考えていたことにも妥当性はある。「東欧」の重要性は、絶対的というよりは、相対的なものかもしれない。あるいはマッキンダーが「ヨーロッパ中心主義」であったとすれば、スパイクマンは大西洋側と太平洋側の両方からユーラシア大陸を見ていた、とも言えるのかもしれない。けっきょく、その一般性の高さがもたらす理論的な美しさでは、スパイクマンが優っていたが、経験則を積み重ねた具体性のある訓示としては、マッキンダーのテーゼは強力なのであった。

両者のちがいは、同じアングロ・サクソン系の地政学の内部における、アメリカとイギリスの視点のちがいとして、特徴づけることも可能な興味深いものである。したがってどちらかが一方的に正しく、どちらかが完全にまちがっているということではない。

アメリカは朝鮮戦争やベトナム戦争やカンボジアやイラン等における傀儡政権の崩壊やアフガニス

タン戦争やイラク戦争など、「リムランド」全域への支配にたいするこだわりのために介入をくりかえしながら、なんどとなく失敗を重ねてきた。それはつまり、スパイクマン理論を信奉しながら、その壮大さを克服できないでいるということである。

それにたいして、「東欧」をめぐって始まった「冷戦」は、遂に戦争を勃発させることなく「東欧」諸国の動向が決したところで、西側の勝利として幕を閉じた。現実の歴史において、「東欧」はたしかに特別な地域であったし、そして重要なことに、現実にコントロール可能な範囲の規模の地域であるかもしれないのであった。それはつまり、マッキンダー理論を信奉していれば、少なくともヨーロッパを中心に起こるできごとの要点は理解できるということである。

いずれにせよ地政学をめぐる議論において、マッキンダーのテーゼとは、安易な解釈を許さない深遠なものである。そして「ランド・パワー」と「シー・パワー」の関係を、「リムランド」を考慮に入れながら、見ていかなければならない。そしてさらにより具体的に、「リムランド」の個々の地域の特性を見ていかなければならない。

ソ連封じこめ

第二次世界大戦後にスターリンが東欧全域の支配を目論んだときには、こんどはハートランドの側からの東欧支配を通じた世界支配の危険性を、シー・パワー側は感じることになった。マッキンダーは、第二次世界大戦中に執筆された一九四三年の論文において、次のように指摘していた。

仮にもしソ連が今回の戦争でドイツを征服して、勝利者として生き残ったばあいのことを考えれば、この国がやがて地上最大のランド・パワーになることは疑う余地がない。のみならずソ連という国は、防衛戦略的にみても、けだし最強の地位を占めることになるだろう。かくてハートランドは、この地球上で最大の天然の要塞を形成することになる。その上、この要塞は史上に初めて質的にも量的にも充分に満ちたりた守備兵力をもつことになったわけだ。[*14]

そこで海洋国家連合は、ソ連を封じこめる政策をとるようになり、西ベルリン防衛のようなソ連の東欧支配に楔を打ちこむ政策にも多大な努力を払うようになった。冷戦もまた東欧をめぐって開始されたのである。したがってそれは、四十年後に、東欧をめぐって終結した。

すべては、マッキンダー理論にしたがって、ハートランドの東欧支配を黙認すれば、やがて世界島全体が支配されてしまうという懸念が強く感じられたためのことであった。

マッキンダーのテーゼは現実を深く洞察したものであったがゆえに現実をよく説明するのか、あるいは政策決定者がテーゼに影響を受けたので現実がテーゼを反映するようになったのかは、返答することがむずかしい問いだ。

しかし、第一次世界大戦のみならず、第二次世界大戦も、そして冷戦体制も、マッキンダーのテーゼの重要性に関心をもつ者たちによって開始されたものであるかのように見えることは、多くの人びとにとって、マッキンダー理論がいかに重要な洞察を含んでいるのかを確信させるのに十分な事実でありつづけてきた。

それでは、冷戦終焉後の世界において、マッキンダーは依然として関連性が高いと言えるのだろうか。本章ではさらに、マッキンダー地政学の議論を手がかりにすると、現代世界のヨーロッパにおける紛争の構図がどのように解明されていくようになるのかを、論じていくことにする。

冷戦後のロシアの拡張主義

冷戦の終焉とは、東欧における共産圏の消滅のことであり、ソ連邦の崩壊のことであり、そしてロシアの国力の劇的な低下のことであった。したがってロシアが西欧諸国と共同歩調をとらないからといって、ただちに冷戦が復活したと言うことはできない。東欧に共産圏が復活する見こみはなく、ソ連邦が復活する見こみがないなかで、ロシアの国力が相対的にもちなおしたからといって、構造的な変化が生まれて、言葉の正確な意味での「冷戦」が再発するとまで言うことはできない。

それにもかかわらずしばしば「新冷戦」といった概念が用いられるのは、じつはより広い歴史的視点に立ってのことだと言える。冷戦もまた、数百年にわたる「グレート・ゲーム」の一段階であったとすれば、冷戦の復活はないとしても、冷戦に代わる新しい「グレート・ゲーム」の一段階が発生するということは、より容易に起こりうることかもしれない。おそらくはそれが、われわれが「新冷戦」といった概念に時に魅力を感じる事情であろう。

実際のところ、ロシアは冷戦終焉後のほんのわずかな期間を除けば、その対外行動において欧米諸国を苛立《いらだ》たせてきた。

その予兆は、すでに一九九〇年代前半にも、東欧革命の最終段階で旧ユーゴスラビアが内戦状態に陥ったのちに、ロシアが歴史的なセルビア勢力との結びつきを強く意識した行動をとったことに見られていたと言える。

その後、ロシア政府によるチェチェンの独立派にたいする武力制圧は、欧米諸国のロシアへの幻滅感を高めた。一九九九年のNATOによるコソボ危機をめぐるセルビア共和国への空爆の際には、対立は完全に顕在化した。もっともロシア側から見れば、コソボで起こったことは、まわりくどいやりかたをとったNATOの東方拡大の一段階であり、あからさまな軍事介入によって独立を引き出したという点では、ロシアがオセチアやクリミアにたいしておこなったことよりも、はるかに問題の多いことであった。

ジョージア（グルジア）にたいして

二十一世紀になると、ロシアは自国の周辺領域で軍事力を駆使する行動をとりはじめた。二〇〇八年の南オセチア紛争は、ロシアとジョージア（グルジア）のあいだの軍事衝突のことであるが、ロシアにとっては自国の影響圏を維持するための戦争であったと言える。

ロシアは、旧ソ連邦共和国でありながら西側寄りの外交姿勢を取りつづけるジョージア（グルジア）と敵対しがちであった。とくに二〇〇四年に成立したサアカシュヴィリ政権は、NATOとEUへの加盟を推進する政策をとり、ロシアの怒りを買った。

黒海とカスピ海というロシアの内海を結ぶコーカサス地方に位置するジョージア（グルジア）は、地政学的観点からきわめて重要な位置にある。そこで反ロシアの行動をとったサアカシュヴィリ政権にたいして、ロシアは軍事衝突も辞さず、南オセチアとアブハジアのジョージア（グルジア）からの分離独立を推進する政策をとった。

ロシアとの戦争に負けたことによって政権基盤を弱めたサアカシュヴィリ政権に代わり、二〇一二年の議会選挙以降、ロシアにたいして穏健な政権が生まれたことは、ロシアにある種の自信を与えたと言えるだろう。

クリミアは死守せざるをえない

二〇一四年に勃発したウクライナ問題についても、ロシアの姿勢はジョージア（グルジア）にたいするものと基本的に同じであり、その行動は地政学的に一貫したものであったと言える。

ウクライナもまたジョージア（グルジア）と同様に、旧ソ連邦を構成していた共和国のひとつである。ロシアにしてみれば、旧ソ連邦共和国は、親ロシア国でないとしても、緩衝地帯となるべきだというのが、ある種の不文律である。

二〇一四年に親ロシアの姿勢をとっていたヤヌコビッチ大統領を退陣に追いこんだ政治運動は、ウクライナをＮＡＴＯ、ＥＵに引き寄せる方向性をもっており、ロシアがけっして看過できないものであった。

もっとも親西欧派を排除して、ウクライナ全体をロシア寄りに引き戻すことができるほどの影響力は、現在のロシアの国力では行使できない。そこで分割策に出たのだと言える。

ロシアは、十九世紀のクリミア戦争のときから自国にとって死活的な利益をもっていると確信しているクリミア半島を併合した。クリミアのセヴァストポリには、ウクライナが旧ソ連から分離独立した後もロシアが維持しつづけた軍港がある。この軍港こそが、ロシアの黒海へのアクセスを保障しているものであり、セヴァストポリを失うことがもたらす損失は甚大すぎて、ロシアにとっては「けっして起こってはいけないこと」としか言いようがない。

さらにロシアは、ウクライナ東部の親ロシア勢力を支援することによって、キエフに成立した政権の囲いこみも試みた。ウクライナ東部の併合は求めておらず、おそらく今後もそうだろう。しかしロシアとNATOとの間の緩衝地帯であったウクライナのうち、少なくとも首都キエフを含む西部地域が西欧寄りになってしまったとすれば、ウクライナを分割して、クリミアをロシア領としつつ、その中間部分に新たな緩衝地帯をつくりだすことが合理的になる。

完全に均等な分割であれば、ロシアから流れてキエフを通ってウクライナを縦断して黒海に流れるドニエプル川あたりを分割線とするべきだということになるだろう。実際にはロシアはクリミアを併合し、二〇一四年に独立を宣言した東部のルハーンシクを中心とする「ルガンスク人民共和国」およびドネツクを中心とする「ドネツク人民共和国」(二者で連邦国家「ノヴォロシア人民共和国連邦」を結成)地域を事実上のロシア保護圏とし、それらとキエフまでの中間地帯を事実上のさらなる緩衝地帯としている。これによってNATO加盟も現実的可能性があるとされるキエフ政権および西側諸国と対峙するという構図である。

クリミアのために欧米諸国からの経済制裁を受ける事態を招いたプーチン大統領の外交政策は失敗だと論じる識者も少なくないようである。しかしセヴァストポリというロシアにとって重要な軍港を

ヨーロッパ地図

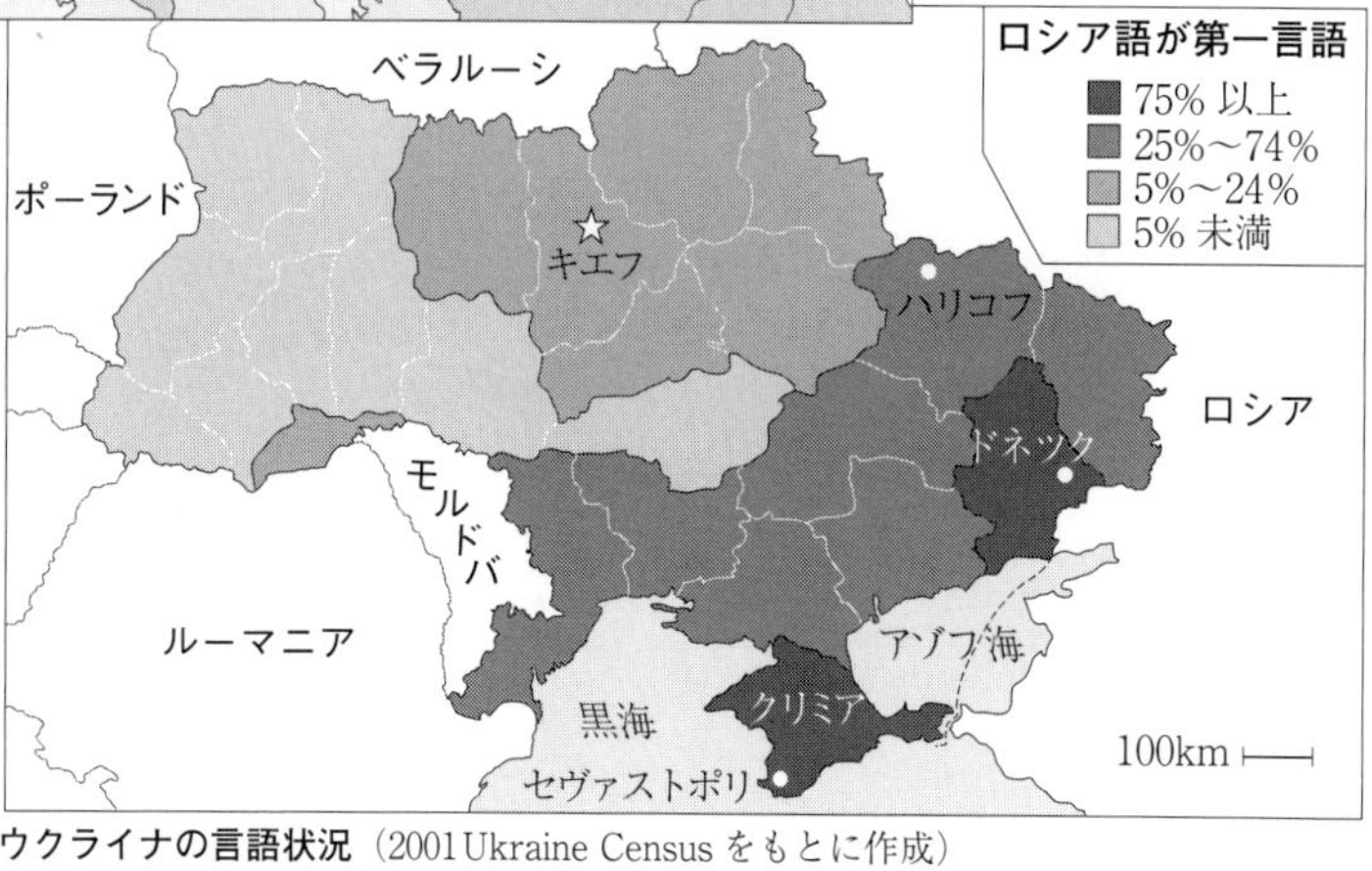

ウクライナの言語状況 (2001 Ukraine Census をもとに作成)

もつクリミアを失うような事態が起これば、もともとトルコを構成国として確保しているNATO側に、黒海の制海権を譲り渡すことに等しい。それをロシアが座して黙認せざるをえないだろうと西側諸国が仮定しているようであったことが、ロシアにとっては腹立たしいことであったにちがいない。プーチンは、そのことを欧米諸国に伝えようとしている。[15]

大洋への自由なアクセスをもたないロシアにとって、黒海を失うことの意味は計り知れないほど甚大である。経済コストを甘受してでもクリミアを死守せざるをえないと判断したプーチン大統領の考えかたは、少なくとも伝統的な地政学の観点にそったものではあった。

ソ連崩壊から間もないころ、Z・ブレジンスキー（一九二八〜）は次のように述べていた。

ウクライナは、ユーラシアというチェス盤の上で、新たに重要な位置を占めるようになった国であり、地政上の要衝である。ウクライナが独立国になったこと自体が、ロシアの変化の一因になっているからだ。ウクライナの分離によって、ロシアはユーラシアの帝国ではなくなった。……ロシアがウクライナに対する支配を取り戻せば、五二〇〇万人の人口、豊富な資源、黒海へのアクセスを手に入れ、ヨーロッパからアジアにわたる大帝国になる手段を回復することになる。ウクライナが独立を失えば、中欧にすぐ影響が及び、ポーランドが統合ヨーロッパの東の辺境として、地政上の要衝になる。[16]

勢力均衡理論を、ウクライナ問題に関して適用するのは必ずしも妥当ではない。なぜなら実際のロシアの国力に照らせば、ロシアとNATO構成諸国群との間の力の均衡状態などが起こりえないことは自明だからである。

同様に、ロシアの行動をもって、「帝国主義」の復活だ、国際政治は変わった、といたずらに復古主義的性格を強調しようとする見かたも、妥当とは言えないだろう。

たしかに、西側諸国との経済権益の拡大を第一に考えるのであれば、プーチンの行動は合理的ではなかったかもしれない。しかし地政学上のロシアという国家の性格を優先させて考えれば、理論的には明快な行動であり、だからこそプーチンはロシア国内では圧倒的な支持を得ているのだと言える。

ロシアの対外政策は、ことあるごとに欧米諸国との対立を深める結果をもたらしてきた。だがそれは時々の政権の意向によって生じたものだというよりは、より構造的な要因によって生じたものである。

ロシアにどう向きあうか

もちろんこのような端的な事実を確認することは、ロシアを取り巻く諸国の外交政策の是非を即断することにはつながらない。

二〇一五年三月にクリミアを訪問した鳩山由紀夫《はとやまゆきお》元首相は、ロシア系住民が多いのでロシアのクリミア併合は正当だと述べた。さらに鳩山氏の周辺からは、日本人はアメリカ人に追随するだけで「洗脳」されている、といった感情的な表現まで聞こえてきた。

しかしクリミアで多数派を形成するロシア系住民がロシアを支持し、ロシア国内でもプーチンの支持率が高いことだけでは、日本がロシアの主張を容認する理由としては十分ではない。日本には日本の立場と計算というものがあって当然だからだ。

日本のみならずロシア以外の諸国は、国際秩序の安定という総合的な規範構造を前提にしつつ、外交的な計算をして立場を決めている。外交政策が的確な分析のうえに進められなければならないことは言うまでもない。ロシアにはロシアの立場と利益があり、それは理解しておかなければならない。しかし同時に、日本には日本の立場と利益があり、それらに関する日本なりの計算があるべきだと考えなければ、地政学的な分析は断片的だ。

ロシアは、NATO構成諸国のユーラシア大陸における影響力の浸透を自国の安全保障における懸念材料と受けとめており、旧共産圏、とくに旧ソ連邦共和国のNATO加盟には過敏に反応する。その場合、ロシアは他国の親欧米的な政権を孤立させる政策をとりがちで、部分的な領土の分割独立に政治的・軍事的圧力を行使していく。

それはつまり自国の安全保障を、単なる形式的な国境線の範囲内だけでとらえているのではなく、自国の影響圏という観点からとらえているためであろう。あえて言えば、自国の影響圏を、単なる一国の影響圏としてはとらえておらず、欧米諸国連合の対抗勢力としての影響圏としてとらえている。

冷戦の終焉とは、ソ連の崩壊であり、ロシアの影響力の低下であった。しかしロシアが完全に弱小国に成り下がったわけではない。アメリカの影響下に入っておらず、中国の影響下にも入っていないユーラシア大陸の諸国は、基本的にすべてロシアに対抗するかどうかの決意表明を迫られる。

3　NATOの東方拡大

ロシアにとっての「生命線」

二十一世紀に入り、とくにプーチンが大統領に再任して以来、ロシアは自国の影響力の維持を目的にした対外的行動をより積極的にとっている。しかしロシアが独自の野心的な計画にもとづいて拡張主義的な対外政策をとっていると考えるのは、必ずしも実態に沿った理解ではないだろう。

より決定的かつ構造的な問題は、むしろNATOの東方拡大である。

冷戦期には、ワルシャワ条約機構に対抗するアメリカと西欧諸国の軍事同盟でしかなかったNATOが、拡大に次ぐ拡大を遂げ、いまや旧ソ連構成諸国を除くすべての旧ワルシャワ条約機構構成諸国を加盟国として呑みこんでしまった。この事態は、冷戦終焉後の世界がどのような世界であるかを特徴づける巨大な事件である。

一九九九年のポーランド、チェコ、ハンガリーの加盟を皮切りに、二〇〇四年にはエストニア、ルーマニア、ラトビア、ブルガリア、リトアニア、スロベニア、スロバキアが次々と加盟し、二〇〇九年にはアルバニアとクロアチアまでもが加盟をはたしている。ソ連以外の旧ワルシャワ条約機構加盟国がすべてNATO加盟国になってしまっただけではなく、旧ソ連構成諸国のなかでも、早期に離脱をはたしたバルト三国（エストニア、ラトビア、リトアニア）が、NATOに加盟している。

旧ソ連邦内の共和国でソ連の崩壊によって独立国家となった諸国、つまりウクライナ、ベラルーシ、モルドバ、アゼルバイジャン、アルメニア、ジョージア（グルジア）、トルクメニスタン、カザフスタン、ウズベキスタン、タジキスタン、キルギスは、事実上、ロシアとNATOとの間の緩衝地帯の帯を形成している。ただし、これらの諸国のうちウクライナ、モルドバ、ジョージア（グルジア）、アゼルバイジャンは、明白に反ロシア・親NATOの立場をとっている。NATOの東方拡大が旧ソ連共和国を緩衝地帯として放置したまま止まるのかどうかについては、確定的な予測をすることは困難である。

二十一世紀のNATOは、単なるアメリカによる同盟国の防衛組織ではなく、汎ヨーロッパ的に広がる普遍性を高めた地域機構であり、人類が歴史上経験したことのない巨大な軍事同盟ネットワークである。

ロシアのプーチン大統領は、「われわれは騙された」と公言してはばからない。冷戦の終焉とともに、ワルシャワ条約機構のように消滅してもよいはずだったNATOが、むしろ東方拡大を続けている事態は、NATOによるロシアとの「合意」の違反だと示唆しているのである。[*17]

もちろんNATOは東方に拡大しないという約束は、正式になされたことはない。しかし一九八九年のベルリンの壁崩壊の時期に、アメリカの外交筋や西ドイツ首脳から、そのような趣旨の打診がなされ、それによってドイツ統一にたいするゴルバチョフの暗黙の了解がはたされたという経緯があったことも、最近の学術的研究によって明らかになってきている。[*18]

だがそれでは、いっそのことNATOがロシアも吸収してよりいっそう普遍的な組織として発展し

NATO 加盟国

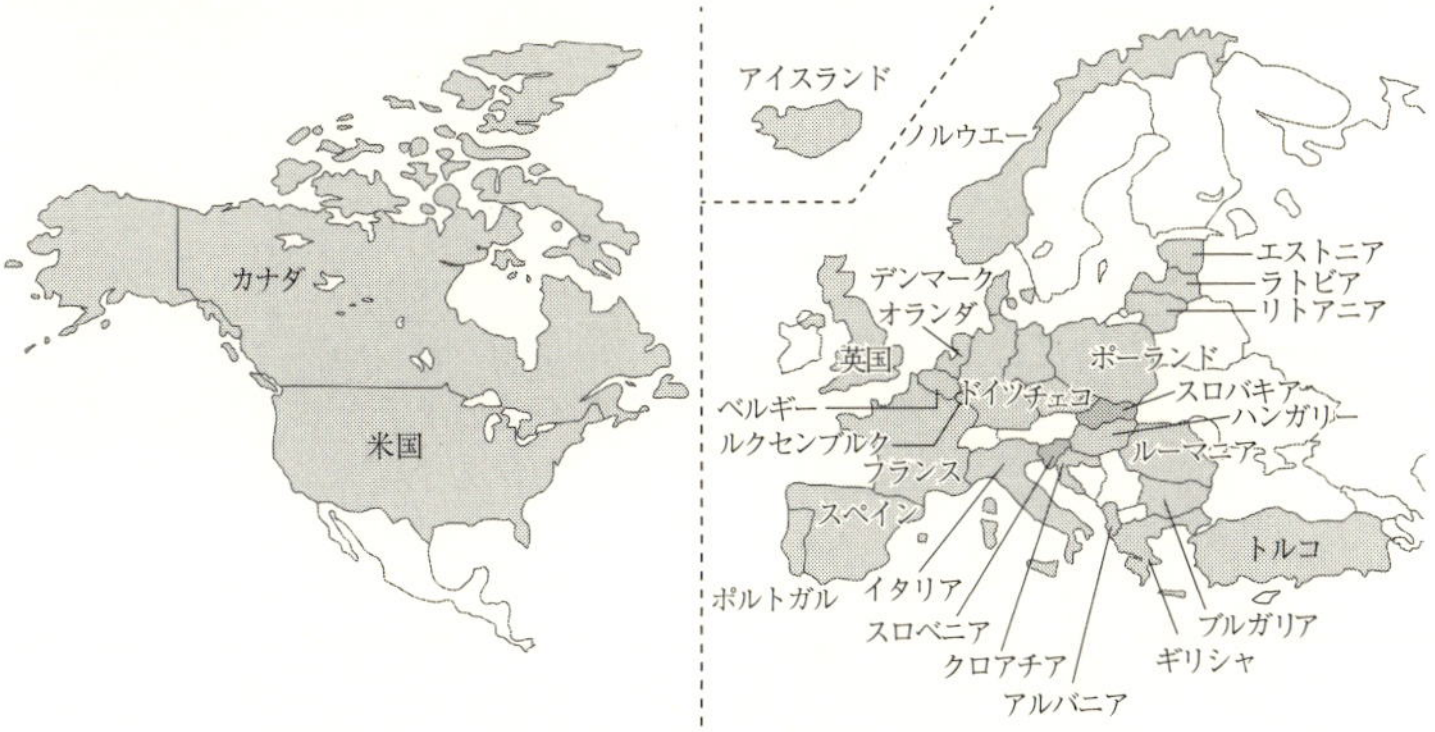

原加盟国（1949 年 4 月 4 日）
アメリカ合衆国，カナダ，イギリス，フランス，イタリア，オランダ，ベルギー，ルクセンブルク，デンマーク，ノルウェー，アイスランド，ポルトガル
第 2 次加盟国（1952 年 2 月 18 日）
ギリシャ，トルコ
第 3 次加盟国（1955 年 5 月 9 日）
西ドイツ
第 4 次加盟国（1982 年 5 月 30 日）
スペイン
第 5 次加盟国（1999 年 3 月 12 日）
チェコ，ポーランド，ハンガリー
第 6 次加盟国（2004 年 3 月 29 日）
ブルガリア，エストニア，ラトビア，リトアニア，ルーマニア，スロバキア，スロベニア
第 7 次加盟国（2009 年 4 月 1 日）
アルバニア，クロアチア

＊1990 年 10 月 3 日にドイツは再統一した。西独のコール首相は，当初ソ連にたいして「NATO は領域を東独まで拡大しない」と確約したが，その後の交渉で 151 億マルクの借款と引き替えに「NATO の東ドイツ部分への適用拡大」を要求，ゴルバチョフはこれを認めた。

ていくというシナリオはないのだろうか。過去二十年弱の間の急速なNATO東方拡大を考えれば、ウクライナどころかロシアがNATOに加入することなども、冗談ではないオプションのように見えてくる。

しかしNATOがロシアを吸収することだけは、近い将来に発生する見こみはない。東方拡大を続けているNATOであっても、ロシアのNATO加盟だけは、現実的な議題とされはしないだろう。それは具体的なロシアの対外政策がNATO構成諸国の不評を買っているからではなく、アメリカという海洋国家を盟主とする西大西洋同盟機構が、ロシアというユーラシア大陸の深奥部に位置する大国を取りこむことの意図を、まったく見出すことができないからである。

ロシアはNATOの拡大に一貫して反対を唱えてきた。NATOの東方拡大を自国への脅威としてとらえてきたからである。しかし共産圏の消滅というかたちで冷戦が終わった現実に直面して、NATOが東欧の旧共産主義国を次々と加盟国として呑みこんでいくのを、手をこまねいて見守るしかすべがなかった。

しかし、だからこそロシアは、ウクライナやジョージア（グルジア）といった旧ソ連構成共和国群にたいしては、NATO加盟に踏みこまないように強い期待と圧力をかけるのである。いわばロシアの対外政策は、NATO拡大を不可避的に起こっている現実として受けとめつつも、旧ソ連圏へのNATOの拡大は自国の死活的利益にかかわる深刻な事態とみなし、それを防ぐためにあらゆる努力を払う、という考えかたを機軸にしている。

これに反する事態が発生した場合には、実際にロシアは大きな政治的・軍事的対応措置を取ることも辞さない。そのことを過小評価したままNATOを東方拡大させ、結果としてロシアの冒険主義的行動を引き出したのだとすれば、それはNATO構成諸国の責任だという意見も、国際政治学の現実主義者からはなされている。[*19]

マッキンダーの概念を使って描写すれば、冷戦終焉時に「回転軸」であるロシアが影響力を収縮させたのに呼応して、「半円弧」地帯は同盟関係を拡張した。「半円弧」の同盟拡張は、ロシアが黙認するかぎりとどまることなく進みつづけた。だが、それは遂に旧ソ連共和国のウクライナをめぐる攻防をめぐって、クリミア併合というロシアの反転攻勢を招き出した。こうした「回転軸」の動きに、こんどは「半円弧」が過敏に反応していくことになる。

論争の末に

NATO構成諸国の側でも、一九九〇年代前半には、拡大慎重論が相当程度に根強く残っていた。冷戦終了後の一九九〇年代のアメリカ外交政策の最大の課題のひとつが、NATO拡大問題であったと言っても過言ではないだろう。

勢力均衡を唱える現実主義者、たとえば二極構造の安定を唱えたネオリアリストのケネス・ウォルツは、NATO拡大・強化に反対した。敵対勢力と均衡状態をつくって維持することが軍事同盟の目的であるならば、相手が弱体化したときに拡大・強化することは、不必要に相手を挑発し、かえって不安定化をもたらしかねない。いわゆる「現実主義者」たちは、ウォルツとともに、NATOの拡大・強化に反対した。

しかし大きな論争の後、アメリカのクリントン政権が拡大路線への政策判断を下し、共和党のジョージ・W・ブッシュ政権もそれをいっそう強く引き継いで、今日にいたっている。力の空白が生まれた東欧地域において、アメリカが影響力の増大を躊躇《ちゅうちょ》することは、ヨーロッパ全体の不安定化につながる、というのが拡大論者の見解であった。

空白を埋めるべく、冷戦の勝者であるNATO構成諸国は勢力を拡大し、したがってより大きな責任を引き受けながら、国際秩序を維持強化していかなければならない。それは第二次世界大戦の後に戦勝国が日本やドイツを占領してまで新しい国際秩序の構築に責任を担ったときと同じ考えかたから帰結する結論である。冷戦の勝者である超大国アメリカが、たとえば第一次世界大戦の後のように、大きな責任を引き受けることから逃げて、勢力の拡張を避けるのであれば、世界は両大戦間期のようにふたたび不安定な状態に陥る、というわけである。

いまやNATOの進化発展が議題になったとしても、NATOの拡大の妥当性自体が議論の対象になることはない。それは起こってしまったことであり、起こりつづけていることである。問題なのは、NATOの拡大がどの地点で止まるのか、ということである。

NATO拡大という巨大な運動がせき止められないかたちで進行してしまった後、その運動が、いつ、どこで、どのようにして止まるのかについては、誰も確証することができなくなってしまった。この状況にロシアが不満あるいは脅威を感じたのは、けっして驚くべきことではない。ロシアがNATOの東方拡大を止めることを狙う対外行動に出たこともまた、けっして驚くべきことではない。

東欧の特別な位置づけ

ＮＡＴＯ拡大問題を考えるには、マッキンダー地政学の観点から、東欧の特別な位置づけを知っておく必要がある。

マッキンダーのテーゼを再度引こう。

東欧を支配する者はハートランドを制し、
ハートランドを支配する者は世界島を制し、
世界島を支配する者は世界を制する。

東欧はユーラシア大陸のなかで重要な位置にあるヨーロッパの中央を占め、大陸の中心部である「ハートランド」にも通じ、その外周部分である「リムランド」とも呼ばれる半円弧地帯（「インナー・クレセント」）にもつながっている。大陸国家と海洋国家のせめぎあいの中心となる場が東欧であり、東欧の命運が決せられたとき、大陸国家と海洋国家の葛藤のゆくえにも決定的な影響が与えられる、というのが、マッキンダー地政学から推論されることなのであった。

マッキンダーのテーゼは、東欧から世界を支配する政治権力が生まれる、という洞察を述べたものではない。東欧は、海洋国家と大陸国家の力と力が相克する地域である。それだけにどちらかの勢力が東欧を完全に掌握したときには、世界島の運命が決定づけられる、とマッキンダーは述べたのである。

国際政治史の観点からすれば、第一次世界大戦が勃発したのは東欧をめぐってであった。ヨーロッパ中央部に覇権的地位を得ようとしたドイツ帝国とオーストリア＝ハンガリー帝国が、その覇権を妨げようとするイギリスなどの諸国と衝突する構造が、当時のヨーロッパ国際社会には存在した。パリ講和会議に乗りこんできたアメリカのウッドロー・ウィルソンは、東欧に新しい諸国を打ち立てることによって、新しい秩序をつくろうとした。つまりウィルソンは、東欧に新興独立諸国を数多く配置することを通じて、緩衝地帯をつくりあげた。

こうした観点から見ると、NATOの東方拡大は、過去百年にわたってつくりあげられてきた総意と反するものであった。NATOのほうが世界支配を目論んでいるかのように見えてもしかたがない構図をつくりだすものだったのである。

ドイツの逃れがたい宿命

マッキンダーの格言は、二度にわたる世界大戦の際に試された。

ドイツ帝国をめぐる世界大戦は、いずれもドイツの敗北によって終わった。この場合のドイツとは、プロイセンを中心に統一をはたしたベルリンを首都とする国家のことであり、つまり東欧に基盤をもつ大国のことであった。このドイツを二度にわたり打ち負かしたのは、アメリカやイギリスを中心とする海洋国家連合であった。

このとき、大陸国家の雄であるロシアは、二度とも海洋国家連合と同盟を結んでドイツと戦った。ドイツは、海洋国家と大陸国家の挟み撃ちにあって、二正面作戦を強いられて、失墜した。二十世紀初頭までにドイツの力が圧倒的に増大したときに、イギリスとロシアという海洋国家と大陸国家は「グレート・ゲーム」を停止して、ヨーロッパ中央部の大国の封じこめのために同盟関係を結んだわけである。

二度の世界大戦において、ロシアの立場は微妙であった。

一度目は、ロシアは自国の革命によってドイツと講和をはたした。

二度目は、不可侵条約を結びながらドイツの裏切りにあって戦争を強いられた。しかしそれもすべて、大陸の中央に位置する大国ドイツの指導者が、自国の包囲網の潜在的可能性に苦しみ、イギリスを制圧するのでなければ、ロシアを制圧したいと考えたことに起因する。

ドイツにとってみれば、自国の地政学的桎梏《しっこく》は、つねに海洋国家と大陸国家のあいだで板挟みになっていることである。それはユーラシア大陸の外周部分に位置し、つねに海洋国家と大陸国家の中間に位置づけられるドイツにとって、逃れがたい地政学的宿命のようなものであった。

拡大したEUはドイツ帝国の復活である、といった議論がなされるときがよくある。現実に、とくに冷戦終焉後の統一ドイツは、ヨーロッパの中央に位置するヨーロッパ最大の人口と経済力を持つ国家として、EU内で特別な地位をもってきた。そのEUもまた、NATOと歩調をあわせて、拡大路線を進みつづけているのだとすれば、それはドイツの影響力の拡大と同じだという議論があるのは、ある意味で当然である。[*20]

今日、EUを通じたドイツの影響力の拡大が、それほどは深刻に心配されないのは、冷戦後世界ではEUがNATOと共同歩調をとり、EUの東方拡大はNATOの東方拡大と軌を一にして進んでいるからである。つまりドイツの影響力の拡大は、つねに安全保障面ではアメリカを中心とするNATOの抑制とセットになっているからである。

このことを地政学的に表現するならば、ドイツの影響圏の拡大は、ロシアのそれと結合したりすることはない、ということである。もし「東欧」と「ハートランド」の結合が懸念される事態に至れば、イギリスのEU脱退は不可避になるなどの変化が生じることはたしかだろう。地政学の論理からすれば、NATOの東方拡大こそが、EUの東方拡大を通じた「ドイツ問題」の再来を防ぐ手段だということになる。

したがってロシアとの対立を助長することがあったとしても、むしろドイツとロシアを分断するのであれば、伝統的な地政学の論理にはしたがっていることになる。

勢力均衡を重視する現実主義の国際政治学者がNATO拡大に反対してきたにもかかわらず、拡大は断行されてきている。それは、現実主義に理想主義で対抗する政策ではない。むしろ勢力均衡理論に地政学の論理で対抗しているような政策なのである。

構造的に描写するならば……

冷戦が終わり、東欧諸国がソ連の支配から解放された際、アメリカを中心とする西側世界諸国にはふたつの選択肢があった。

ひとつは、東欧諸国を、事実上の緩衝地帯として位置づけ、中立化に近い性格をもたせること。もうひとつの道は、東欧諸国をこんどはアメリカを中心とする軍事同盟の側に組みこみ、旧敵対勢力を圧倒することであった。

最終的には、前者は第一次世界大戦の誤りを招きかねないと懸念する勢力が勝った。アメリカを中心とする勢力が旧敵対勢力を圧倒し、自由主義の価値規範に依拠した新しい国際秩序を構築すべきだと考える外交政策が選択された。

しかしこれはロシア側の視点に立てば、アメリカを盟主とするNATO構成諸国が東欧を支配し、ユーラシア大陸を支配し、全世界を支配しようとする政治的意志の存在をあらわすものであろう。いかにNATO構成諸国が主観的な意図のレベルで世界支配の野心を否定しようとも、東欧を支配するために冷戦時代の軍事同盟であるNATOを拡大させるという行為は、マッキンダー地政学の理論にしたがえば、世界支配をめざした行為なのである。

冷戦後のヨーロッパの紛争は、ソ連影響圏の減退にともなうNATO構成諸国の勢力拡大にたいして、ロシアが反応していることによって引き起こされている。「緩衝地帯」を呑みこんでNATOが東方に拡大しつづけていることについて、ロシアが異議を申し立てているのだと言うこともできる。

旧ユーゴスラビアへのNATO介入によってセルビア勢力側に不利になるかたちでまとめられたボスニア・ヘルツェゴビナやコソボの紛争から、NATOに接近した旧ソ連邦共和国政権に対抗するかたちでロシアが軍事行動を起こしたジョージア（グルジア［南オセチア・アブハジア］）やウクライナ（クリミア・東部ウクライナ）にいたるまで、基本的な構造的パターンは同じだと言うことができる。

構造的に描写するならば、拡大しているのはロシアではなく、NATOであり、そしてEUである。ただし「回転軸」であるロシアが動くならば、「半円弧」の姿勢にも新たな変化が訪れることにはなる。

ロシアと中国はちがう

それにしても冷戦終焉後の世界において、ほんとうにロシアはNATO諸国の対抗軸になりうる勢力だろうか。

アメリカに対抗しうる超大国のもうひとつが中国であるとすれば、今後はむしろ、アメリカと中国のあいだで「グレート・ゲーム」は展開していくのではないだろうか？　「シー・パワー」として海洋国家群の雄であるアメリカにたいして、中国が「ランド・パワー」の雄として対抗するのであれば、「グレート・ゲーム」はプレーヤーを代えた新たなかたちで継続展開していくのだということになる。

こうした見かたは、一見して有力な仮説であるように感じるが、マッキンダーの議論の要点を見落としている。

ロシアの立場は、単に大陸に属する大国という意味だけで決まっているのではない。ユーラシア大陸の深奥部において、背後に北極の陸上交通において閉鎖された空間をもちながら、大洋へのアクセスについては確保ができていないという点において、ロシアは「ハートランド」の特徴を兼ね備えた大国なのである。

北極とは人間が住めない地政学上の壁であり、ロシアがもつ港はほぼすべて内海にのみ面しているか、冬季には凍結するものでしかない。ロシアがもつ河川も、大洋には注ぎこまず、北極海に向かってのみ進んでいる。こうした現実の地理的条件を考慮して、ロシアは巨大な内陸国として定義される。内陸国であるがゆえに、海を求めて拡張する自然的欲求をもちあわせることになる。

こうした地理的条件を、中国はもっていない。

中国は大海に面した大国であり、第一の都市である上海など主要都市は沿岸部にある。国土の中枢に大海に通じた黄河と長江が流れ、中国文明の発展に河川の役割は決定的であった。北京がもつ河川は貧弱で、中国の首都は盆地だと言えるが、沿岸部との連結性は高い。

有史以来、中国大陸の政治権力は、海に脅威をもったことがほとんどない。万里の長城に象徴されるように、中国大陸の権力者たちは大陸の深奥からの攻撃にたいして際立った警戒心をもっていたが、それは海上からの脅威をあまり認識していなかったことの裏返しであろう。

マッキンダーの理論にしたがえば、中国はユーラシア大陸の外周部分＝「内側の半円弧」に属する国である。

かつてスパイクマンは、ヨーロッパ沿岸地帯、アラビア・中東砂漠地帯と並んで、インドと中国のふたつの地域のふたつのアジアのモンスーン地帯を、「水陸両用（両生類）」国家群の地域と呼んだ。「海と陸の両方を見つつ、両生類的に機能する」これらの地域の国々は、つまり「リムランド」の人口密集地域であり、「シー・パワー」と「ランド・パワー」との間の広大な「緩衝地帯」（バッファーゾーン）を形成しつつ、「両方向の脅威から自分の身を守ろうとする」。「リムランドに特有のこの両生類的な性格は、その安全保障問題の根底にまで染みついている」[*21]。

現代世界において中国は、大陸の反対側に位置するヨーロッパと対をなす大陸の東端を占める超大国であり、いわば現在のEUの全体がもつ地政学的立場を一国でもっている「両生類」の超大国だと言えるだろう。

なお中東では比肩できる統一的な政治体はない。「橋頭堡」であるインドは、リムランドの大国としては中国と類似した位置づけになるが、単独での国力および周辺国への影響力に関して中国やEUほどの規模をもっていない。南アジア自体の全体的な重要性は、(北極海が無人地帯であるため)ユーラシア大陸の両端にあたる位置づけになる東アジアとヨーロッパに劣る。

中国が背負う地政学的宿命は、歴史的実例に照らしてみると、大陸の反対側でドイツが経験してきた宿命と酷似している。

地政学的な要衝に位置しながら、海洋にも大陸にも絶対的な基盤がない。東アジアというかぎられた空間では覇権国であっても、世界大の「グレート・ゲーム」においては、つねに挟み撃ちにあう危険性をはらんだ地理的環境に置かれている。

冷戦という世界的規模の二極構造が、巨大な島国として海洋に絶対的に守られたアメリカと、巨大な内陸国として凍土に絶対的に守られたロシアとによって形成されたのは、けっして偶然ではなかった。

中国は島国でも、内陸国でもない。中国の停滞の時代は二正面作戦を強いられた時代にあり、発展の時代はロシアとアメリカとの関係改善によって進められた。超大国化してアメリカとの勢力均衡を求める中国が、ロシアとの関係を深めているのは、地政学的な配慮にもとづくものだと言えるだろう。その含意は、ドイツとロシアが関係を親密化させることの含意に似ている。

だがそれでも、マッキンダー理論によれば、それはユーラシア大陸の端で起こっていることであり、必ずしも「世界島」の支配に直接結びつく事態ではない。「東欧」の重要性は、「世界島」の中心に位置してハートランドと海洋の双方に通じている平野部であることにあり、その重要性は他に類例がない。ただし中国とロシアの共同勢力が、ユーラシア大陸全域で影響力を行使しはじめるとすれば、いよいよ事態はマッキンダーを参照すべきものになってくるのかもしれないが。

マッキンダーの地政学は、ユーラシア大陸の理論であり、必ずしも安易に他の地域に類推適用すべきものではない。それはマッキンダー理論の限界であるかもしれないが、同時に巨大な影響力の源泉にもなっている。

第四章

文明の衝突——中東の紛争と対テロ戦争の帰趨

1　ハンチントンの警告

GWOT

二十一世紀の武力紛争の大きな傾向を、もっとも劇的に表現するのは、「世界大のテロとの戦争」(Global War on Terror／GWOT)という概念であろう。

「対テロ戦争」は、二〇〇一年九月十一日のアメリカにおけるテロ攻撃以降、世界の武力紛争の流れを変えた。テロとは戦争行為ではないなにものかであった。世界一の超大国がテロリストに戦争をしかけ、テロそれ自体の撲滅を軍事行動の正当化理由にするという現象は、数十年前には考えることができなかった状態であろう。

9・11テロ攻撃が起こった後、アメリカ人たちは「世界は変わった」と言いあった。おそらくほんとうに世界を変えたのは、国力を総動員してテロリストに対抗的な戦争を挑んだアメリカの行動であったと言うべきであろう。しかしいずれにせよ、結果的に9・11は世界を変えた。世界は終わりなき「対テロ戦争」の時代に突入し、今日にいたるまで十年以上にわたって出口が見えない袋小路のなかで戦争を遂行しつづけている。

バラク・オバマが大統領に就任して以降は、アメリカ政府は公式には「GWOT」という概念を使わなくなった。しかし「Overseas Contingency Operations」(海外突発事態作戦)とか「Countering

Violent Extremism」（暴力的極端主義への対応）などといった代替概念が、ＧＷＯＴと同じような流通度をもつとは考えにくい。代替概念は、むしろオバマ政権の外交政策の曖昧さを印象づけるだけであったようにも見える。

姑息な大統領

オバマの目標は、アメリカ兵をアフガニスタンとイラクから撤退させることであり、戦争意識を高揚させることではなかった。しかしそのような目標設定で、一度走りはじめた現象を無に戻すことなどはできなかった。

ましてオバマ政権は、単に撤退をめざしただけでなく、勝利を収めたうえでの撤退を早期に実現することを夢想した。そしてＣＩＡ（中央情報局）がコントロールする無人機による攻撃に過度に依存したり（自分の姿を隠して付随的損害による民間人被害の責任を回避したり）、現地勢力への武器供与による事態の打開に過度に期待したり（自分の姿を隠して紛争悪化策による民間人被害の責任を回避したり）する傾向をもった。

紛争社会に生活する人びとには、オバマは平和をもたらす大統領というよりは、単により姑息《こそく》な大統領としてしか映らない。現地社会の安定を第一に考えているのではなく、自国内の世論操作を第一に考えているとしか思えない態度は、中東全域に大きなアメリカへの不信感を募らせる結果をもたらした。

主戦場は中東

世界大の「対テロ戦争」は、主戦場をもっている。「対テロ戦争」の中心的な戦場は、明らかに中東にある。もっとも、少し広い意味での中東かもしれない。東はアフガニスタンやパキスタンから、西はマリやナイジェリアなどにかけて、イスラム過激派が勢力をもつところでは相互に連動した国境を越えた「対テロ戦争」がくりひろげられている。

だが、いずれにせよ「対テロ戦争」の中核は、イスラム主義を掲げる暴力的勢力とアメリカを中心とする既存の国際秩序を守ろうとする勢力のせめぎあいであり、それは中東においてもっとも如実に顕在化する。アメリカを中心とする勢力にとっては、中国やロシアよりも、アルカイダやイスラム国のほうが具体的な脅威である。そしてそのような具体的な脅威は、中東から発しているのである。

イスラム主義を掲げる暴力的勢力は、なににたいして戦いを挑んでいるのだろうか。彼らがしかけているのは、国家と国家のあいだの戦いでもなければ、宗教と宗教のあいだの戦いでもない。アメリカを中心とする西欧諸国を敵視しながら、むしろ近代になって広まっていった世俗的な制度こそを標的としている。彼らは、近代西欧の世俗主義の挑戦を受けて危機に陥っているイスラム主義を守り、拡大しなければならないという立場をとっている。

彼らが敵視しているのは、単にアメリカだけではない。アメリカと協力することも厭わない中東の権力者たちや、そもそも二十世紀に欧米諸国主導で形成された国家のしくみそのものを敵視している。つまり現在の国際社会の秩序の正当性それ自体を否定しようとしているのである。

民族自決の闘争よりも

中東にはいくつかの国民があって、それぞれの国民がイラクやシリアなど現在の諸国家を形成しており、それぞれの国の政府はそれぞれの国民を代表している、といった二十世紀につくられた壮大な制度の正当性を、過激派勢力は認めない。二十世紀につくられた国際秩序を完全に無視した国家の枠組みで、二十世紀につくられた国際規範を完全に無視した価値体系にもとづいた共同体をつくろうとしている点で、現代のイスラム過激派勢力は、既存の国際標準の文明に真っ向から対抗しようとしているのだと言える。

この第四章では、中東を中心に起こっている紛争のパターンを、民族構成に応じた視点、たとえばアラブ民族解放闘争のような視点で特徴づけることを避ける。二十一世紀を特徴づける「対テロ戦争」は、まったく新しい文脈で展開してきている。

国際社会の原則を旗印にした民族自決の闘争よりも、むしろ既存の国際社会の秩序への根本的な挑戦としてのイスラム運動が、中東で起こっている紛争の性格を決定づける要因となっている。そこでは二十世紀に欧米主導で確立された国際社会の枠組みを前提にし、冷戦終焉後に強化されたと信じられた自由主義的価値規範を標準とする考えかたが、もっとも根本的な挑戦を受けている。

それは今日の国際社会が基盤とする標準的な文明が、普遍的なものとして存続しつづけられるかを問いなおす挑戦である。そのことを論じるために、本章は、文明の衝突の視点を紛争分析の手がかりとしていく。

冷戦終焉後の最重要文献

ハーバード大学教授のサミュエル・ハンチントン（一九二七〜二〇〇八）は、冷戦終結後の世界で起こっている紛争は、文明圏と文明圏のあいだに発生する傾向をもつという観察を、一九九三年発表の論考で提示した。ハンチントンの「文明の衝突？」（"The Clash of Civilizations?"）論文は、フクヤマの「歴史の終わり？」論文に次いで、冷戦終焉後の世界の全体像をめぐる最重要文献として認識されるにいたった。

「対テロ戦争」は、「文明の衝突」の視点と合致するようなかたちで進行していると言わざるをえない。もちろんだからといってハンチントンの議論のすべてが正しいというわけではない。「文明の衝突」の議論それ自体には、非常に大雑把なところがある。ハンチントンのような学術的評価の高い著作を複数公刊した実績のある研究者が、一般向けに提示した概念であるという但し書きがなければ、他の研究者は議論するのも危険なくらいである。しかし「文明の衝突」論が与えた影響は計り知れないものであり、ハンチントンの議論の具体的内容は、そのメッセージ性を加味して理解しなければならない。

冷戦後世界では、たしかに政治イデオロギーによる党派的対立の構図は、重要性を失った。しかし人びとがもつアイデンティティがいっそう不安定化した時代には、アイデンティティをめぐる闘争が激化することになる。そこで古くからの文明圏で表現されるような人間集団のアイデンティティが重視され、逆に他の文明圏との対立性が強調されることになる。ハンチントン論文の論旨は明快で、その含意は甚大であった。

国際社会の規範体系への根本的な挑戦

イスラム過激派勢力がひとつの文明を象徴しているかのように考え、「対テロ戦争」を「文明の衝突」の構図に照らして理解することには、異論もあるだろう。

少なくとも、現代のイスラム過激派勢力が、数百年にわたるイスラム文明の伝統をもっとも正当に受け継いでいるとまで考えることはできない。そもそもイスラム過激派勢力が、中東において必ずしも圧倒的な多数派を占め、数多くの国家に支援されているというわけではない。

しかし、もともと「文明の衝突」論とは、ある種の現象論であって、文明の本質を問いなおす議論ではない。問題なのは、冷戦終焉後の世界において、多くの人びとが文明の伝統を感じさせるような類のアイデンティティに引き寄せられ、それを根拠に戦争することまで厭わなくなっている、という現象のことである。政治的な意味での文明の対立の視点を採用すれば、イスラム過激派勢力がある種の文明を根拠にしたアイデンティティをもち、それを根拠にして数々の紛争を引き起こしてきていることは明らかだと思われる。

たしかに「イスラム国」はまだ国際社会全体の承認を受けるような国家を建設していない。シリアやイラクといった既存の国家機構を完全に乗っ取るまでにはいたっていない。アラブ世界の各国政府にすら支持されているわけではない。むしろインターネットや密輸取引、身代金や民間支援者の支援などの非公式な資金獲得方法と、世界各国からの義勇兵の参加で、過激なまでに抑圧的な政治組織運営をはたしている。しかし、だからこそ、彼らは国際社会が標榜する標準的な文明に挑戦しているのだと言える。

「イスラム国」は、一九一六年に英・仏・露がつくりあげた現在の中東諸国の国境線までも規定した「サイクス＝ピコ協定」の国際秩序の打倒を掲げている。サイクス・ピコ協定とは、第一次世界大戦によるオスマン帝国の崩壊にあたり、アラブ世界を分断するかたちで、協商国側の主要国がお互いの戦後の勢力範囲を承認する内容をもつものであった。したがってこのサイクス・ピコ協定の体制とは、狭義においてはヨーロッパ列強による植民地支配とその残滓ということになる。だが広義においては、二十世紀に世界に広がった主権国家制度によって成り立つ国際秩序を指すとも考えてよいだろう。イスラム過激主義の徹底とは、国際社会の規範体系への根本的な挑戦なのである。

『歴史の終わり』のアンチテーゼ

一九九三年に『フォーリン・アフェアーズ』に発表されたサミュエル・ハンチントンの「文明の衝突?」論文は、他に類例のない裾野の広い論争を巻き起こした。

文明と文明のあいだに武力紛争が発生しがちになっているという壮大な観察は、冷戦終焉後の世界の見取り図を求めていた多くの人びとに強くアピールした。とくにどちらかと言えば無名であったフクヤマの「歴史の終わり」のテーゼに納得できなかった人びとは、ハンチントンのテーゼに飛びついて世界の将来の全体像を論じあう基盤とした。

『フォーリン・アフェアーズ』における論文は短い論考でありながら大きな論争を引き起こしたので、ハンチントンはすぐに内容を補足して発展させる著作を公刊した。一九九六年の『文明の衝突と世界秩序の再形成』(*"The Clash of Civilizations and the Remaking of World Order"*)は、「文明の衝突」論の射程をハンチントンなりに説明したものであった。「対テロ戦争」が長期にわたる世界的規模の紛争を引き起こしつづけている時代に、あらためてハンチントンの著作を読みなおすことは、依然として非常に刺激的である。

ハンチントンによれば、「冷戦後の世界において、歴史上初めて世界政治が多極化し、多文明化した」。なぜなら有史以来、数多くの文明が登場したが、文明間の接触は皆無であるか、せいぜい断続的なものであった。ヨーロッパ列強が植民地主義を通じて西洋文明を広げていった過程の延長線上に、西洋文明を引き継ぐふたつの超大国とヨーロッパ諸国を中心とする同盟諸国による冷戦構造も形成された。しかし今や冷戦が終焉し、人びとのあいだのもっとも重要なちがいは、イデオロギーや政治や経済ではなく、文化になった。

ハンチントンによれば、「文化」とは、「人々の間に共有された生活様式の総体」であり、「文明」は「文化の最も大きなまとまり」である。つまりハンチントンによれば、冷戦後世界においては、自分が持つ生活様式を共有しているかしていないかが、重大な意味をもつ。

民族も国家も、人間が直面する「われわれはいったい何者なのか」というもっとも基本的な問いに答えようとしている。人びとは自分の利益を増すためだけでなく、みずからのアイデンティティを決定するためにも政治を利用する。国民国家は依然として国際問題の主役だと言えるが、国民国家の行動を方向づけているのは権力と富の追求だけではなく、文化的な嗜好《しこう》や共通の特徴、相違点も方向づけの要因となる。

ハンチントンによれば、国家をグループ分けする場合にもっとも重要なのは、七つか八つを数える世界の主要文明である。

世界政治は文明を中心とする政治になる。超大国同士の抗争にとってかわって、文明の衝突が起こるのだ。[*1]

すべての紛争が文明間の紛争だというわけではないだろう。しかし文明の要素を視野にいれない国家間だけの単なる多元主義は、現代世界を分析するための視点としては不足である。さらに言えば、多元主義の背景には、西欧文明の衰退という問題意識がなければならない。

西欧文明から、非西欧文明へと、力は移行しつつある

ハンチントンは警告する。

地域紛争のなかでも広範な戦争にエスカレートするおそれが強いのは、文明を異にするグループや国家のあいだの紛争である。……国際問題の重点は文明のちがいにかかわっている。長期にわたって支配的だった西欧文明から、非西欧文明へと、力は移行しつつある。国際政治は多極化し、かつ多文明化したのである。[*2]

ハンチントンによる文明区分

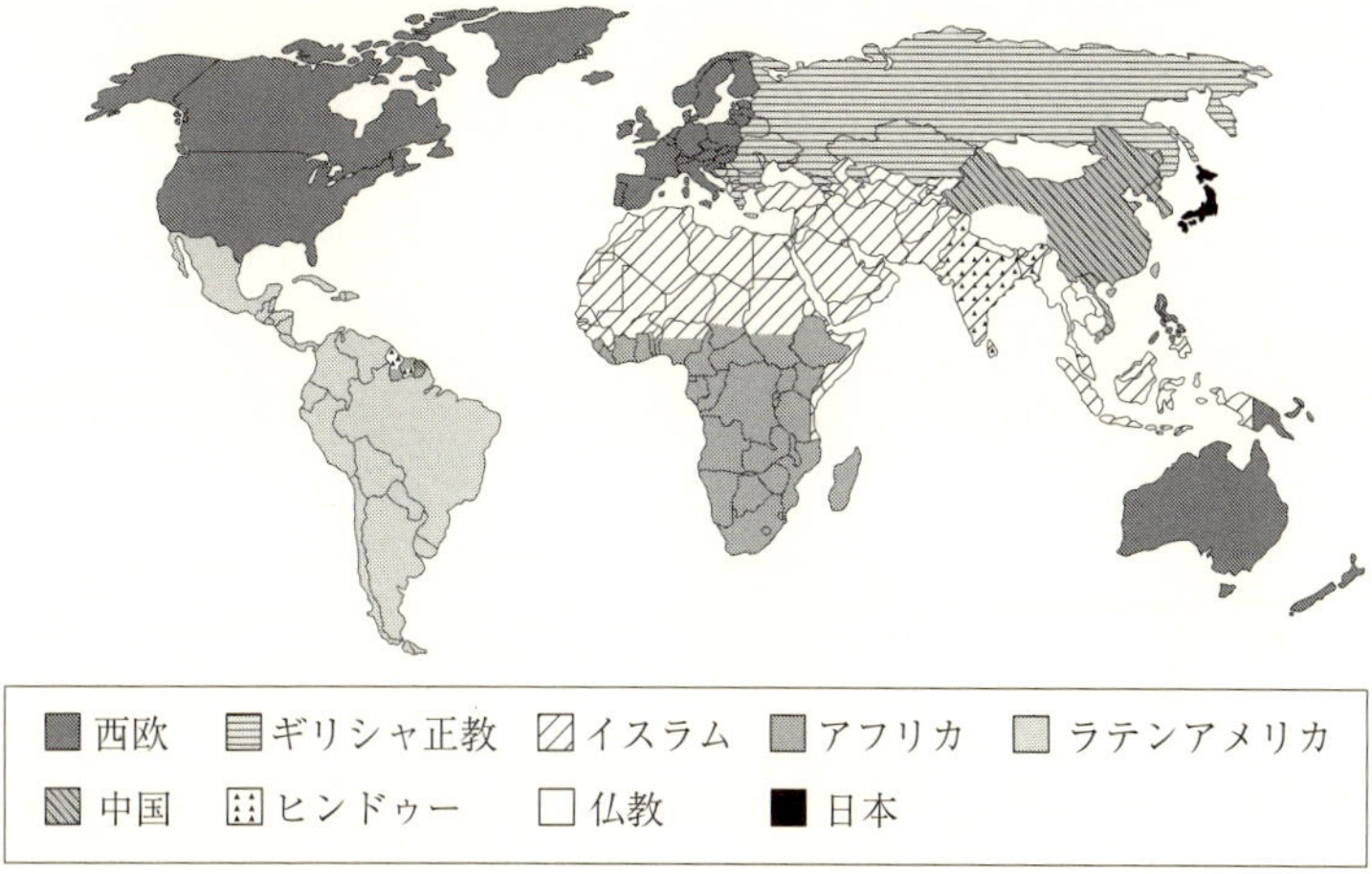

このようなハンチントンの議論の特徴および問題性は、文化・文明を極端なまでに実態的にとらえようとすることだろう。

本来、文化や文明というものは、人間の思考様式や生活習慣を通じて表現されるものであり、それ自体が実態をもった存在であるかのように考えるべきものではない。また、文化や文明の個別性は、相当程度に相対的な評価にゆだねられるものであり、つまり認識者がもっている尺度によって立ちあらわれかたが異なってくる。

たとえば、ハンチントンが、世界には主要な文明が七つか八つあると述べ、サハラ以南のアフリカ大陸に文明があると考えるのは難しいが、日本はひとつの個別的な文明をもっていると述べるとき、それはおよそ文化人類学者や歴史学者による厳密な審査に耐えうるような文明論ではないと言わざるをえない。ハンチントンの議論から二十年以上が経った現在の国際政治学者が、日本をひとつの単独の文明圏と認識することは、とうてい想像できない。

そもそもハンチントンが参照する、ウェーバー、シュペングラー、トインビー、ブローデル（！）らの「文明研究者」は、全員が西欧の学者である。ハンチントンが、西欧圏における長い文明論の歴史を参照したということは評価できることではあるだろうが、いささか時代遅れの感がする西欧中心主義的な文明の概念を提示する遠因になったことは否めない。

十九世紀から二十世紀前半にかけて隆盛した西欧圏における文明論を素朴に参照するのであれば、けっきょくのところ文明という概念それ自体が西欧人の自意識の反映として生み出されたものであることに気づかざるをえない。西欧の卓越性を自明視した者こそが、西欧という一括りの「文明」を、他の一括りにできそうな「文明」と比較したいという衝動にかられるのである。

ハンチントンの一九九一年の著作は、八〇年代の数多くの諸国における民主化運動を、民主化の「第三の波」と呼ぶものであった。特筆すべきは、そのとき、ハンチントンが、あらたに民主主義国に生まれ変わっていった諸国にはカトリック国が多い、と指摘していたことである。プロテスタント国は、すでに多数が民主化をはたしていた。したがって二十世紀末において、民主主義諸国の圏域とは、キリスト教文化の領域なのであった。これにたいして、イスラム圏においては、民主化の波は発生していない。ハンチントンによる「第三の波」の議論は、実は民主主義と西欧文明の結びつきに焦点をあわせるものであった。そしてその結果、民主主義の浸透度は、宗教的土壌という文明的要素の相違によって決まってくることを、ハンチントンは発見したのであった。*3

ただし、ハンチントンが国民国家の擬制性をひとつの問題として認識し、既存の主権国家の制度的枠組みでは拾いきれない文化的問題があることを認識していたことは、彼の議論の鋭さを示す点であろう。

普遍化した国民国家のシステムは、いまだ安定的に確立された制度ではなく、多くの場合、人びとのアイデンティティの問題を処理できずにいるという洞察は、きわめて重要な指摘であることはまちがいない。

「文明の衝突」論とは、西欧文明が圧倒的に卓越していた時代は終わったという認識のうえに成立する議論だが、さらに言えば、普遍的に確立されているようにも見える国際社会の諸制度が、じつはまったく普遍的な性格をもっていないかもしれないという認識のうえに成立する議論なのである。

2　西欧対イスラム

東アジアの挑戦

ハンチントンが認識する〝七つか八つの文明〟は、ある種の分類方法を用いれば、西欧文明とそれ以外の諸文明、というように分けることもできる。かつて全世界共通の基準をつくってきたのが西欧諸国であったのにたいして、現代世界ではそのような覇権主義的な特定文明の押しつけは許されない、ということが共通理解になっている。

それでも西欧以外の文明のすべてが西欧文明の対抗軸になるわけではない。ハンチントンが強く意識しているのは、東アジア儒教文明（中華文明）と、イスラム文明であった。このふたつは自覚的に西欧に対抗しようとしていると、ハンチントンは感じていた。

ただし、東アジアの挑戦をめぐるハンチントンの言説は非常に曖昧である。なぜならみずからが設定した〝七つか八つの文明〟の分類にかかわらず、「アジアの挑戦は、東アジアのすべての文明圏――中華、日本、仏教、イスラム――に顕著であり、それぞれが自身と西欧との文化的相違を主張するとともに、ときにはたがいに共通する部分を強調する。それは、儒教に関連する場合が多い」のだという。[*4]

つまり「東アジア」が単独の文明圏ではなく、多様な文明がひしめく場であると述べつつ、そこに儒教という共通項があるという大胆な主張で「東アジア」の固有性を論じようとするのである。たとえば、日本について言えば、ひとつの固有の文明圏であるが、儒教文明としての「東アジア」に属するがゆえに、他の東アジアの文明とともに西欧との文化的相違を主張している、という複雑な状態にあることになる。

そもそもハンチントンによれば、「アジアの自信は経済の成長にもとづいている」のであった。だが今日では、バブル経済崩壊後には慢性的に経済停滞を続けている日本や、一九九七年アジア通貨危機で大きな打撃を受けた東南アジア諸国を、単純に右肩上がりの経済成長を続けているので西欧にたいする挑戦を計画しはじめた諸国、などと描写することはできない。西欧文明に対抗する文明単位として「東アジア」があるという印象は、二十一世紀の世界では大きく減退していると言えるだろう。

対テロ戦争の主戦場としてのイスラム圏

これにたいして、ハンチントンのイスラム文明にたいする言説には、二十一世紀の世界の視点から見ても、生々しい臨場感がある。言うまでもなくそれは、われわれが生きる二十一世紀が泥沼の「対テロ戦争」の時代であり、われわれが西欧とイスラムという対立構造を、実際に存在する問題として認識しているからだろう。

ハンチントンによれば、

イスラム教の挑戦は、イスラム世界でこの宗教が文化、社会、政治の各分野で広範な復興をとげようとしている事実にあらわれているし、それにともなう西欧の価値観や制度の否定に見ることができる。[*5]

ハンチントンがとくに重視するのは、人口動態論の観点から見たイスラム圏の特徴である。

イスラム諸国では人口が増加しており、なかでも拡大しつつある十五歳から二十四歳の年齢層から、原理主義、テロ活動、反乱、そして移民などの活動に人材を提供している。……人口増はイスラム諸国の政府と非イスラム諸国に脅威を与えている。[*6]

ハンチントンの議論は本来、人びとの価値観や生活習慣に着目して文明の存在を認定するものであったはずだが、イスラムの西欧への挑戦は、そうした文化的要素ではなく、人口増加という社会的要素によってうながされている。ハンチントンの「文明の衝突」論の興味深い点だが、イスラム圏が本質的に西欧に対抗する性格をもっているのか、人口が増加している地域と文明圏が重なっているので西欧に対抗する傾向を強めているように見えるのかは、ハンチントンの論旨では必ずしも明確ではない。

山内昌之《やまうちまさゆき》（一九四七〜）は、中東における人口増加による「ユース・バルジ」の進展を、「人口の時限爆弾」と呼ぶ。急激な人口増が、過剰な若者人口をつくりだし、それが大量の若年層の失業問題や貧富の格差の問題となってあらわれてきたのである。不満をもった大量の若者層は、現状変革的な政治行動を起こしたり、暴力的な活動に参加していったりしやすくなる。実際のところ、「アラブの春」の政治体制の変動を経験した諸国は、突出した若者人口を抱えていた。

イスラム諸国の人口増加は、イスラム圏自身にとっても、また近隣諸国にとっても不安定化の原因となるだろう。中等教育を受けた膨大な数の若者たちから力の供給を受けつづけるイスラム復興運動はイスラム教徒の好戦性を高め、各国は軍備の拡充に動くとともに、国外への移民も増える。その結果、二十一世紀初頭の世界では非西欧諸国が国力と文化的影響力を増大させつづけ、非西欧文明圏の諸民族がおたがい同士、あるいは西欧とのあいだで衝突を繰り返すことになる。[*7]

ハンチントンは、イスラム圏の人口増加に歯止めがかかる時期が来れば、反西欧的性格もやわらいでくるだろうと予測した。

「文明の衝突」を否定して人口動態学を貫くエマニュエル・トッド（一九五一〜）もまた、アラブ圏で出生率が低下しはじめたことや、女性の識字率の向上が見られることなどから、イスラム圏の深層心理の変化は不可避だと論じる。*8

対立しているのはあくまでも文明である

しかし、だからといってイスラム文明の反西欧的な傾向が一過性のものであるとまでは、ハンチントンは主張しない。

ビル・クリントン大統領を含む一部の西欧人は、問題は西欧とイスラム教徒全体とのあいだにではなく、暴力的なイスラム過激派とのあいだにあると主張してきた。一四〇〇年にわたる歴史は、それが正しくないことを示している。イスラム教徒と東方正教会や西欧のキリスト教徒との関係はしばしば激しいものだった。……イスラム教がイスラム教であり（将来もそうだろうが）、西欧が西欧でありつづける（前者ほど確実ではない）かぎり、この二つの偉大な文明と生活様式における基本的対立が、両者の将来の関係を決めていくだろうが、それは過去十四世紀のあいだもそうだったのだ。*9

ハンチントンがとくに強く否定するのは、アメリカ政府の公式立場である、イスラム過激派勢力はイスラム圏の人びととはまったく別個の存在だ、という論理である。つまりアメリカ政府は、「文明の衝突」論を採用していない。しかしハンチントンによれば、対立しているのはあくまでも文明である。

西欧にとって、基本的な問題はイスラムの原理主義ではない。問題はイスラムそのものなのだ。それは異なった文明であり、そこに所属する人びとは自分たちの文化の優位をかたく信じていて、国力が劣っていることが不満でならない。一方、イスラムにとって問題なのは、CIAとかアメリカの国防総省ではない。問題なのは西欧そのものなのだ。それは異なった文明であり、そこに所属する人間は、自分たちの文化が普遍的であると確信し、衰えつつあるとはいえ、自分たちには優勢な国力があるから、その文化を世界中に広げるのは自分たちの義務だと考えている。これらがイスラムと西欧の紛争に火をつける根本の問題なのだ。[*10]

「文明の衝突」のイメージとして、「断層線《フォルト・ライン》」という文明と文明が地理的に隣接する地域で発生する紛争を主に念頭に置いていたハンチントンは、領域性を超越したかたちで進展する「対テロ戦争」の時代を予見していたとは言えない。しかしそれにもかかわらず、徹底して西欧とイスラムの対立を「文明の衝突」の中心的問題として説明していた点に、いまだにハンチントンの議論が多くの人びとに参照される理由があるとは言えるだろう。

西欧とイスラムの衝突は、世界の多くの人びとが懸念していることであり、ハンチントンはその懸念を文明の問題として受けとめるべきことを、きわめて直截《ちょくせつ》的な言いかたで述べたのであった。

千四百年以上の確執

文明の衝突論を実体的にとらえすぎると、「文明」の歴史を数千年もさかのぼらなければならなくなるが、現代の紛争状況を分析することが目的であれば、必ずしもそこまで歴史をたどらなくてもよいかもしれない。

それでもキリスト教世界とイスラム教世界が千四百年以上にわたって確執を続けてきたとする見かたを否定することはむずかしい。ハンチントンの「複数の文明」のうち、西欧文明とイスラム文明が特別な関係にあるとみなすことができるのも確かだろう。

歴史的に言えば、八世紀にダマスクスを首都とするウマイヤ朝イスラム教徒が、イベリア半島を制圧して西ヨーロッパに進撃したときから、長期にわたりイスラム世界が軍事的・文化的に優越していた。

ところが大航海時代に広範囲の交易システムを確立し、さらに産業革命によって高い軍事技術を獲得していく西欧諸国勢力が、十七世紀以降に国力を増大させ、しだいにイスラム世界を圧倒するようになりはじめた。

十九世紀には、イギリスを中心とする西欧諸国勢力が、オスマン帝国領土をはじめとする中東の各地域を、まず経済的従属状態に置き、さらに軍事的に制圧するという帝国主義的拡張を進めた。

ただし中華世界（中国）にたいしてと同様に、イスラム世界にたいする西欧世界の優位が確立されてきたのは、過去二、三百年くらいの間のことである。

その後、段階的であれ、第一次世界大戦後の時代に、中東の諸国は独立していく。その間、中東各地では西欧諸国による統治に反対する大衆運動が起こった。そしてオイル・ショック以降の時代に、石油資源をめぐって中東諸国の重要性は飛躍的に高まった。

つまり西欧世界とイスラム世界の力関係は、長い確執の歴史のなかでさまざまな段階を経ており、深刻な対立をもちながらも、密接な関係を保ってきたのである。こうした西欧とイスラム世界のあいだの長い確執と連動の歴史は、はたして今日の中東地域の紛争状況と、あるいは世界大の「対テロ戦争」と結びついているのだろうか。

アメリカの中東における影響力

ハンチントンは、一九七九年のソ連侵攻後のアフガニスタンにおける戦争が、最初の文明間戦争であったと述べている。

たしかに、ソ連にたいする武装闘争を通じて、ムジャヒディンと呼ばれるイスラム戦士の伝統が培われた。ウサマ・ビン・ラディン（一九五七〜二〇一一）らのアルカイダ勢力もアフガニスタンで伸長したことはよく知られている。しかし千四百年にわたる文明間の対立があるとすれば、アフガニスタン紛争を最初の文明間戦争と呼ぶのは、いささか違和感が残る言いかたかもしれない。

その意味では、一九九一年の湾岸戦争が放った衝撃は、中東において相当なものであったと言える。まがりなりにも中東の有力国であったイラクが、アメリカを中心とする諸国の圧倒的な軍事力の前になすすべもなく敗北した姿は、超大国アメリカが中東に直接軍事介入する先例となったという点とあわせて、中東の人びとに強烈な印象を与えたことは確かだろう。

また、なんと言っても、アメリカ軍がサウジアラビアに駐留しつづける体制がつくられたことは、中東のアラブ人にとっては巨大な事件であった。これによって、アルカイダを中心とするイスラム武装勢力が、アメリカに聖戦《ジハード》を挑む時代が生まれてきたからである。

ただし、湾岸戦争後のアメリカの中東への関与は、どちらかと言えば穏健なものであった。むしろ湾岸戦争後の中東におけるアメリカの威信は、歴史上かつてないところにまで高まっていた。たとえば、一九九三年の「オスロー合意」は、湾岸戦争においてフセイン政権支持を表明してしまったアラファト議長のPLO（パレスチナ解放機構）が湾岸諸国の支援を失って追い詰められたことを背景にしていた。それはつまり最終的な調停者となったアメリカの権威が、中東で高まっていたことも意味した。

だがその後のオスロー合意の破綻が象徴するように、アメリカの威信は、中東情勢の改善に目に見えて寄与したとは言えなかった。イランとイラクを除く数多くの中東諸国政府が、サウジアラビアにならってアメリカの中東への関与をおおむね受け入れたことは、かえって反米的な勢力が過激化する流れをつくった。

中東における影響力が高まったがゆえに、一九九〇年代を通じてアメリカは、テロリストによる本土および大使館施設等にたいする断続的攻撃を受けつづけた。クリントン政権は、時にテロリスト勢力のものと思われる外国領土施設を爆撃したりもした。G・W・ブッシュ政権時に発生した9・11テロ攻撃は、アメリカが本格的な介入をイスラム圏地域においても遂行していく大きな転機になった。

3　文明の衝突と文明の代表をめぐる争い

「対テロ戦争」と文明の代表をめぐる争い

アメリカを中心とする勢力は、二〇〇一年以降の対テロ戦争において、文明の衝突にも悪影響を与えるいくつかの明白な失敗をおかしてきた。軍事作戦を継続していくなかで民間人の犠牲者を増やしていったことや、中東の人びと全体に辱めの感情をいだかせるような捕虜の処遇をしていたことなどである。

とくに重要なのは、アメリカの傀儡《かいらい》政権と言われてもやむをえないひと握りの階層だけが利権を享受する社会構造をつくりだしてしまったことだろう。その背景には、文明の衝突の警鐘を活かしきれなかったアメリカによる戦後復興政策の強固な伝統がある。

アメリカ政府の公式見解のように、イスラム圏は一枚岩ではなく、テロリスト勢力もいれば、アメリカに協力する勢力もいる。したがってイスラム文明圏が総体として西欧文明圏に敵対しているわけではないということは、知的な論理としては、至極明白な事実だ。だが現実は、それほど簡単ではない。

もしアメリカに協力しているのが、非イスラム主義的な裏切り者でしかないとしたら、どうだろう。権力者がアメリカと協力するのは、自分の利権の確保のためで、権力者にしたがうことはイスラム主義を貶める不信心者になることだとしたら、どうだろう。

そのような糾弾に直面すると、イスラム圏のなかにもアメリカに協力する者がいる、といった単純な指摘はなんの意味も持たなくなる。むしろアメリカの陰謀で支配者となっている不信心者を排斥して、イスラム圏のイスラム主義的な性格を純化すべきだ、という主張が説得力をもっていくだけかもしれないのだ。

対テロ戦争が文明の衝突の結果なのか否かだけを問うことは、あまり意味がない。より深刻な現象は、対テロ戦争が文明の衝突を悪化させているということであり、とくにイスラム圏内部の対立構図を悪化させているということだ。

アメリカの介入が問題なのは、武器供与などによって支援している協力者たちの立場を、じつは結果的には弱めてしまっているだけかもしれないことだ。

文明の衝突をめぐる情勢分析にあたって重要となるのは、アメリカの介入が、文明の主体を政治的に複雑化させる効果を放つ、という点である。ひとたびその効果があらわれてしまえば、仮に形式的にアメリカ軍がイスラム圏から全面撤退したとしても、文明の衝突の運動が、イスラム圏に度重なる紛争を引き起こしつづけることを止めることはできない。

皮相な多数派支配への信奉

二〇〇一年のアフガニスタン侵攻以降、アフガニスタン情勢は好転する兆しを見せず、治安情勢はむしろ悪化しつづけている。アフガニスタン問題は、タリバン勢力と同じ民族出自をもつパシュトゥーン人居住地域である連邦直轄部族地域（ＦＡＴＡ）への対処をめぐって、パキスタンの国内情勢問題にも飛び火していった。新たにパキスタン・タリバン運動の隆盛を刺激し、南アジア全体の不安定化も誘発したのである。

その背景には、アメリカのアフガニスタンへの短絡的な関与がある。他の地域におけるアメリカの介入後の政策にも通じる大きな問題は、民族構成の統計の機械的な解釈をもって、統治形態まで決していこうとするかのような態度である。

ボスニア・ヘルツェゴビナであれば、五割近くの人口を持つ最大民族集団であるボシュニャク人に肩入れし、コソボであれば多数派のアルバニア人勢力に肩入れする政策をとって戦後の安定化を図ろうとする。アフガニスタンであれば人口の四割以上で最大民族集団となっているパシュトゥーン人から大統領が選出されなければならないということになり、イラクであれば人口の三分の二を占めるシーア派が実権をもつ首相を出すのが当然だということになる（その代わりに大統領はクルド人であるべきだなどという話を助長する）。民族分布の統計処理を根拠にして、勝者総取り方式（Winner-Take-All）制度下の大統領選挙の代替とみなすかのような皮相な多数者支配を実現しようとする政策を、アメリカはとりがちなのである。

二〇〇一年にタリバン政権を駆逐し、その後の政治枠組みを定める会議がドイツのボンで開催されたところ、アメリカは、多数派民族であるパシュトゥーン人であるという理由でハーミド・カルザイ（一九五七〜）に政権を与える方向を定めた。カルザイはアフガニスタンにおいてまったく無名の亡命者であったが、英語に堪能でアメリカの政策を理解する人物ではあった。

その一方でアメリカは、タリバン勢力を取りこむための政策を拒絶しただけではない。タジク人中心の旧北部同盟軍の勢力の政権内の建設的な位置づけにも失敗した。旧北部同盟軍の勢力を警戒して武装解除などを進めながら、しかし政権内で利権だけをむさぼる軍閥系勢力に手を付けることもできなかった。端的に言って、アメリカは、アフガニスタンの民族問題を長期的な視野に立った建設的な政策構想のなかで位置づけることに失敗した。

カルザイは、北部同盟勢力の首班であるムハンマド・ファヒーム（一九五七〜二〇一四）を副大統領に任命し、再選のときには切り捨て、三選の際にふたたび抱きこもうとした。「軍閥」を政治ゲームの対象とみなしつつ、タリバンとの和解も求めながら、カルザイはついにみずからの政党をつくることさえなかった。超越的な立場をとるかのようなふるまいは、カルザイの現地社会から浮遊したイメージとも重なりあった。

ただ多数派のパシュトゥーン人のなかから英語を流暢《りゅうちょう》に話す者を大統領にすればアフガニスタンの民族問題も克服できるのであれば、アフガニスタンの安定はもっと簡単に達成できただろう。しかしアメリカのみならず、ラクダール・ブラヒミ（一九三四〜／元アルジェリア外相）を特使とした国連もまた、アメリカの姿勢に追随するような立場をとっているように見えた。結果として、アメリカも、国連も、民族構成のグラフを見るだけではアフガニスタンのような地域の紛争は解決できないということを、壮絶な犠牲を払いながら学習する結果を招きつづけている。

二〇一四年の大統領選挙では第一回投票で首位であった旧北部同盟のアブドゥラ・アブドゥラ（一九六〇〜）が、決選投票でアシュラフ・ガニ（一九四九〜）に逆転された。しかしアブドゥラ陣営が選挙には不正があったと主張したことによって、国内は大混乱に陥った。両者の対立を通じて、ガニというアメリカ留学経験をもち、饒舌《じょうぜつ》に英語を話す元国際機関職員のパシュトゥーン人に政権を担わせたい国際社会の嗜好を、あらためて思い出させる効果もあった。

ガニは、二〇〇一年より前にはアフガニスタンに住んでおらず、その後も財務大臣を務めていた数年以外はアメリカに住んでいた人物である。たいへんなインテリであり、自分に近い側近に権限を集めているという悪評を受けながらも、アメリカとの関係を良好に保つ術は熟知している。だがアフガニスタンが必要としているのは、ほんとうにガニのような人物だろうか。

「対テロ戦争」の起源としてのアフガニスタンは、アメリカの政策の行き詰まりを象徴する混沌とした状態にいまなお陥ったままである。

文明の衝突は、じつは単純にひとつの文明がもうひとつの文明と正面衝突し、対峙しつづけるという構図において進むのではない。むしろやっかいなのは、アメリカの介入政策によって、衝突する主体としての「文明」を誰が代表するかという問題をめぐる闘争が引き起こされることである。アフガニスタンの状況は、その代表例である。

アメリカは、イスラム文明それ自体と敵対しているわけではないと主張しながら、イスラムの名の下にアメリカを攻撃する者、つまり「テロリスト」を攻撃する。その過程で、自分たちにしたがってくれるイスラム教徒を見つけて権力を与えようとする。あたかもイスラム教徒に、アメリカの傀儡になるか、テロリストになるかの踏み絵を迫ることによって、事態を打開できると信じているかのように。

親米の現地権力者がいれば、たとえば無辜《むこ》のイスラム教徒がくりかえし「付随的損害」を受けるような事態に至っても、アメリカの政策には傷がつかないのかもしれない。だがそれは、けっきょくはアメリカへの憎悪だけでなく、アメリカと協調する者への不信任の感情をかきたて、イスラム圏内部における文明の衝突の構図を複雑にし、悪化させる。

アメリカを攻撃する者たちは、自分たちが正当なイスラム主義者としてアメリカと対峙していることを誇って勢力を拡大させようとする。そして、アメリカと協調する他のイスラム主義者を蔑視して、イスラム圏内の内部対立を激化させる。

当然ながら、アメリカの傀儡と目される人々がイスラム圏を代表する者として認知される可能性は、高くない。アメリカがもがけばもがくほど、彼らの地位は低下する。

「文明の衝突」が「対テロ戦争」を引き起こしたのか、あるいは「対テロ戦争」が「文明の衝突」を引き起こしたのかは、もはや誰にもわからない。だが今日の世界では、「対テロ戦争」が「文明の衝突」としての様相を呈していることは、否定しがたいものとなっている。

パンドラの箱、イラク戦争

中東情勢に与えた影響という意味では、イラク戦争が放った衝撃は、アフガニスタンの場合と比しても、さらにいっそう大きなものであった。「対テロ戦争」全体というよりも、とくに二〇〇三年のイラク戦争こそが、「パンドラの箱」であった。

多くの識者、有力な同盟国、そして歴史の警鐘にもかかわらず、なぜ中東の大国であるイラクを軍事的に圧倒して占領してしまうなどという冒険的政策をアメリカがとったのかについては、「文明の衝突」論の視点からも、あらためて検討が必要だろう。

問題なのは、大量破壊兵器に関する情報の真偽の見きわめといった技術的な論点だけではない。一九九一年に湾岸戦争に圧勝した際ですらアメリカが自重せざるをえなかったイラク領土への侵攻にともなう、いわば「文明間の占領」がひきおこす根源的問題を、二〇〇三年のブッシュ政権は軍事手段を用いた政権転覆と占領政策によって、克服しようとした。もちろんそれは、ほとんど失敗を約束されていた冒険であった。

一九九一年にできなかったことを、二〇〇三年にできると仮定するような理論は、当時のアメリカはもちあわせていなかった。多くの識者には、それは自明なことに見えた。しかし当時の日本のほとんどの評論家層のように、伝統的なアメリカ擁護派とアメリカ批判派が、具体的な題材だけを変えてあいかわらずお互いを攻撃しているだけでしかないのであれば、まちがいは発生してしまうのだろう。[*11]

アメリカによるイラクの占領は、イラクを国際社会の標準に近いモデルにつくりかえて、湾岸戦争以来の過酷な経済制裁にあえぐイラク国民を救済し、アメリカが中心となった中東そして国際秩序の安定も図るという夢を見るものだった。しかし単にサダム・フセインという独裁者がいなくなったこと、事実上の独立国家であったクルド人地域がさらにいっそう事実上の国家として認められるようになったということ以外には、二〇〇三年のイラク戦争が達成したことを認めるのはむずかしい。アメリカのイラク占領は、「対テロ戦争」に、そして「文明の衝突」に、計り知れない悪影響を生み出した。

アフガニスタンの場合には、タリバン政権崩壊後しばらくの間は、アメリカの圧倒的な軍事力を背景にした国家建設への期待が高まった。イラクの場合には、そのような高揚期すらなく、戦争終結直後から大きな混乱が到来した。「テロリスト」がアメリカを攻撃しはじめたのは、イラク戦争中ではなく、戦争によってつくりだされた社会的混乱のなかにおいてであった。アフガニスタンで収束させようとしてもよかった対テロ戦争を、アメリカはあえてイラクに拡大させる政策を選択した。それは自己破壊的な政策決定であったと言わざるをえない。

アメリカは占領初期からの武装勢力による度重なる攻撃に業を煮やし、やがてなりふりかまわぬスンナ派の地方有力者層の取りこみを図っただけでなく、バグダッドの中央政府においては多数派であるシーア派を抱きこみながら中央政府の機能強化支援を進めるという政策をとった。一貫性を犠牲にしてただ直近の攻撃を収束させることを優先する政策は、イラク駐留米軍司令官のデヴィッド・ペトレイアス将軍（一九五二〜）によって反乱武装勢力対処の有効戦術であると喧伝《けんでん》された。

なおペトレイアスは、二〇一一年にＣＩＡ長官に任命されたが、のちに不倫問題で失脚した。今日から見れば、ペトレイアスは、有能な軍事参謀というよりも、近視眼的な役人タイプであったようにも感じられ、そのイメージはオバマ政権の中東政策を象徴するかのようである。

アメリカは、イラクに存在したシーア派、スンナ派、そしてクルド人という三つの社会集団間の隔絶を決定的なものにした。一度は占領統治にまで踏みこみながら、あわてて兵力撤退を進めたアメリカの介入は、そしてアメリカによって導入されたはずの民主主義の理念は、たんに多数派であるシーア派が国家権力機構を自由に行使する結果だけをもたらした。スンナ派の有力者たちは、闇社会で銃と資金を持って暗躍する存在となった。それが中東の多くの人びとにとって失望せざるをえないことであったのは当然だろう。

ブッシュ政権の外交政策を痛烈に批判して、二〇〇九年に大統領に就任したバラク・オバマの政権は、イラク問題を媒介としてイラン政府との距離を縮めながら、泥沼化したシリア内戦ではイランの後ろ盾をもつアサド政権の退陣を迫るなど、外交的には錯綜《さくそう》した姿勢で中東情勢の処理にあたってきた。そうして、スンナ派の勢力の取りこみを成功させた「イスラム国」の勢力の伸長を許す温床をみずからつくりだしてしまっているのである。

アメリカがつくりだした「悪循環」

現在の中東情勢は、かつてない程度にまでスンナ派とシーア派の対立によって構造的に説明されるようになってしまっている。それは相当程度に、アメリカのイラク政策によって助長されたものである。

アメリカは、イラクの多数派とはシーア派勢力だという考えかたを戦術的に利用しようとし、バグダッドの中央政府がシーア派を利する政策をとったり、イランの影響力を利用して統治したりしようとすることを容認した。むしろ伝統的に敵対していたイランに働きかけてでも、目前のイラク情勢の

「イスラム国」の勢力図（2015年6月現在）

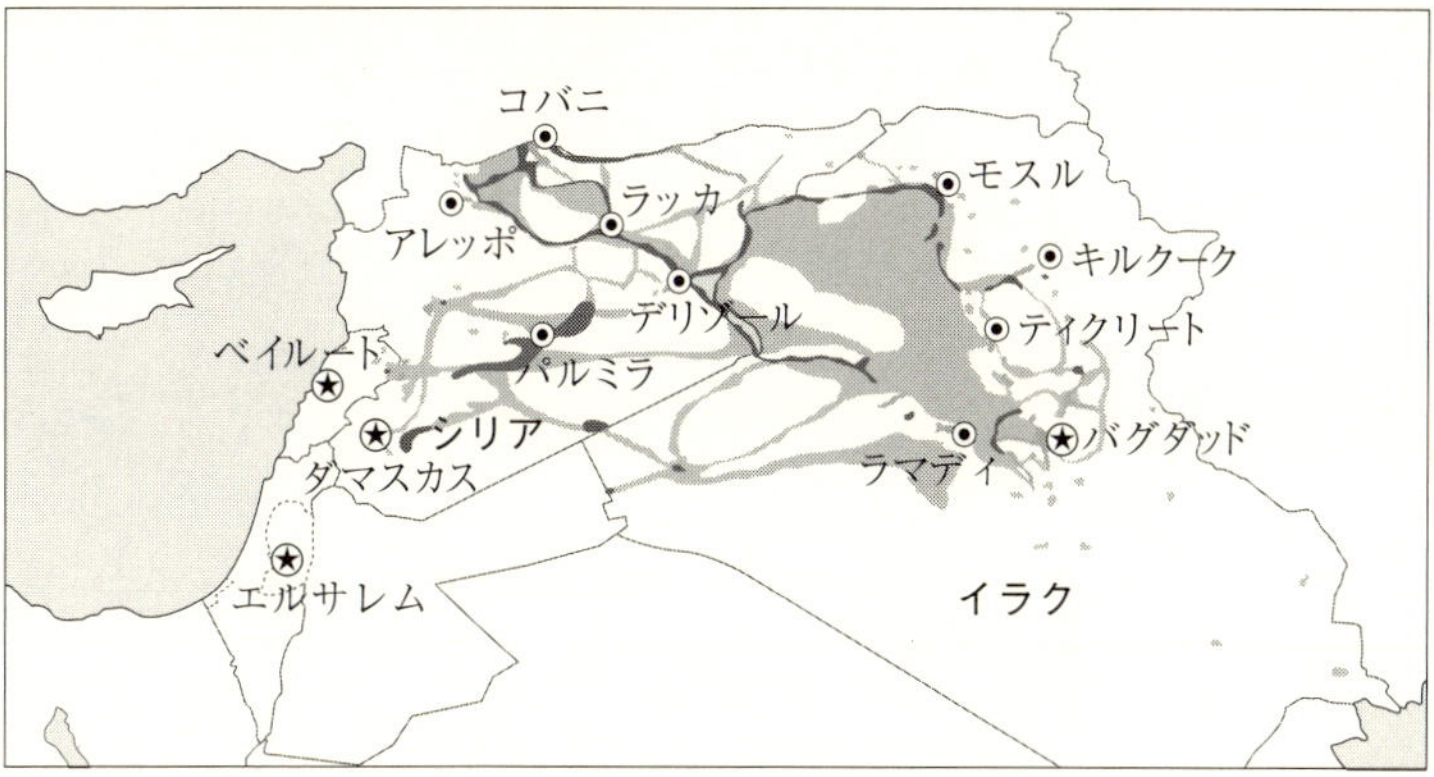

（Institute for The Study of War の資料をもとに作成）

短期的な安定を追い求めようとした。イラク国内の諸勢力も、宗派的なつながりを利用するかたちで国内政治を進める傾向を強めた。[*12]

しかしそれによってスンナ派勢力の疎外感とアメリカへの敵視は強まり、一九九一年の湾岸戦争以来のアメリカの地域における最大のパートナーであったサウジアラビアの疎外感まで招いてしまう結果を導き出した。イラン核協議でのアメリカの姿勢をめぐって、イスラエルまでアメリカを弱腰だと批判しているくらいなので、アメリカが長期的視野を欠いたまま無責任に地域の宗派バランスを無視した政策をとっているとスンナ派勢力が感じたとしても、それは当然であった。

シリア内戦にたいして、反アサド政権勢力への武器提供というかたちで関与しようとしたとき、アメリカの政策は危うい宗派・民族バランスによって成り立っていた中東における火遊びに近いものとなった。それはイラクからの撤退を急いだオバマ政権の時代に、いっそう助長された。力の間隙《かんげき》をぬって、宗派対立と欧米への憎悪を糧にして生まれてきたのが、イスラム原理主義の変種としての「イスラム国」であった。アメリカの中東政策がなければ、「イスラム国」の台頭は想像できなかっただろう。

アメリカは、「イスラム国」にたいする攻撃は、イスラム主義にたいする攻撃ではないということをアピールするためか、「イスラム国」にたいする空爆に数多くのアラブ諸国が加わっていることを強調する。たとえバーレーンやカタールのような小国の参加がほとんど名目的なものであるとしても、である。

その一方で空爆参加諸国は、じつはけっして地上軍を出そうとはしない。搭乗機の墜落によってイスラム国に拘束されて、焼き殺されたヨルダン軍パイロットのモアズ・カサスベ中尉の事件は、今後も関係国が深い関与をしないだろうことを予測させるものだと言える。

それどころか、二〇一五年五月にイラク中西部アンバル州の州都ラマディが「イスラム国」に制圧された際、イラク政府軍の士気が低いとカーター米国防長官が発言して、大きな波紋を呼んだように、バグダッドのイラク政府軍は、「イスラム国」対策で機能していない。急場しのぎのハイダル・アル＝アバーディ政権の下で、前首相のヌーリー・アル＝マーリキーの息がかかっている部隊もあると言われ、政府軍は一枚岩でさえないと言われている。

そこでアメリカが代わりに陸上兵力の有力な母体として考えているのが、クルド勢力の「ペシュメルガ」である。しかしすでに「イスラム国」との軍事的対峙が長期化しはじめているなか、「ペシュメルガ」への軍事支援が、アバーディ政権との関係のみならず、クルド人勢力内のＫＤＰ(Kurdistan Democratic Party)とＰＵＫ（Patriotic Union of Kurdistan)の間の力関係にも不均等な悪影響を与えていることが、あらたに懸念されている。[*13]

一方、イエメンではサウジアラビアが主導するスンナ派の湾岸協力会議（Gulf Cooperation Council／GCC）諸国の有志連合が、シーア派のイラン政府の支援を受けたフーシ派（Houthis）に攻めこまれたスンナ派の暫定大統領を守るために、二〇一五年三月から空爆をおこなっている。スンナ派が多数派となっている諸国が、シーア派勢力の伸長につながるイエメン情勢を深刻に懸念した結果である。

二〇一一年以来の内戦で二十万人以上が犠牲になっているといわれるシリアは、アサド大統領がシーア派に近いアラウィー派で伝統的にイランと近いのにたいして、「イスラム国」を含む反政府勢力のほとんどがスンナ派であることが、情勢を複雑にしている。中東のスンナ派諸国が反政府側に近いのにたいして、イランがアサド政権を支援している。

宗派対立はどのような文明内部にもある。文明圏内部で文明の代表を主張する必要は、文明の対立という現象の必然的な副次的作用だと言える。「イスラム国」は正当なイスラム主義者ではないと指摘するのは容易だ。しかし、イスラム主義者であればアメリカとともに武器を手に取って「イスラム国」と戦うべきだと考えられているわけでもない。宗派対立は、文明の衝突の副産物としての文明の代表者を決する争いとして、激化の一途をたどっているわけである。

「アラブの春」をめぐる文明の衝突

二〇一〇年から二〇一二年にかけてチュニジア、エジプト、イエメン、リビアで発生した「アラブの春」とも呼ばれた一連の政治変動は、いずれもイスラム主義の大衆運動をもたらす結果を導き出した。

もちろんエジプトが事実上の軍政に立ち戻ったように、「アラブの春」を経験した諸国が軒並みイスラム国家に生まれ変わったわけではない。しかしいずれの国においても、アラブ世界の大衆運動とは、イスラム主義の運動であるということを強く印象づける社会情勢が展開した。「アラブの春」の大衆運動は、親米的な政権をつくりだしたわけでも、西欧基準での民主主義国をつくりだしたわけでもなく、むしろ「文明の衝突」を悪化させるような方向で推移しているのである。

なぜ「アラブの春」は、文明の衝突を緩和せず、むしろ助長したのだろうか。

この問いに答えるためには、アラブ圏の大衆運動の性格を再考する必要がある。もしアラブ圏の大衆運動が、本質的に民主主義を求めて独裁者に対抗して立ち上がった人びとの運動であったとすれば、その結果は西欧諸国が期待するようなものになっていくだろう。つまり文明の衝突を克服して民主主義の価値観の共有を重視する社会が成立していくだろう。

しかし、国家機構を掌握しただけで富と権力を独占する世俗的権力者にたいする異議申し立てが「アラブの春」だったとすれば、その後に宗教的規範を重視する勢力が主導するイスラム主義運動が勃興することは、きわめて論理的に理解できる事態の展開だと言える。

「アラブ人」がヨーロッパ植民地主義から解放されて生まれたのが、中東に位置する新興独立諸国だという認識を基本に据えたとき、まだ独立を達成していない残された未解放地域としてパレスチナは位置づけられた。かつてアラブ統一国家構想が現実に議論されていたような時期であれば、パレスチナ問題とは、あたかも南アフリカのアパルトヘイト体制のように、いびつなかたちで残された脱植民地化の問題だという理解をされることが多かった。

しかし今日の世界では、独立国家となっているアラブ諸国が、けっしてイスラム教だけを拠りどころにして統治をおこなっているわけではなく、アメリカにすり寄った外交政策をとってさえいるかもしれないことは、広く知られている。国際的な独立国家としての承認が進んでいる諸国の場合でも、実態は名ばかりのイスラム国家であるのかもしれない。隆盛するイスラム過激派勢力にとってみれば、国際的に認知されている諸国もまた虚構の国家に見えるかもしれない。たとえば、「イスラム国」にとって、シリアやイラクはそのような、いわば虚構の国家の代表だろう。*14

文明を代表するための論理の争い

国際社会の展開軸がもはや民族ではないとすれば、パレスチナ問題の認識は変わってくる。

オスロー合意がパレスチナにもたらしたのは、けっきょくのところパレスチナ人側が分裂し、穏健派ファタハと過激派ハマスが政治闘争を続けるという構図であった。とくにファタハがヨルダン川西岸地区、ハマスがガザ地区を掌握するという分裂が決定的となってからは、イスラエルがハマスのガザ地区にたいする武力攻撃をくりかえし、ハマスが反米・反イスラエルの声を取りこんでいく代表的な勢力となった。

中東情勢は、介入するアメリカと、国際的なイスラム過激派ネットワーク運動の対立を軸にして進められている。いずれの国であっても、国家機構を握っている階層は、西欧に端を発する制度に安住している既得権益層だとみなされることになるだろう。

パレスチナの現状も同様であり、パレスチナという新国家の樹立に向けて西岸を統治しているのがファタハであり、より大衆的なイスラム運動を志向してガザを統治しているのがハマスである。両者はともにパレスチナ人の解放をめざしているとしても、西欧に起源をもつ主権国家システムにどっぷりとつかっている世俗的勢力であるか、それとは異なるイスラム勢力であるかが、本質的な区分として争われることになる。

「イスラム国」は、二〇一五年七月には、ついにハマスも攻撃対象であることを宣言して、パレスチナにたいする統治の確立をめざしていることを内外に明らかにした。ハマスよりもさらにいっそうイスラム世界を代表するのにふさわしいのが、自分たちだと考えてのことである。

「アラブの大義」としてパレスチナ解放をめざすのは、民族主義の論理に訴えていく態度である。それにたいして、「文明の衝突」のテーゼに照らしていっそう不気味なのは、独特の宗教的論理によってあらゆる世俗的勢力を排して、イスラム圏の盟主となることをめざす「イスラム国」のほうである。

本書では、言葉の流通性を考えて、便宜的に、ひとつの時代区分の名称として「対テロ戦争」の概念を用いている。「イスラム国」は、軍事的合理性なく市民を巻きこんだ暴力行為をおこなって恐怖を広めようとしているという点では、テロリスト集団であると言ってよいだろう。しかし少なくとも従来の意味でのテロリスト集団ではない。というのは、カリフ制の復活を掲げて新しい政治共同体の確立をめざし、実際に領域支配をおこなっているからである。これによってアメリカが採用する「対テロ戦争」の戦術は、混迷の度合いを深めている。[*15]「イスラム国」の台頭によって、「文明の衝突」は新しい段階に入ったと言うべき状況になってきているのである。

「民主的平和」論の限界

それにしても二〇〇一年にアフガニスタンを攻撃する命令を下し、二〇〇三年にイラクに侵攻する命令を下したとき、アメリカのブッシュ政権がもっていた戦略は、なんだったのだろうか。

ブッシュ大統領は、対テロ戦争を、自由を守る者と自由を憎む者との戦いと位置づけた。アメリカは自由を守り戦いつづけてきたがゆえに、自由の敵対者に狙われる。しかしそれでもアメリカは自由を守るために戦いつづけ、勝利しつづける。それは、冷戦終焉後の世界で唯一の超大国として君臨するアメリカがもつ特別な使命の感覚に訴える論理であった。

こうした情緒的な論理の背景にも、じつはある種の学術的議論の洞察があった。それは「民主的平和」論と呼ばれる議論である。

アメリカの有力な国際政治学者たちが主張した「民主主義国同士は戦争をしない」というテーゼが正しければ、アメリカが戦争に巻きこまれるのは世界に非民主主義国あるいは反民主主義国が存在するからである。[*16]

したがってアメリカが標榜する大戦略は、世界の国々を民主主義国につくりかえることである。すべての国が統治能力のある民主主義国となれば、アメリカにもまた恒久的な平和が訪れるであろう。

対テロ戦争の文脈でアメリカが関与したアフガニスタンやイラクでは、国家機構の再建にあたって、民主主義的制度の確立がカギとされ、民主的国家を樹立するという大目標にしたがって数多くの政策が導入された。イランを挟みこむ両国の民主化は、アメリカが自国に有利なかたちで、新たな地域的秩序を中東につくりだすという見取り図にしたがって進められたものであった。

しかし両国における民主的制度の確立は、いまだに達成されているとは言えない。オバマ政権が生まれてブッシュ政権時代の戦略が見なおされた結果、グランド・セオリーとしての中東の民主化という目標は、ほぼまったく語られなくなった。アフガニスタンやイラクも、引きつづきアメリカが最大の戦略上のパートナーではあっても、アメリカ軍の撤退によって、民主主義を標榜しつづけていく要請も、その効果も、低下していくことになるだろう。

もし両国がまだ完全に民主主義国ではないとすれば、それは理論としての「民主的平和」論の妥当性には影響しない。なぜなら民主主義国ではないのだから。両国はまだ民主的平和論とは無関係だと言えるからである。非民主主義国であれば、戦争を頻繁におこなう。民主主義国であっても、非民主主義国や、そもそも国家にもなっていない勢力にたいしては、頻繁に戦争をおこなう。アフガニスタンとイラクを（親米的な）民主主義国家につくりかえるというプロジェクトが頓挫している以上、民主的平和論は失敗に終わったのでなければ、試されることがなかった。結果として、ただ「対テロ戦争」の悪化だけが進んでいく。

「対テロ戦争」は、理論的な観点から言えば、「民主的平和」論に依拠した巨大な演習であったと言っても過言ではない。アフガニスタンから、イラクから、その他の国々から、テロリストを、つまり反民主主義者を駆逐し、民主主義者たちの国家建設を助けるならば、それらの国々に平和が訪れ、アメリカもまたより平和になるはずなのであった。

はたしてアメリカがとった手段によってテロリストは駆逐できるのか、アメリカがとった手段によって民主的な国家を建設できるのか、といった一連の問いがある。だがその前に、はたして民主的平和論はほんとうに妥当な理論なのか、と問うてみることもできる。この問いにたいする答えは、対テロ戦争の結末というかたちで、二十一世紀の中東の状況というかたちで、現実のなかで示されていくことになる。

より根源的なレベルで

ハンチントンは西欧文明にたいするイスラム文明の挑戦について警戒心を示したが、文明の衝突の過程において国家間の闘争がくりひろげられるかのように語った。文明の区分けにそって、国家もいわば所属先を変えるという問題しか予見していなかったかのようであった。

しかし今日の中東情勢は、より根源的なレベルで文明の衝突の単位となる文明をめぐる争いを意識する必要性を示唆している。

たとえば均質な主権国家が、それぞれが同じように国益を求めながら動いているという国際社会のイメージは、西欧の歴史に起源をもったものである。現在の中東情勢は、そのような主権平等の原則に依拠した文明の区分けをも解消するように動いている。

たとえば異なる宗派に属する人びとを国境線内部ではひとつの国民として扱うといった措置は、すべて西欧文明の人工的な操作の産物だと言うことはできる。もしそうだとすれば、イスラム文明を代表する者たちは、主権国家のような西欧文明の所産を否定する者たちでなければならないだろう。そうした人びとがイスラム文明を代表していくのであれば、文明の衝突は、より根源的なレベルで進められていくことになる。

中東では、文明の衝突の現象は、主権国家間で発生したりするのではなく、主権国家において既得権益を守る者と、彼らを否定する者とのあいだで発生し、展開していく。近い将来において、この構図が変更になる要素は、皆無に等しい。

文明の衝突は、誰が、どのように、文明を代表するか、をめぐる戦いから始まる。その戦いは、アメリカの介入によって、複雑化する。中東においては、パンドラの箱を開いたアメリカの政策の影響もあり、いっそう過激派に有利なかたちで、文明の衝突と、文明の代表をめぐる争いが展開していくことが必至の情勢である。

第五章　世界システム

——アフリカの紛争と格差社会としての現代世界

1　武力紛争の大陸

二〇一四年の世界の武力紛争

現代世界においては、アフリカは紛争に苛《さいな》まれた大陸だと言わざるをえない。

二〇一四年のＵＣＤＰ（Uppsala Conflict Data Program／ウプサラ紛争データプログラム）の統計を例にすれば、四十件の武力紛争のうち、十三件がアフリカにおける紛争であった。同一地域内で複数の武力紛争が発生した場合を取り除いた紛争地域（国）の数で言えば、二十九ヵ国中の十一ヵ国がアフリカ大陸において発生していた。[*1]

過去数年で改善の傾向が見られるとしても、冷戦終焉後の武力紛争が増加した時代の大きな潮流として、アフリカ大陸では数多くの武力紛争が存在してきた。まだその状態が終わったとは言えない。これにともなう顕著な例として、アフリカにおける二〇一四年の難民・国内避難民の数は約一千二百九十五万人であった。全世界の難民・国内避難民の約三割がアフリカにいたことになる。[*2]世界人口に占めるアフリカの人口の割合が一五パーセント程度であることを考えれば、とくにアフリカ大陸において大きな不安定を抱えた社会が多いことがわかる。多くの場合その背景にあるのは、紛争にまつわる事情である。

二〇一四年の段階でアフリカにおいて自国領域内に武力紛争を抱えていた国の多くが属する、アフリカ大陸の中心部を貫徹する「サヘル」地域は、中東、南アジアと並んで、世界最悪の紛争地域となっている。

この傾向は「アラブの春」以降に顕著になった。具体的には、リビアのカダフィ政権の崩壊が、膨大な数の武器と民兵のサヘル地域への流入をうながしたことなどを通じて、サヘル諸国の情勢は流動化した。

またイスラム国に忠誠を誓うナイジェリアのボコ・ハラムや、アルカイダ系のソマリアのアル・シャバブ、アルジェリアから発したＡＱＩＭ（Al-Qaeda in the Islamic Maghreb）などをはじめとして、北アフリカからサヘル地域には、中東情勢の影響を受けたイスラム過激派勢力が伸長している。ボコ・ハラムにたいしては、ナイジェリア政府軍だけではなくチャド軍が対峙し、アル・シャバブにたいしては、ケニアがほぼ戦争状態にある。[*3]

イスラム過激派勢力に対抗してフランスの軍事介入や、武力行使の権限をもつアフリカの地域機構や国連のＰＫＯ部隊の介入が大々的に進められてきたマリや中央アフリカ共和国も、事実上、世界大の対テロ戦争の一環を形成している。[*4]

世界大の政治経済システムのなかのもっとも脆弱な部分

もちろんこのことは、今日のアフリカが中東の影響だけによって紛争を起こしているということを意味しない。ただ根本的な問題を共有しており、連鎖しやすい。

中東における戦争の多くは欧米諸国が中心となっている「対テロ戦争」の文脈のなかで発生してい

る。中東の政治体制の不安定が世界大の国際秩序の拡大のなかで生まれた現象と大きく関係していることは、すでに前章で見たとおりである。

アフリカにおいても同じように、世界大のシステムによって翻弄されざるをえない構造のなかで、武力紛争が増加したり減少したりしている。あえて言えば、世界システムからの影響をもっとも受けやすい脆弱な地域が、アフリカだと言うこともできる。

推計死者数で言えば、UCDPが見積もったアフリカにおける紛争による死者数七千百四十三人は、二〇一三年における世界中の武力紛争死者数の二割に満たず、シリアやアフガニスタンの死者数のほうが圧倒的に多いのは確かだ。しかしアフリカは一九九〇年代から二〇〇〇年代にかけて、ルワンダにおける虐殺やダルフール紛争などが、数十万単位というケタちがいの死者数をもたらしていた。減少の背景には、二十一世紀になってから国連PKOが重点的にアフリカに展開し、紛争の拡大や予防のための活動を優先的にアフリカに振り向けているという事情もあると論じられている。

二〇一四年末時点で展開していた国連PKO十六件を例にとれば、九件がアフリカにおけるものであった。派遣者数では、全体の約十二万五千人の要員のうち八割以上を占める約十万人がアフリカへの展開。PKO総予算約七十億ドルのうち七割以上の約五十億ドルがアフリカに振り向けられた。[*5]さらにAU（アフリカ連合）やEU（ヨーロッパ連合）の平和ミッションも数多く展開している。

近年になって改善が見られるとはいえ、冷戦後の時代においてアフリカが世界の武力紛争と平和維持活動の主要な舞台であるという認識がまだ続いている。さまざまな意味において、アフリカは国際社会の動向に影響され、世界大の政治経済システムのなかのもっとも脆弱な部分として位置づけられ

国連PKO

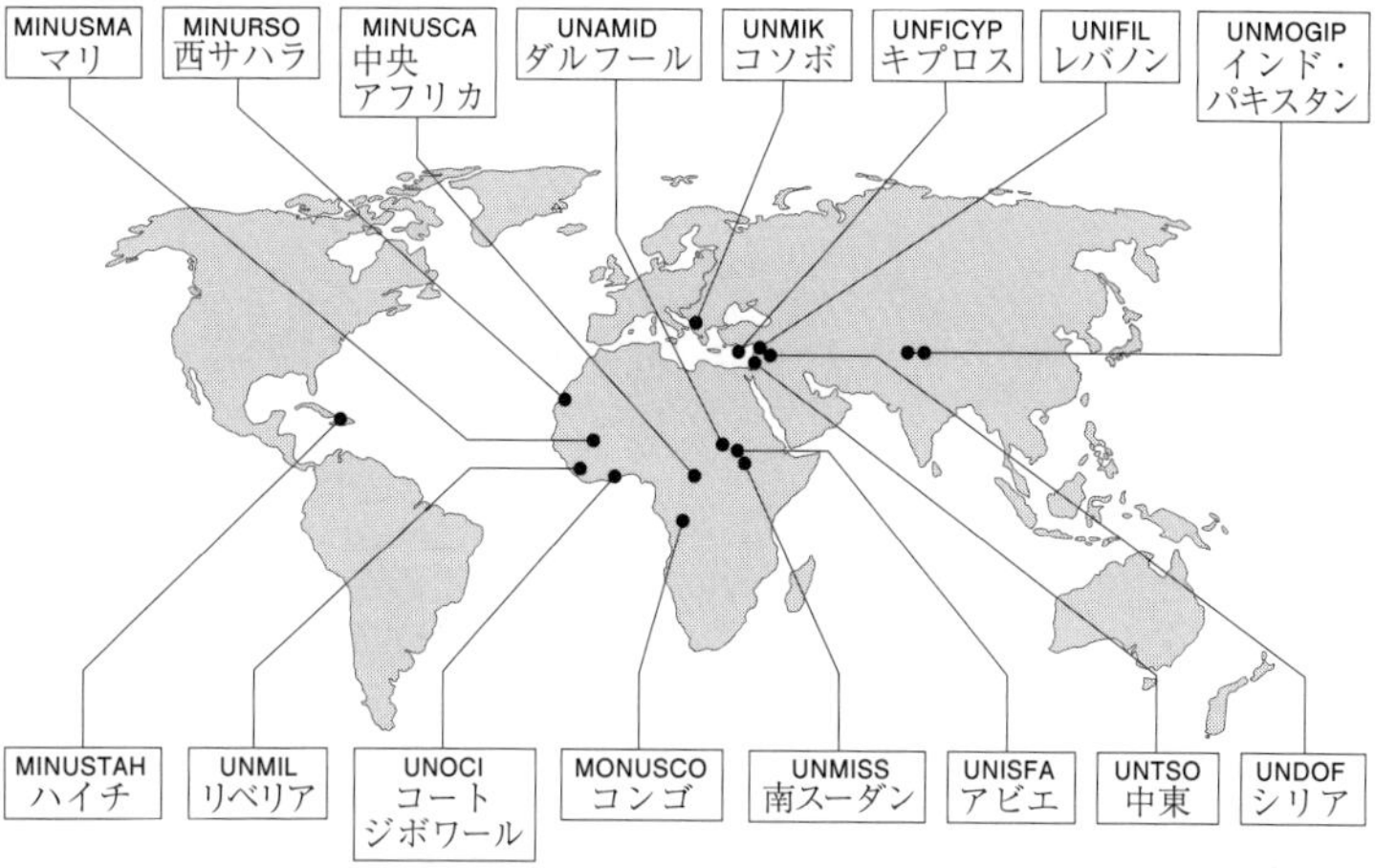

名　　称	設立年	要員	予算額（米ドル）
UNTSO （国連休戦監視機構）	1948年5月	371	74,291,900 （2014〜15）＊
UNMOGIP （国連インド・パキスタン軍事監視団）	1949年1月	119	19,647,100 （2014〜15）＊
UNFICYP （国連キプロス平和維持隊）	1964年3月	1,071	59,072,800
UNDOF （国連兵力引き離し監視隊）	1974年6月	949	64,110,900
UNIFIL （国連レバノン暫定隊）	1978年3月	11,353	509,554,400
MINURSO （国連西サハラ住民投票監視団）	1991年4月	469	55,990,080
UNMIK （国連コソボ暫定行政ミッション）	1999年6月	368	42,971,600
UNMIL （国連リベリア・ミッション）	2003年9月	7,383	427,319,800
UNOCI （国連コートジボワール活動）	2004年4月	8,259	493,570,300
MINUSTAH （国連ハイチ安定化ミッション）	2004年6月	6,992	500,080,500
UNAMID （国連・アフリカ連合合同ミッション）	2007年7月	21,675	1,153,611,300
MONUSCO （国連コンゴ民主共和国安定化ミッション）	2010年7月	24,128	1,398,475,200
UNISFA （国連アビエ暫定治安部隊）	2011年6月	4,303	318,925,200
UNMISS （国連南スーダン共和国ミッション）	2011年7月	14,736	1,097,315,100
MINUSMA （国連マリ多元統合安定化ミッション）	2013年3月	11,376	830,701,700
MINUSCA （国連中央アフリカ多面的統合安定化ミッション）	2014年4月	11,380	628,724,400
		合計 124,932	合計 約84億7000万ドル

てきているのである。

冷戦が終焉したとき、アフリカにおいても、いくつかの武力紛争が、終結に向けて動き出した。冷戦の代理戦争の構図で紛争が起こっていた地域では、冷戦終焉とともに紛争が終結に向かった。しかしいくつかの国々では平和は定着せず、終結するかに見えた紛争がいっそう悪化するかたちですぐに再開された。さらに冷戦体制の終焉によって後ろ盾を失った勢力が弱体化してかえって攻撃的な行動に出たり、反乱を誘発したりする事例が、一九九〇年代のアフリカ大陸で頻発した。

冷戦の文脈をこえた紛争の要因

なぜアフリカでは冷戦の終わりが紛争問題の改善をもたらさなかったのだろうか。

冷戦構造それ自体は、アフリカ大陸でも消滅したのは確かだ。それでも紛争が起こりつづけたとすれば、それは冷戦の文脈をこえた紛争の要因が、根深くアフリカ大陸に存在しているからである。冷戦というひとつの大きな構造的要因が消滅した後にも、他の構造的要因が密接にからみあって、別のかたちで紛争を引き起こしつづけている。

アフリカにおける紛争の特徴は、深刻度の高い複合的な問題が密接に関係しあっていることだ。たとえば貧困問題は、アフリカにおいてもっとも深刻に広がっている。乳幼児死亡率や教育水準の低さなど、国際社会が開発援助で深刻な問題と認識する諸問題が、アフリカに集中して発生している。飢饉《ききん》が発生しやすいのもアフリカであり、エイズがもっとも広範に蔓延しているのもアフリカである。さらに言えば、ジェノサイドなどの戦争犯罪が多発するのもアフリカだ。社会経済分野の問題が蔓延している地域で、甚大な人権侵害をともなう武力紛争が多発するという悪循環を、アフリカではいたるところで見ることができる。

こうした事態を、アフリカ人の「能力」の問題に還元して理解したり、人種差別的な発想で理解したりする必要はない。歴史的・文化的な背景により、アフリカの多くの地域で、深刻な政治的・経済的・社会的問題が蔓延しているのだ。アフリカが最底辺の地位にあるという端的な事実が、アフリカで国際社会での競争に耐えられる国家をつくる試みの困難を物語る。世界の他の地域が優位な状態で競争を進めて発展をしているとすれば、国際社会の最底辺で数多くの足かせをはめられたアフリカは、そのまま社会の最底辺で苦しみつづける可能性をもっとも大きくもっている。

現代世界では、自由主義が標準的なドクトリンとして採用されており、その中核を占めるのは自由主義経済の原則だ。つまり競争主義である。しかし競争は、強者に有利に働き、弱者に不利に働くのが、当然である。そのため通常は、競争は、権利と機会の平等が確保されている場合でなければ機能しない。したがって現実の国際社会では、競争は普遍的には機能しない。

七十二億人の人びとが置かれている現実の状況は、まったく不平等なものだ。アフリカが国際社会のなかで与えられている構造的に不利な状況から脱却するのは、容易ではない。構造的な悪条件を考えれば、劣悪な環境にある地域は、劣悪な環境にありつづける可能性が非常に高いということである。

格差社会の構造分析

二十世紀後半の脱植民地化によってアフリカ諸国は独立した国家になった。それをもって他の地域の諸国とまったく同じ環境に置かれるようになったというのは、法的権利の面では正しいが、実質的機会の面では正しくない。

また、同じように二十世紀後半に独立したアジア諸国と比べてアフリカは発展の度合いが遅い、としばしば指摘される。それは事実なのだが、それを「アジア人は勤勉だがアフリカ人は怠慢だ」、などといった言いかたで理解しようとするのは、根拠のないことだ。アジア諸国よりも、アフリカのほうが、社会的問題を多数抱えており、現代世界における構造的立場もより不利なものだ、という言いかたのほうが適切だろう。

アフリカの紛争問題を分析することは、甚大な格差社会としての国際社会について分析することであり、人間社会で弱者が苦しめられる構造的な矛盾について世界的規模で分析することである。そして弱者が悪循環から抜け出せないときはけっして強者に挑戦したりせず、むしろ弱者同士の痛めつけあいをすることのほうが多いという現象について知ることである。

社会科学の視点で格差社会を見る方法は数多くある。この第五章では、こうしたアフリカの現状を考えるために、国際的な経済的格差の構造に関する理論の代表例を見ていくことにする。まずは伝統的なマルクス主義や、近年注目を集めているトマ・ピケティ（一九七一～）の議論の含意を概観したうえで、イマニュエル・ウォーラーステイン（一九三〇～）の「世界システム論」を手がかりとして取り上げてみる。

ヨーロッパ近世に始まって十九世紀には世界的規模に広がった資本主義の発展を歴史社会学的にたどるウォーラーステインの仕事は、ヨーロッパを「中心」と認識して、他地域を「周辺」とみなす点において、必ずしも地域研究者のものではないような印象がある。主著『地中海』で知られる「アナール学派」の歴史学者フェルナン・ブローデルに強い影響を受けて生まれたウォーラーステインの世界システム論は、むしろ欧州に着目しすぎているという批判を受けることも多い。

しかし、じつはウォーラーステインは学究生活を脱植民地化に揺れるアフリカの現地研究から開始し、四十代前半でアメリカのアフリカ学会会長を務めた人物であった。その後に、世界システム論の研究に入ったのである。

「世界システム」論の時代においても、彼の問題意識がアフリカから離れることはなかったと言うことは可能だろう。ただ後年のウォーラーステインは、アフリカの問題を現地研究よりも「世界システム」のなかで論じた。ウォーラーステインの理論が示してくれるのは、「世界システム」を考えることこそが、アフリカが置かれている状況を考えることだということである。

資本主義と経済格差

かつて十九世紀にカール・マルクス（一八一八～一八八三）は、資本主義社会の構造において搾取《さくしゅ》されている弱者は搾取されている者たちとしてひとつの階級を形成しており、弱者であるということが彼らの社会的存在を性格づけている、という洞察を提示した。[*6]

政治運動としてのマルクス主義は、資本主義がつくる経済構造の矛盾は、搾取された者が団結して支配者層に抗して革命を起こすことによって解消されると予期した。政治運動としてのマルクス主義の有効性は、今日ではほとんど消滅してしまったと言える。しかしそれはマルクスの資本主義の矛盾への洞察の有効性の消滅と同じではない。

世界各国でベストセラーとなった『21世紀の資本』において、トマ・ピケティは、富裕層は生産所得の進展よりも資本所得によってより効果的に富を拡大させるので、資本主義の発展によって経済格差は広がりつづける歴史的傾向があると主張した。

ピケティは資本主義の運動法則として不可避的に経済格差が広がる、と言っているわけではない。しかしそのような歴史的傾向は、政策的につくられた例外の時代を除いて、数百年にわたって強く存在しつづけてきたので、今後も存在しつづけるだろうと言う。*7

二十世紀に見られた経済格差の縮小は、多くの先進国で導入された著しい累進課税などの政策によって例外的に回避された現象でしかなかった、とピケティは指摘した。二十世紀は、資本主義の発展にたいして、大きな人工的な修正が施された時代であったのである。

「経済成長にともなって経済格差は縮小する」と論じてノーベル経済学賞を受賞したサイモン・クズネッツ(一九〇一～一九八五)にたいする対抗理論を提示したとして、ピケティの議論は学術的評価を受けた。第二次世界大戦後から数十年の時代だけを見ればクズネッツの議論は正しいように見えるが、それはむしろ二度にわたる世界大戦ののちに富裕層にたいする累進課税という一時的な政策的調整が入った結果にすぎず、より長期的な経済動向を見れば、資本主義の進展にともなって経済格差は拡大する、と論じたところに、ピケティの議論の意味があった。

二十世紀にはクズネッツ流の歴史認識にもとづいた「近代化」論が主流であった。しかし実際には資本主義の発展とともに経済格差は拡大する傾向にあるのではないかという疑念は、自由主義の勝利が謳われた冷戦終焉後の世界において、あるいはレーガンやサッチャーの「新自由主義」の保守革命の時代の後に、広く共有されるようになった。

われわれ日本人はとくに、最悪の時代としての第二次世界大戦が終わったときを出発点として、進歩の時代が始まったかのように歴史をとらえがちである。だが、むしろ二十世紀は、十九世紀と二十一世紀のあいだの、単に例外の時代であったのかもしれないのである。

例外としての二十世紀

二十世紀はなぜ例外的だったのだろうか。

第一に、二度の世界大戦が「総力戦」を交戦主要国に課した結果、資金調達と大衆動員の必要性に迫られた各国政府は、富裕層への課税をためらわず、社会保障を含めた社会資本の整備に邁進した。これは自由主義の原則にしたがった資本主義だけでは危機対応ができないという認識にもとづいた、大きな政治的修正であったと言える。

第二に、そもそも二度の世界大戦は、十九世紀資本主義によって富を蓄積していた英米を中心とする富裕国層にたいして、新興国がみずからを「持たざる国」と表現しながら試みた挑戦としての性格をもっていた。さらに言えば、資本主義の陥穽《かんせい》が生み出した世界恐慌が、世界大戦の構造的な要因となったことが広く認識された。これは、資本主義は破綻なく発展しつづける自己完結的な運動であるという見かたに、大きな疑念を抱かせるのに十分な事態であり、意識的な修正の必要性を強く人びとに認識させるのに十分であった。

第三に、十九世紀以来、組織化された共産主義運動が世界各国において現実の力となっていた。先進国政府は、あからさまに富裕層だけを優遇する政策はとれず、共産主義運動に対抗するためにも、市場にたいする国家介入をためらわず、資本主義が生み出す階級的な社会格差の是正に努めた。

二十世紀は、資本主義を標榜する諸国においても、社会民主主義的な政策が好まれた時代だったのである。これは、自由放任主義に反して、資本主義を規制する政府の介入が強く正当化されていたことを示す。

例外の後の反転

しかし、いまや二十世紀は過去の時代となった。冷戦の終焉は、二十世紀に終止符を打った。先に指摘した三点は反転する。

①各国政府が非富裕層に配慮して社会資本を充実させつづける時代は終わり、累進課税や法人税を緩和し、富裕層を刺激して経済成長を求める時代となった。

②先進国間の戦争の脅威は減った。二度の世界大戦を引き起こした新興国は、アメリカを中心とする資本主義諸国の同盟ネットワークに組みこまれ、冷戦後には旧共産主義諸国ですらほとんどが資本主義諸国のネットワークに組みこまれることになった。

③共産主義運動の政治的な組織力は減退し、もはや資本主義体制への脅威とは言えなくなった。先進国の政府が、共産主義革命や社会主義政党の伸長を恐れて非富裕層の歓心を狙った政策を打

ち出す必要性は、大きく減退した。

二十一世紀は、十九世紀に似たものになるのかもしれない。ほんの少数の諸国が世界の政治経済を支配し、それらの諸国の内部も階級の存在を前提にした社会秩序が確立されているという時代が、むしろ例外としての二十世紀を乗り越えて、あらためて展開していくのかもしれないのである。

そのような世界において、弱者は弱者でありつづける可能性が高い。なぜなら強者の立場から競争に入った者と比べて、弱者の立場から競争に入った者のほうが、著しく不利な立場にあることは当然だからだ。マルクス主義運動の減退にもかかわらず、適者生存の社会法則は、二十一世紀によりいっそう的確にあてはまるのかもしれない。

二十一世紀においては、マルクス主義者のように、弱者がやがて団結して強者に立ち向かうなどと予言することは、支持を得ないだろう。弱者もまた、まず自分自身の能力や外部環境から汲み取れる利益を追い求めるしかない。したがって自国内部の社会階層や周辺地域の環境によって、行動は変化する。実際には、弱者は、さらにいっそう弱い者を見つけ、より弱い者を食い物にすることによって、ギリギリの生存手段を見出すだろう。少なくともそれは強者に立ち向かうことなどよりも圧倒的に容易だからである。

こうした弱者が弱者を食い物にするという現象は、「能力」の問題によって発生するのではない。人間社会の構造的矛盾によって発生するのである。

ピケティ自身は、先進国内部の経済格差の広がりを歴史的な観点から分析したが、世界大の資本主義システムを大々的に分析したわけではない。

ピケティは、二十世紀を通じて世界の財やサービスの生産の約七〜八割が欧米に集中していたが、今日では欧米のシェアは五割にまで下がったと指摘した。だが、じつはそのような議論を支えているのは主に日本をも含むアジア諸国である。二十世紀後半以降の世界を見れば、石油資源によって中東で、そして輸出主導の貿易によって東アジアで、劇的な改善が見られた。しかしアフリカでは、必ずしも劇的な進展が見られたとまでは言えない。ピケティも、年間一人当たり産出が二千ユーロのサブサハラ・アフリカが、経済的に世界最貧地域だとしている。

実際のところ、ピケティ自身も、二十一世紀末までには世界の資本の半分がアジアで所有されるようになると予測しながら、アフリカの経済的キャッチアップははるかに遅いと予測しており、人口増加の継続ともあわさって、アフリカによる資本所有は進展しないと考えている。[*8]

ピケティの指摘でより重要なのは、アフリカがアジアの新興国とも共有している、各国内部の所得格差の増大である。

先進国のなかでもとくに所得格差の増加が激しいと指摘したアメリカやイギリスなどのアングロ・サクソン諸国と同じようなペースで、新興経済国では所得格差が拡大している、とピケティは論じた。先進国と同じように、その傾向は、むしろ一九八〇年代以降に加速化している。

ピケティ自身は体系的には説明しなかったが、彼の議論の随所に、国際的な視野で見ていくべき経済格差の問題は隠れている。それではさらにいっそう資本主義を通じた格差社会の原理を、国際的な広がりにおいても議論するには、どのような理論的な議論に注意していくことが有効だろうか。

諸国間の経済格差

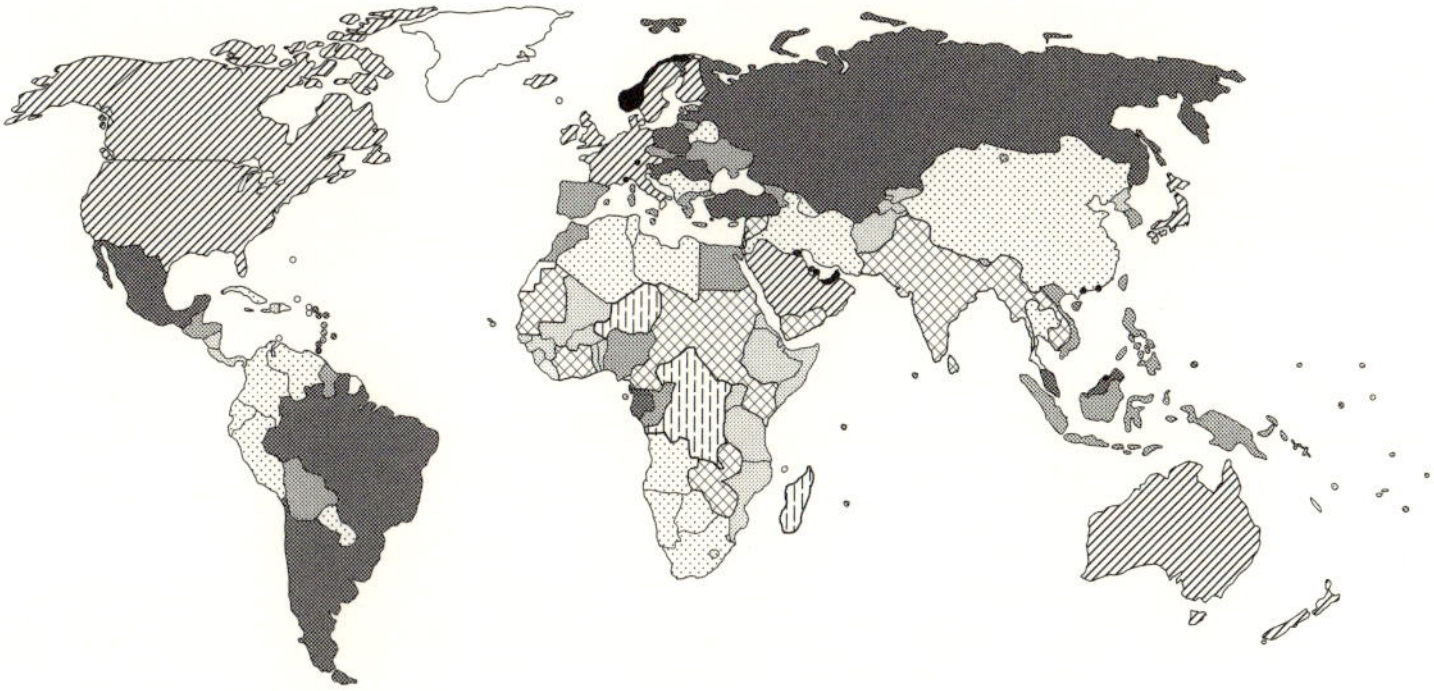

一人当たりの名目 GDP（2014 年）

- ＞＄129,696
- ＄64,848〜129,696
- ＄32,424〜64,848
- ＄16,212〜32,424
- ＄8,106〜16,212
- ＄4,053〜8,106
- ＄2,027〜4,053
- ＄1,013〜2,027
- ＄507〜1,013
- ＜＄507
- データなし

2　ウォーラーステインの指摘

十六世紀の大変化

国際社会をひとつの社会とみなしたうえで、その内部における経済格差の構造を考えるためには、依然としてウォーラーステインの「世界システム論」などを参照することが有益だと思われる。

世界システムとは、「中心」と「周辺」「半周辺」をもつ国際分業体制であると定義される。十六世紀にヨーロッパ諸国を中心にして、資本主義の「世界システム」が開始されたと唱えるウォーラーステインの議論は、二十世紀末に一躍有名になった。[*9]

広い意味での「世界システム」は、十六世紀以前にも政治的帝国などのかたちで存在していたと考えることができる。しかし近代の資本主義の世界システムは、真に世界的規模で広がっている経済システムであるという点において、質的にも異なる次元の世界システムである。

近代資本主義の世界システムの特徴は、政治的に統一された体制はない、ということである。世界には「中心」と「周辺」があると考えるものの、それは政治的に統一された「帝国」のようなものがあることを意味しない。資本主義の運動が世界全体に広がる現象のなかで、中心と周辺をもつ世界的規模のシステムが成立してきたということである。

ただし「覇権」を握る国はあらわれうる。十七世紀におけるオランダ、十九世紀のイギリス、そして二十世紀のアメリカは、覇権と呼ぶことができる卓越した地位を世界システムのなかで確立することに成功した国々である。

覇権国家は、農業・工業の生産面で、流通面で、そして金融面で、圧倒的な優位を確保した。これらの国々は、自国の卓越した国力を、システムのなかに組みこみ、制度的にも特別な地位を維持することによって、影響力を誇った。これらの諸国に特徴的なのは、海洋権益の確保を国力増大の主要な基盤としていたことである。そのため覇権国が安定を図る世界システムは、海洋の自由を通じた経済的な自由競争のイデオロギーと結びついたのであった。歴史上の「帝国」の原理が陸上における領域支配の拡張によって成り立つものであるとすれば、いわば世界システムにおける「覇権」の原理は海洋貿易を中心とした自由競争を通じた影響力の拡張によって進められるものであったわけである。

そのとき形式的な政治領域を確定させる主権国家のシステムが、国境を越えて広がる世界システムと結びつくという現象が起こるようになった。主権国家が資本主義の生産地と市場を政治的に守るかぎりにおいて、自由主義的な資本主義は発展する。

ウォーラーステインの議論は、国境を越えて広がった資本主義の世界システムが、どのように主権国家の体系と結びついていったのかについて、大きな示唆を与えているのである。そのことについて、アフリカを具体的な問題関心の対象としつつ、さらに見ていくことにしよう。

大陸が南北に伸びていたがゆえに……

ウォーラーステインの議論においては、十六世紀ごろに成立したとされる世界システムは、歴史的な特異性をもつものであった。それは、ヨーロッパ人が開始した「大航海時代」の到来によって初めて成立した性格をもつシステムであった。

十六世紀以前の政治経済システムは、ユーラシア大陸のどこかにおける強力な政治体によって生み出されたものがほとんどであった。それにたいして、欧州に起源をもつ大航海時代の始まりは、欧州に富が蓄積するかたちで切り拓かれた大西洋の両岸を結んで広がる貿易システムの出現をもたらした。当時の世界システムの性格は、「大西洋奴隷貿易」の三角貿易によって象徴されるのである。そしてそのときにアフリカ大陸は典型的な「周辺」地域として、システムのなかで位置づけられるようになった。

十六世紀以前から存在する諸条件により、アフリカ大陸は、ヨーロッパ人にも搾取されやすい脆弱な構造をもっていたと言える。広大な大陸において比較的希薄なかたちで分散している人びとが、さらにサヘル地域や独立峰によって分断され、また高原と湿地などで異なる生活習慣をもって暮らしていたことが関係している。

ベストセラーとなった『銃・病原菌・鉄——一万三〇〇〇年にわたる人類史の謎』の著者であるジャレド・ダイアモンドによれば、アフリカに文明が発達しなかったのは南北に大陸が伸びていたことが大きな要因であるという。なぜならユーラシア大陸では、同じ気候の下にある異なる文明圏のあいだで農業技術などの伝播《でんぱ》が容易に進められ、相互影響の結果としての技術革新が次々と生まれることになったのにたいして、アフリカ大陸はまったく逆の条件下にあったからである。*10

これらの要素がすべて示しているのは、アフリカ大陸が大洋に囲まれながら、北・東・西・南の地域のそれぞれが分断されてしまうようなかたちで、中東およびヨーロッパの政治文明に大きく影響される歴史をたどってきたということである。

数百年あるいは数千年にわたって、土着の政治文明を開化させる余裕がなく、アラブ人やヨーロッパ人の恣意的な収奪の対象となった度合いは、アジアとは比較にならない。古代からの歴史を見れば、アラブ人によるアフリカの人と物の収奪は甚大である。

さらに十六世紀以降は、ヨーロッパ人による収奪が、人類史においても稀に見る程度に進められた。言うまでもなく、それはヨーロッパ人たちが暴力的にアフリカを世界システムに組みこんだからである。その世界システムの暴力的な収奪の頂点が、初期資本主義における「奴隷貿易」であった。

奴隷貿易の衝撃

アフリカでは、十五世紀なかばまでに七百万人以上の人びとが、イスラム世界に奴隷貿易の対象とされた。十五世紀以降にもイスラム世界にたいして七百万人以上の人びとが奴隷貿易の対象にされたと言われる。しかし、それをも凌駕するのがヨーロッパ人による奴隷貿易であった。

海から到来したヨーロッパ人は、一四五〇年以降に、千二百万〜千五百万人と言われる膨大な数の人びとを奴隷として大西洋ルートで流出させた。さらに奴隷獲得にともなう人命損失は、強制的徴集の段階のみならず、航海中にも無数に発生した。そのため大西洋奴隷貿易にともなって、総計では三千万人以上の人口喪失が発生したとされている。

これによってアフリカ大陸には構造的な人口減少および継続的な社会発展を阻害する成人労働力の

欠落が生まれた。こうした大規模な奴隷収奪の対象とされたことによる社会的衝撃が、アフリカ大陸に基本的生産力の退行という現象をもたらしたことは想像に難くない。[*11]奴隷貿易が放った社会的衝撃。それは、単に犠牲になったアフリカ人の数だけで推し量れるものではない。

奴隷は、当初は大西洋沿岸部から徴集されたが、徐々に内陸部からも徴集されるようになった。その過程において、ヨーロッパ人に対抗しうるアフリカ人の広域政治共同体は破壊された。その一方で、ヨーロッパ人と結びついて奴隷徴集の実作業を引き受けるアフリカ人たちもいた。現在のナイジェリア南部に存在していたベニン王国や、現在のガーナに存在していたアシャンティ王国などの西アフリカ沿岸部の王国は、ヨーロッパ人との奴隷を中心にする貿易によって、十九世紀末にイギリスに軍事鎮圧されて併合されるまでは、繁栄した。

ヨーロッパ人とともに利益を得る集団と、収奪の対象として未開の内陸へ内陸へと分散しながら逃走せざるをえなかった集団。奴隷貿易はアフリカ大陸をふたつに分断し、引き裂いていった。一方は「奴隷貿易国家」としていびつな隆盛を見せ、もう一方は奥地で分散しながら奴隷化を避けるということを強く意識した生活をつくっていかなければならなかった。

奴隷貿易によって利益を得る側に立った一部のアフリカ人たちは、アフリカ大陸全域を蝕んだ病理の拡大に手を貸した。ヨーロッパ人と協力するか、奴隷になるか、という厳しい二分化の状況が生まれたのは、世界システムにおいてアフリカが典型的な周辺地域であったからにほかならない。

大西洋三角貿易

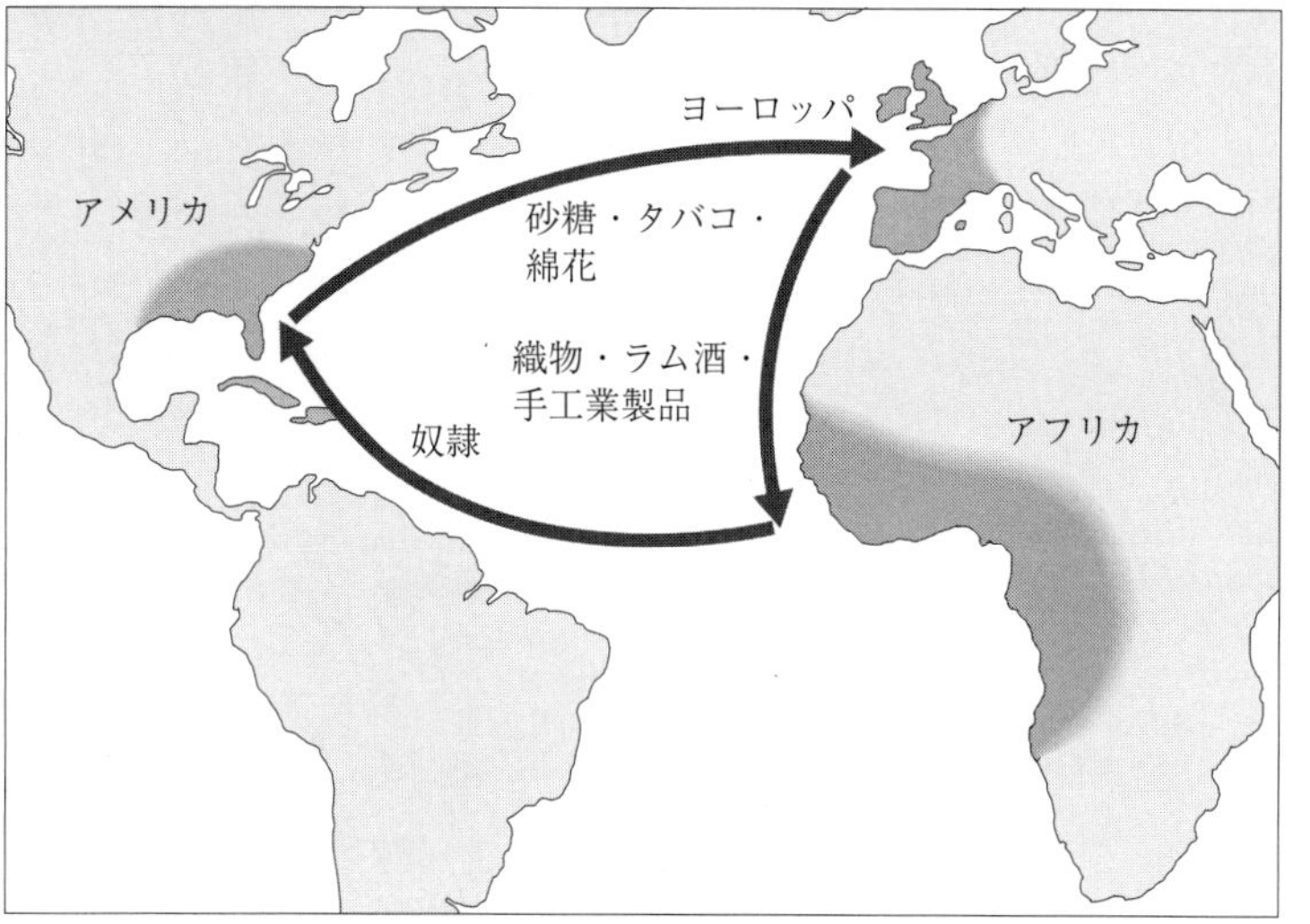

こんどは帝国主義的分割と併合の対象に

大陸の外のシステムからやってきたヨーロッパ人が、アフリカ大陸を奴隷供給地とみなし、暴力的にアフリカをシステム内に組みこんだという性格にも、奴隷貿易の衝撃の要因はある。

アフリカ大陸が、ヨーロッパと北米植民地を結ぶ大西洋に広がる「三角貿易」の一角を形成する「周辺の周辺」となったのは、アフリカに住む人びとの伝統的な生活とはまったく無関係な事情によってであった。これは拡張する世界大の資本主義を支える奴隷制プランテーションに不可欠な労働力の供給地としてだけ、アフリカがみなされたことを意味した。世界経済システムを、いわば最底辺以下の存在として支えたのがアフリカなのであった。

十九世紀にイギリスが覇権を握る新しい世界経済システムが確立されていくなかで、奴隷貿易はようやく段階的に廃止されていった。しかしそれはシステムからの解放ではなかった。

産業革命の進展によって、アフリカから労働力を徴集する必要性が消失した。しかし代わりにアフリカからは一次産品が収奪され、世界経済システムのなかでヨーロッパ人の利益になるようなかたちで輸出されていった。こんどは、アフリカ人たちは天然資源の収奪や加工のために動員され、そして安価な貿易品を購買する市場としても存在することが期待されるようになった。

そのようにヨーロッパ列強が経済権益の確保を競う過程のなかで、アフリカ大陸は徐々に領域的囲いこみの対象となり、帝国主義的分割と併合の対象となっていったのである。

一八八二年、エジプトがイギリスの保護国となるが、それは一八七五年にイギリスがスエズ運河会社の株を購入して経済権益の独占を図る過程の延長線上で起こった事態であった。

一八八四年から八五年にかけて開催されたベルリン会議においてドイツ帝国宰相のオットー・フォン・ビスマルク（一八一五〜一八九八）は、「アフリカの地図はヨーロッパにある」と述べたが、そのようにヨーロッパ人たちが、みずからのあいだの紛争の激化を回避するためにアフリカ大陸を領域的に囲いこんでいく方法を話しあって合意しなければならなかった背景には、世界経済システムの変容があった。

一八七八年には、やはりビスマルクが主宰するバルカン半島をめぐるベルリン会議が開催されていたが、その歴史的意味は同じだったと言える。ヨーロッパ発の資本主義の世界システムの拡張にともなって、ヨーロッパの周辺地域を、そして隣接大陸を、精緻にヨーロッパ列強によって分割していく必要性が生まれていたということである。

奴隷貿易の時代が終わったことによって、欧州列強による領域国家化が必然的にアフリカ大陸にももたらされなければならなくなった。スーダンにおけるマフディー運動、西アフリカの諸帝国の抵抗、タンザニアのマジ・マジ反乱などの度重なる反乱が鎮圧され、数十万人規模のアフリカ人たちがヨーロッパ人によって虐殺された。奴隷として海洋や異国で死んでいくのではなく、生活の場で反乱者として抹殺されていったのである。それは大西洋奴隷貿易が終焉し、新しい世界経済システムのなかで、欧州主権国家群の後背地《ヒンターランド》としてアフリカ大陸が領域支配されていく過程のなかで起こった悲劇であった。

「独立後ブラック・アフリカにおける社会的争い」

ウラジーミル・レーニン（一八七〇～一九二四）は二十世紀初頭に、『帝国主義論』でマルクスの分析を発展させて、帝国主義とは世界的規模の搾取構造の顕在化であると論じた。したがって植民地支配の解体によって、国際的な格差構造の消滅も実現するはずなのであった。

二十世紀の世界大戦によって欧州の帝国は崩壊し、さらに脱植民地化の大きな国際的政治運動は無数の新興独立諸国を生み出した。これによってたしかに世界経済システムは新しい展開を見せるはずだった。

しかし、実際に経済格差によって不利な環境に置かれている人びとが、ただ単に帝国支配が終わったというだけで、自動的にその環境から脱け出せるわけではない。政策的努力によって、相当程度に脱け出せる場合もあるだろうが、失敗もあれば、必ずしも簡単には脱け出せない場合もある。アジアとアフリカの二十一世紀の経済状況のちがいは、そのふたつの道筋を大枠で示すものだと言える。ウォーラーステインは、二十世紀後半以降の世界システム論における脱植民地化後のアフリカについて、どのように語っていただろうか。

実際のウォーラーステインの著作は、ヨーロッパにおける資本蓄積の経済システムを歴史的に追っていくものが主なので、必ずしもアフリカは頻繁に登場するわけではなく、まして現代アフリカについて世界システム論のなかで大々的に語られているわけではない。

しかし、世界システム論の著作群を刊行しはじめる前のウォーラーステインは、米国アフリカ学会の会長まで務めたほどの著名なアフリカ学者であった。必ずしも世界システムという概念で体系的にアフリカの歴史を整理していたわけではなかったが、アフリカについて多く語ってはいた。[*12] アフリカ問題への考察は、むしろ世界システム論の発展の前段階として、ウォーラーステインの著作群のなかで存在している。

「独立後ブラック・アフリカにおける社会的争い」と題された論考では、アフリカにおける人種、民族、部族、エスニック集団といったさまざまな概念で呼ばれるものについて考察がおこなわれていた。ウォーラーステインによれば、さまざまな身分的な集団は、「階級の不鮮明な集合表象である」という。つまり人種や民族のような身分的集団は、じつは社会的な表象として構築されたものであり、階級意識のようなものによって形成されている。

ウォーラーステインは、世界システムという概念を参照しながら、次のように述べる。

国々の事例は、……世界システムの一部分なのである。国内システムの中の身分と威信は、……世界システム内の地位やランクと無関係なものではありえない。国内的な身分集団と同様に国際的な身分集団がある。われわれが人種と呼ぶのは、本質的にこのような国際的な身分集団のことである。[*13]

こうしてウォーラーステインによって、アフリカで頻発する人種や民族の集団間の紛争とされるものは、じつは世界システム内の身分集団間の紛争として、しかも世界システムによって構築された階級の表象として、表現されることになる。つまり世界システムにおけるさまざまな階級的な人間集団の形成が、人種なり民族なりの意識に影響を与えているのであり、したがって世界システムの動きこそが、紛争をつくりだしているということになる。

「現代アフリカにおける階級と階級間の争い」

さらにウォーラーステインは、「現代アフリカにおける階級と階級間の争い」という論考のなかで、次のように論じている。

官僚ブルジョワジーが追求したのは、外来の非土着的分子が従来果たしてきた役割を（部分的に）自分がとって代わって果たそうというものだった……。彼らは自分自身でそれを行なうことができると考えた。[*14]

新たな独立国家で国家機構を握った者たちは、植民地下の国家のありかたを変えるのではなく、単に自分たちが旧宗主国の役人になりかわり、同じ役割を演じることをめざした。その際に民族主義（ナショナリズム）の看板が掲げられるのは、「官僚ブルジョワジー」の都合によるものでしかない。

ウォーラーステインは続けて述べる。

世界経済の周辺諸地域においては、第一義的な矛盾は、国家構造体の支配権を手中に入れようとする、あるいは左右しようとする、国内の二つの集団の間にはない。第一義的な矛盾は、中核諸国の組織された利益集団および現地でのその同盟者を一方とし、その国の大多数の人びとを他方とする、両者の間にあるのである。[*15]

つまり、国際法上の制度的な存在である国家の個別性を信用しすぎて、紛争は国家の国境線に沿っておこなわれるか、あるいはせいぜい国家の分裂というかたちでおこなわれるだけだと考えるのは、ウォーラーステインにしたがえば、近視眼的である。

世界システム論の考えかたに立てば、紛争は国境横断的に発生する。なぜなら世界システムの基本構造は国家横断的なものであり、国境にとらわれない矛盾の構造を抱えているからだ。

世界システムの中心と周辺のあいだの矛盾は、国家単位で成立するものではなく、むしろ国家横断的に、生まれる。世界システムの中心においても、疎外される人びとは存在する。世界システムの周辺においても、システムの中心につながっている階層と、そうではない圧倒的な多数の人びとの階層のあいだに、断層が存在するのである。

脱植民地化の直後におけるアフリカ諸国の分析ではあるが、世界システム論の開始を彷彿《ほうふつ》させる視点でウォーラーステインが議論を発展させるとき、そこには二十一世紀のアフリカにも通じる問題群が示されていたと言うことができるだろう。

土着の政治共同体がまず「大西洋奴隷貿易」時代の世界システムによって歪曲《わいきょく》化されてしまった後、搾取のメカニズムとしか言えないような欧州列強の主権国家内植民地支配がもたらされた。その後に拙速なかたちで進められた脱植民地化は、長期的な安定的発展にはそぐわない、いびつな国家機構を次々とつくりだす結果をもたらした。このことがもつ意味について、次節において、さらにいっそう現代的な視点から検討をしていきたい。

3　国際秩序の陥穽

「代理戦争」の主戦場

冷戦時代からアフリカでは地域紛争が多発した。冷戦後世界においても、アフリカでは地域紛争が多発している。それは世界システムの外部で起こっている現象というべきではないだろう。アフリカはシステムの周辺部として、つまりシステムの内部にありながらシステムの矛盾を露呈するかたちで、武力紛争を引き受けている。

冷戦時代のアフリカは、いわゆる「代理戦争」の主戦場であった。米ソの対立が、世界システムの中心部において起こっているとき、両超大国は実際の戦闘は起こさなかった。代わりに米ソは代理的な戦争を誘発し、地域紛争に肩入れしていったのだが、それは主にアフリカや東南アジアの新興独立諸国においておこなわれた。

資本主義経済システムにおいて、中心部の金融資本が、周辺部の天然資源を収奪するのとまったく同じように、中心部の政治闘争が、周辺部の権力構造を収奪するしくみが、冷戦時代には成立していた。ひとつまたひとつとアフリカの国家権力がソ連の同盟国になっていくとすれば、ひとつまたひとつとアメリカに支援された反政府ゲリラ勢力が内戦を挑んでいく、といった様相で、冷戦時代の地域紛争は展開していった。

冷戦の終焉とともに、アフリカにおける地域紛争の構図は溶解したはずであった。実際に、冷戦時代型の「代理戦争」は消滅した。

しかし、代わって、アンゴラのように反政府ゲリラが天然資源を国際金融資本に売りつけることによって資金調達を図ったり、あるいはリベリアのようにそのまま国家権力機構を奪取して天然資源を独占してしまったり、ソマリアのように海外の資金提供者や地域のネットワークと武装勢力や海賊勢力が結びついていたりと、さまざまなかたちで国境を越えた資本の流れと結びついた地域紛争のパターンが展開していった。

最近のマリなどのサヘル地域での武力紛争の多発は、明らかにリビアからの武器の流出などのアラブの春以降の北アフリカ情勢に影響されたものであり、より大きな文脈では対テロ戦争の時代のイスラム過激主義の浸透によって触発されたものである。

周辺部には構造的な分裂がある

日本人がアフリカの地域紛争を見る際には、小さな部族と小さな部族が民族的な確執で対立を深めるといったイメージを抱きがちであるが、実際のアフリカの紛争は、部族と部族の対立などといった小さな構図で説明しきれるものではない。国家の統治機構が脆弱であるがゆえに、国境を越えた情勢に影響されやすく、国境内部で完結したしくみで武力紛争が発生していることはまずほとんどありえないのが実情だ。

イスラム教も浸透しているためイスラム圏の動きにも過敏に反応せざるをえず、植民地時代から世界的規模の資本ネットワークが浸透しているため、世界的な市場の動きにも敏感に反応していくのがアフリカだ。ただ、アフリカは典型的な世界システムの周辺部として、システムの中枢を動かすようなことはなく、世界システムの中心部の動きに振りまわされたり、同じアフリカ人を搾取するかたちであっても世界システム内で姑息に利益を得ようとするアフリカ人に振りまわされたりするのである。つねに世界システム内であったが、つねに「周辺」であったのが、アフリカである。

ただし注意しなければならないのは、「周辺」は一枚岩ではないということである。ウォーラーステインがくりかえし強調したように、周辺部では、中心部の勢力と結託して利益を得ようとする者と、そのようなアクセスをもたない者とのあいだに矛盾が生まれる。「大西洋奴隷貿易」において、収奪者と結託したアフリカ人が、他のアフリカ人を収奪したのが典型例である。構造的な矛盾が内部に走り、それによって内部が分断されてしまうのが、周辺部の特徴だ。

したがって世界システム論でアフリカを見るのが正しいのか、複雑な諸民族集団に細分化できる大陸としてアフリカを見るのが正しいのか、と問うのは、必ずしも適切ではない。アフリカが複雑な民族集団を内部に抱える脆弱な国民国家群しかもたない大陸なのか、国民国家形成がなされていないために複雑な民族集団の存在が目立ってしまう大陸なのかは、ニワトリとタマゴのような問いであり、どちらか一方が完全に正しかったりまちがっていたりするというものではない。

同様に、国民国家形成が未発展であるがゆえに世界システムの周辺に置かれているのか、世界システムの周辺に置かれてきたがゆえに国民国家形成がなしとげられないのかは、二者択一で選択できるような問いではない。

つまり、アフリカは世界システムの周辺に置かれ、そして国民国家形成が未発達であり、そのふたつの事実は相互に影響しあう関係にある。

新家産制国家としてのアフリカ諸国

冷戦時代であれば、どちらかの超大国が、それぞれが好む国の政府と良好な関係をつくりあげ、外部資金に依存した国家運営を許してしまっていた。その背景には、外国勢力と結びついた権力者たちの自己保身の姿勢があった。

政府のパトロンとなっている超大国からの資金提供の利益を享受できない者たちは、別の超大国からの資金を得て武装闘争に入っていくという状況が、基本的なパターンであった。そして政府機構にも加わることなく、また政府機構を奪取する試みに参加することもできない圧倒的大多数のアフリカ人たちは、ただ戦争の被害に遭うだけであった。

日本国内有数のアフリカ研究者である武内進一《たけうちしんいち》（一九六二〜）は、冷戦時代に典型的に見られたアフリカの国家のありかたを、「ポストコロニアル家産制国家」（post-colonial patrimonial state／ＰＣＰＳ）と呼んだ。

ＰＣＰＳにおいては、国家機構とは、経済的資源を配分する権限へのアクセスのことを意味する。権力を握った者は、みずからに頼る者たちにたいして優先的な資源配分をおこない、権力基盤を固めるために、国家機構を活用する。このようなパトロン＝クライアント関係によって国家運営がなされるのは、冷戦時代の超大国が、積極的に国際的な裏づけを与えて国家機構を握る権力者たちを手なずけようとしていたからにほかならない。

冷戦の終焉は、超大国を頂点として国内社会の隅々にまで行きわたったパトロン＝クライアント関係が、もはや以前のようには機能しないだろうことを意味した。

たとえば一九九四年のルワンダにおけるジェノサイドなどは、冷戦時代にＰＣＰＳにおいて国家機構を握ることによって利益を確保していた集団が、冷戦終焉後の現象によって追い詰められておこなった行為であったと描写することもできる。冷戦終焉とともにＰＣＰＳのしくみが崩壊しただけで、なにも取って代わることがなかった典型例としては、ソマリアをあげることができるだろう。ただし、冷戦終焉後の世界においても、開発援助を目的にした資金であれ、より政治的な意図をもって提供される資金であれ、さらには資本主義のなかで天然資源などの対価として動かされる資金であれ、国家機構を単なる収奪マシーンとして利益を得る勢力を手助けする国際的な資金の流れは存在する。

国家の機能不全

国連などの国際機関の調査研究や、紛争解決の専門家たちは、頻発するアフリカの地域紛争を主要な分析対象としてきた。世界銀行やOECD（経済協力開発機構）の主要委員会であるDAC(Development Assistance Committee／開発援助委員会)、国連開発計画（UNDP）などの開発援助に携わる機関も、分析作業をする内部組織を立ち上げ、数多くの紛争原因を探究する報告書類をまとめあげてきた。

そこで議論されてきた論点のうちの代表的なもののひとつは、国家の統治機構の脆弱性が、あらゆる側面で紛争を助長させる要因になっている、というものである。

そもそも先進国の基準でみれば国家としての統治が機能しているとは言えない程度の国家機構しか存在していないことも多々ある。

たとえば、汚職が内部から国家機構を蝕んでいる場合や、独裁政権が特定の部族集団のみを優遇して、深刻な政治対立が国家を分裂させている場合などは、よく見られる現象である。戦争などによって制度・インフラ・生活コミュニティが破壊されてしまった場合も国家運営に重大な支障をきたすが、国家機構を担う職員としての能力をもつ知識階層の人びとが不足している場合も、やはり深刻な事態をもたらす。

だがいずれにせよ結果として、国家の機能不全という現象が広範に見られるようになってしまったことが、アフリカ大陸の多くの地域で紛争が蔓延した背景にあると、多くの研究分析は指摘する。

おそらく、アフリカ大陸の国家は、アジアなどの世界の他の地域の諸国と比べても、きわめて人工的な性格が強い。つまり、土着の歴史的習慣によって形成されている人びとの生活集団とは乖離したところに、ヨーロッパの列強が世界システムにもとづく奴隷貿易や植民地支配体制をつくったことの悪影響が、アフリカにおいて顕著なのである。

アフリカ人たちは脱植民地化の過程で植民地支配を追い払い、アフリカ人を支配者とする体制で独立をはたした。しかし実際には、アフリカの実状に応じた国家領域の再編はもちろん、統治体制の整備もほとんどおこなわれなかった。むしろ現地の事情とはかけ離れたところにつくられたヨーロッパ人たちの植民地支配体制を、ひと握りの人びとが受け継いだにすぎないような場合も多々見られた。

植民地支配という人工的な統治機構を、統治者をアフリカ人にすげかえただけで、そのまま新たに独立した国民国家の枠組みに適用するのであれば、それはやはり大多数の人びとの生活からはかけ離れた人工的な国家機構だけが存在することになる。そして植民地支配体制がもっていた人種差別、政治権力の濫用、経済資源の収奪などの特徴が、そのまま新しい国民国家のなかにも引き継がれていってしまうことになる。

土着社会と人工的国家制度の乖離

アフリカは、現代世界の国際秩序のゆくえがもっとも危機的なかたちで挑戦を受けている地域だ。国民国家の自然な存在を信頼して、世界の分割統治体制を原則にしている国際秩序にとって、アフリカにおける国家の人工的性格は、秩序の存続にかかわる根本的な挑戦である。だからこそ国際社会は、数多くの形態の介入を通じて、アフリカ諸国の立てなおしに躍起となる。

ただし、国際機関や援助国が、永続的にアフリカ諸国を動かしていけるわけではない。外部からの援助者も、アフリカ人の「オーナーシップ」を尊重し、その発展を期待するという立場をとる。しかし人工的な国家を通じて表現される「オーナーシップ」に期待して社会の安定を狙うことは、必ずしも特効薬ではない。かえって問題を悪化させたり、複雑にしたりしかねない。

アフリカは、ヨーロッパ列強の帝国主義的拡張の絶頂期に植民地化され、現地事情を完全に無視するかたちで統治機構が導入され、しかし準備期間もなく脱植民地化運動の熱情によって拙速に独立していった国々の大陸である。そして貧困、低開発、感染症などの諸問題が、社会基盤を脆弱にしている地域である。他地域で歴史的な変遷を経て確立されている国民国家のしくみが、少なくとも強固には根づいていない地域なのである。こうした事情が、アフリカの紛争問題に、構造的な背景をつくりだしている。

そもそも伝統的にアフリカ大陸には、領域性の観念が乏しく、人間の移動性が高い社会が多かった。ほとんどが無文字社会であり、無政府的といえる社会も多かった。アフリカで伝統的に存在したのは、ヨーロッパで発展した国民国家のモデルとは対極的な社会集団であった。

植民地化によって暴力的にヨーロッパが広めた国際社会の一部とさせられ、独立をはたした後には人工的に植えつけられた制度を前提にした国家運営を余儀なくされたアフリカ諸国では、現実のアフリカの土着社会と、人工的に植えつけられた国家制度とのあいだの乖離が深刻なものとなった。

一九八〇年代に世界銀行とＩＭＦが導入した構造調整政策は、数多くのアフリカ諸国を不安定にさせ、結果的に一九九〇年代に多発した武力紛争を用意したと考えられている。なぜなら、なかば強制的に財政健全化を図らざるをえなくなったとき、もっとも大きなしわ寄せが失業者となりがちな社会的弱者に押しつけられ、蓄積した不満が紛争を用意したとみられているからである。

世界銀行もＩＭＦも、社会不安を狙って構造調整策を導入したわけではない。政府が機能していない状況を改善し、政府機能を高めるために、まさに社会構造に踏みこんだ調整を促進しようとした。彼らが失敗したのは、方向性は正しいとしても、アフリカ諸国がどのような反応を示すかを、政治的・社会的要素も含めて分析することができなかったからである。

コリアの視点

学生時代には左翼運動に参加しながら、世界銀行での勤務経験をもち、自由主義経済システムの内部からの変革を模索するポール・コリア（一九四九〜）という人物がいる。彼はウォーラーステイン流の世界システム論の視点が、どのような具体的な政策課題を現代国際社会につきつけているかを明らかにしていると言える。

コリアは、世界に存在する数多くの深刻な問題は、「最底辺の十億人」が住む地域に集中して発生しており、その多くはアフリカに集中している、と指摘した。最底辺の人びとは、最底辺の立場にいるがゆえに、最底辺の立場から抜け出せない悪循環に陥りがちだ。彼らが最底辺にいるのは、紛争の罠、天然資源の罠、内陸国の罠、といったいくつかの構造的に存在する罠があるからであり、その罠が根本的に取り除かれるのでなければ、彼らは悪循環から抜け出すことができない。[*16]

コリアが論じたのは、「後発国」としての「発展途上国」は、たとえ時間がかかっても先進国と同じような過程をたどって発展をしていくと考える「近代化」理論が、妥当性を失っているということであった。

「発展途上国」のなかには、構造的に不利な条件による慢性的な悪循環から脱け出せない場合と、そうではない場合がある。

経済格差が広がる場合でも、単純に資本をもっている者（とその子孫）が永遠に富を独占しつづけるというわけではないだろう。格差社会においても、富裕層の移動と変動は起こりえないわけではない。ただ構造的にきわめて不利な立場に置かれているため、上位の経済階級に移動することもきわめて困難な人びとも存在するということである。

しかも富裕層と貧困層を、国の単位だけで振り分けてしまうことは、必ずしも適切ではない。世界的規模の経済格差とは、主権国家の単位で振り分けられるようなものではない。天然資源開発などによる名目的な経済成長を一部の利権独占層だけが貪っているだけにすぎないような国では、同じ主権国家のなかに「最底辺の十億人」に属する人びとと、そうではないエリート層とが分化してしまっている。

今日の国際社会において課題となっているのは、全体的な実力の底上げではなく、いわば格差社会のなかで落ちこぼれてしまった人びとを悪循環の泥沼から脱け出させることにある。

「中心」と「周辺」の「格差」は、貪欲に利益を求める人間たちがつくりだす資本主義の運動がつくりだす矛盾である。その矛盾が深刻な地域では、深刻な矛盾を拡大再生産する紛争が引き起こされるのだと言える。

大局的な視点をもって個々の紛争構造を見ていく姿勢を忘れないようにしなければ、われわれは紛争分析の重要な要素を見失ってしまいかねない。

第六章 成長の限界

――アメリカの「明白な運命」と進歩主義の未来

1 「自由の帝国」は限界をもつか

アメリカこそが紛争の元凶か

ここまでいくつかの理論的視座を手がかりにしながら、現代世界の紛争の構造について、世界の各地域の特徴をとらえながら、論じてきた。しかし多くの読者からは次のような疑問が提示されるかもしれない。

細かな地域紛争が多発しているのは確かかもしれないが、けっきょく、世界大の影響を与えるのは超大国アメリカによる戦争なのではないか？　アメリカがおこなっている戦争の構造を論じることなくしては、現代世界の紛争の特徴をとらえたことにはならないのではないか？

仮に世界のすべての紛争の元凶がアメリカだと断言するのは誇張だとしても、アメリカが関与する戦争こそが国際社会に構造的な影響を与える戦争ではないか、と問うてみることは可能だろう。

アメリカとは、つねに覇権的な国としてふるまうことを運命として受け入れようとする特異な国であった。そして強迫観念のように発展しつづけることを求めるアメリカは、今日の世界がいかに「成長」することにとらわれているかを象徴する国でもある。けっきょくのところ、無限に進歩しつづけることを善として称賛する態度こそが、アメリカという国が常に見せる態度であり、二十世紀の世界が大前提とした態度であった。

十八世紀末にイギリスからの独立を勝ち取った十三の北米大陸の植民地は、西へ、南へと、アメリカ合衆国の領地を広げつづけた。その拡張運動は、二十世紀になるまで、太平洋を越えて広がりつづけた。その後アメリカはさらに、軍事的関与を通じて、市場経済を通じて、その影響力が及ぶ範囲を広げつづけた。そして冷戦の終焉とともに、その影響力はさらにいっそう世界的規模になったのである。

このアメリカの影響力の拡大は、「グローバルな」自由主義的な政治的価値規範と、やはり「グローバルな」市場経済の資本主義体制によって裏づけられていた。

近年ではさらにインターネットなどの発達により、電子仮想空間を通じてまで、拡張主義は続いている。世界の覇権国として、アメリカはみずからの影響力を、「グローバルな」基準の名の下に広げつづけることができたのである。

アメリカ建国の父のひとりであるトマス・ジェファーソン（一七四三〜一八二六）によって有名な「自由の帝国」の概念は、アメリカの建国以来の特異な拡張主義を思想的に説明するものとして、今日でも頻繁に参照される。あるいは現代世界の文脈で言い換えれば、自由主義の勝利としての冷戦終焉後の世界において、「自由主義の帝国」を維持発展させようとしているのが、アメリカであると言うこともできるだろう。[*1]

この第六章ではまず、アメリカの拡張主義の要因を、「自由主義」の思想の観点から検討する。アメリカが標榜する「自由主義の帝国」の思想こそが、その不断の拡張主義を支えているものであり、そして世界にくまなく広がるアメリカの影響力の源泉だと言うことができるからである。

はたしてアメリカが標榜する「自由主義」は、無限の発展をアメリカ（とアメリカが主導する世界）に約束しているのか？　もしそうだとすれば、アメリカの「帝国」は安泰だろう。しかしあるいは「自由主義」の進展にも限界があり、政治・経済の両面においてやがて「成長の限界」と呼ぶべき現象が起こるとすれば、そのときはアメリカの「帝国」もまた壁に直面することになるだろう。

アメリカの「グローバルな」規模での影響力の拡大は、さまざまな場面でさまざまな性格の軋轢《あつれき》を生みだしてきた。そしてさらに今日では、さらに根源的な問いに直面している。なんどとなく克服されてきたとされる「成長の限界」は、はたしてほんとうに回避しつづけられるものなのか、という問いである。

既存の国際社会が「成長」を止めたとき、なにが起こるのか。アメリカの覇権に依存した国際秩序について問いなおすということは、「成長」を前提にした秩序それ自体について問いなおすことに等しい。

本章では、アメリカの紛争を問いなおすために、そもそもアメリカが特別な国に上りつめた近代という時代の神話である「成長」について考える。つまり、人類は「成長」をしつづけており、無限に「成長」することは可能である、という自由主義の思想の特徴とも言える神話について考える。

そして「成長」をはたした国が特別な地位を占めるのが当然であり、特別な国であるならば無限に「成長」することをめざさなければならない、というアメリカの特別な存在に結びついた神話について、問いなおす。

「神話」が「成長の限界」に直面して崩壊するとき、近代においてアメリカが代表してきた特別な地位もまた崩壊するだろう。それこそが、アメリカの戦争について考えるとき、われわれが真に問いなおさなければならない問いだ。

古典的な自由主義

まず、覇権国アメリカと結びついて二十一世紀の世界の支配的イデオロギーとなっている「自由主義」が、なぜ拡張主義と結びつくのかについて、自由主義の理論の枠組みそのものを見ながら確認してみたい。

自由主義とは、十七世紀ごろからのヨーロッパ市民革命の時代に形成されてきた思想体系である。もっとも古典的な自由主義では、人間の権利としての政治的自由を絶対視する思想と、市場原理にもとづいた経済活動の自由を絶対視する思想とが、分かちがたく結びついてひとつの思想体系をつくる。

その思想的体系は、十八世紀以降のイギリスにおいて完成を見た。そして大英帝国の栄華によって、世界に大きな影響を与えた。十九世紀から二十世紀にかけて、かつてのイギリスが及ぶこともできない巨大な影響力を誇ったのが、独立革命以降、自由主義国家の雄としての地位を獲得して不動のものとしたアメリカ合衆国であった。

イギリス名誉革命や、アメリカ独立革命に大きな思想的影響を与え、あるいは革命の思想的体系をもっともよく表現するものとして知られているのは、ジョン・ロックの哲学である。

ロックは、『市民政府論』として有名な『統治二論』の「第二論文」において、諸個人がもつ自然権を基盤にした政治社会の構築を理論的に説明した。ロックによれば、人間はすべて生命、自由、財産への自然権をもっている。しかもその自然権は、ホッブズが洞察したような戦争状態を招いたりもしない。自然状態においてすでに自然法が存在し、社会の秩序をつくりあげるからである。

その秩序をよりよく守るために、政府も必要とされる。したがって政府が人びとの権利を侵害する場合には、信託違反行為があったとして、人びとは革命権に訴えてでも、政府を変更してよいことになる。それくらいに諸個人の自然権は、絶対的に擁護されなければならないものであった。

こうした自由主義の政治的側面のみならず重要なのは、自由主義の経済的側面である。ロックの自然権は、所有権の絶対性も要請するのであった。みずからの身体にたいする所有権は、神聖不可侵である。その延長線上に、ロックは物にたいする私的所有権もまた、自然権によって擁護されるべきものだと考えた。その背景には、人間の労働の所産として生産が生まれるので、人間の所有物とは自己の労働の対価である、という考えかたがあった。

もっとも、無駄に土地を占有したり、他人の所有権を侵害したりしないといった自然法的な規範は、私的所有権についても制限を付すものであった。しかしロックは、貨幣の導入を通じて、富は無限に蓄積されうるという議論を展開した。自然法を侵すことなく、貨幣を通じて、無限の富の貯蔵および賃労働を媒介にした占有地の拡大が可能だと考えたのである。賃労働とは、他人の労働の余地を拡大するだけでなく、荒蕪地《こうぶち》の耕作による新たな生産をもたらし、社会全体の富の増大につながる、とロックは考えた。

いわばロックは、貨幣経済の活動は、人間の自然権に根ざした神聖な行為であり、それは富の拡大という社会全体の善ももたらすものだとして、称賛したわけである。ロックが、政治的な自由主義だけではなく、資本主義の成立においても重要な理論的基盤を提供したと考えられているのは、こうした議論のためである。[*2]

「先取の権利」を擁護したロックの議論は、多分に新大陸の発見を意識し、その開拓を正当化する性格を持つものであった。したがって北米大陸に住むことになった人びとにとっても、ロックの思想は魅力的なものであり、やがて独立革命の際には理論的基盤となるものであった。一七七六年の北米十三植民州の「独立宣言」が、ロックの思想を色濃く反映した文書であったことは、よく知られている。

自由主義の帰結としての市場経済

ロックの自由主義の思想における経済的な含意を、さらに発展させたと言えるのが、十八世紀に登場したアダム・スミスであった。スミスによれば、分業こそ生産力拡大の最大の要因である。分業は交換のシステムによって促進される。分業と交換のシステムとしての資本主義のしくみによって、各人は特定の職業に専念し、自己の利益を求めて行動しながら、結果的に社会全体の富の増大に貢献していく。

スミスの説明によれば、自分の生産物を提供することによって、他人の生産物を獲得する分業と交換の資本主義のシステムは、自己利益の追求が社会的利益の増大に直結しているシステムである。

さらにスミスの議論によれば、市場経済の自律的な自動調整機能によって、市場にもたらされる商品の量は、自然的に有効需要に一致する傾向をもつ。市場のメカニズムこそが、生産における各人の貢献を正当に評価し、人びとの満足の最大化も達成していくものである。つまり分業と交換のシステムとしての市場経済は、公正配分を維持するためのシステムでもあった。[*3]

このような神秘めいた市場の魔法の力こそ、「神の見えざる手」として知られるようになる資本主義のイデオロギーの中枢を占める思想である。「神の見えざる手」は、まさに不可視であり、その存在を洞察し、存在を信じる者にのみあらわれてくるようなものである。もしその存在を否定してしまうのであれば、すべては幻に見えはじめる。

資本主義の巨大な運動が、このような曖昧な理論によって正当化されたのは奇跡的なことであった。資本主義の進展にしたがって、その幻影的性格を鋭く批判するマルクス主義のような運動が生まれたことは、ある意味で歴史の必然であったと言えるだろう。だがスミスが生きた十八世紀当時、資本主義を正当化する議論は、現実のイギリス経済の驚異的な発展によって正当化されるように感じられたのである。

こうした事情は、イギリスからの独立を勝ち取った北米十三州に住む人びとにもあてはまるものであった。アメリカ社会の生産力の拡大は、「神の見えざる手」の存在証明になるのであった。

ところでスミスによれば、「愚劣と不正、これこそが、植民地建設の最初の計画を支配し指導した根本の動機であった」。だがそれは高いヨーロッパ文明と新大陸の「野蛮」が「発見」によって接触したという「偶然」によって不可避的に生じたものである。つまりヨーロッパ人側の勢力があまりにも優勢であったため、弱い原住民にたいして、なんら罰せられることもなく、さまざまな種類の不正不義を働くことができたのだという。「不正」の除去は、「対等な力のバランス」が達成されるときに、実現する。そのためには、知識と各種の改良の交流をもたらす国々相互のあいだの貿易よりも有効なものはない。[*4]

スミスは啓蒙主義的な進歩史観に立ち、「不正」は、文明化されていない人びとが文明化されて「進歩」することによって、解消されていくだろうと考えていた。そのためには貿易などを通じてヨーロッパ人が活動範囲を広げていくことが有効であった。後述するアメリカの「明白な運命《マニフェスト・デスティニー》」にも通じるような進歩主義にもとづいた自己肯定的な思想を、スミスは顕著にもっていたわけである。

進歩主義のイデオロギーとしての自由主義

政治的な側面のみならず経済的な側面からも正当化が図られた自由主義の思想は、十九世紀になるとさらに進歩主義のイデオロギーとして機能するようになる。自由の擁護こそが人間社会を発展させる原理であり、発展する社会こそが求められるべき社会だ、という観念が急速に広まったのである。

古典的な自由主義の思想は、まず十八世紀末頃にはジェレミー・ベンサムによって「功利主義」的なものにつくりかえられた。ベンサムによれば、正しい行為や政策とは、「功用」(utility)を最大化するものだと言い換えることができる。功利主義の原理として知られる「最大多数個人の最大幸福」とは、「ある行為が社会の幸福を増大させる傾向が、それを減少させる傾向よりも大きい場合には、その行為は〔社会全体について〕功利性の原理に、短くいえば、功利性に適合している」、という政策的な指針を与える概念である。[*5]

ベンサムの「功利主義」の影響力の源は、政治原理の中心を、個々人が持つ自由の権利から測定可能な個々人にとっての「功用」におきかえたことにある。それによって、社会全体にとっての功用の最大化を求めるという政策的指針が打ち出されることになった。個々人の幸福追求を尊重するという自由主義的理念が、功利主義によって、より社会工学的な指針を与えられるようになったのである。

ベンサムに強い影響を受けたジョン・スチュワート・ミルは、一八五九年の『自由論』において、「慣習の圧制」が「人間の進歩に対する不断の障碍物」となっていると述べたうえで、人間の個性を守ることが進歩を生み出すことを論じた。ミルによれば、功用とは、「すべての倫理的問題に関する究極的な人心に対する訴えである」。しかし、「その功用とは、進歩する存在としての人間の恒久的利益を基礎とする、最も広い意味における功用でなくてはならない」という。[*6]

古典的な自由主義とは異なり、議論の基盤はもはや諸個人が持つ自然権のようなものではない。功利主義者は、実際に功用があるのかないのか、そして功用が拡大するのかどうかを問題にする。最大多数個人の最大幸福を実現するからこそ、自由主義が擁護されなければならない。そして、自由が擁護されるべきなのは、権利としてだけでなく、社会を進歩させるものとしてなのである。

自由主義とは、進歩主義であるがゆえに、正当化され、推進されたイデオロギーであった。自由を守れば、政治に進歩が生まれ、経済に進歩が生まれるはずであった。自由主義を標榜することとは、進歩主義を標榜することと同じだったのである。

無限の進歩は可能か

だがもしそうだとすれば、自由主義を掲げても社会の進歩がはたされない場合には、自由主義の価値は低下するということだろうか。もし社会の進歩が、自由主義の正当化理由であるとすれば、自由主義によっても社会は進歩しない可能性があれば、それは自由主義それ自体の価値を減してしまうのだろうか。

さらに自由主義の政治的側面と経済的側面を見るならば、政治的自由は、はたして政治活動の進歩を約束するのか、そして経済的自由は、経済活動の進歩を約束するのか、と問われなければならないだろう。

政治活動の進歩については、どちらかというと曖昧な測定方法しか見いだされていない。だが自国の影響力の国際的な増大などは、あるいは進歩だとみなされうるものなのかもしれない。

これにたいして、経済活動の進歩は、より明快である。国家単位での国内総生産（GDP）の増大という指標によって示される経済成長によって、経済活動の進歩は測定可能だとみなす考えかたが支配的だろう。これは少なくともアダム・スミス以降に定着した考えかたのパターンである。つまり国家の単位で富の蓄積が可能なので、その蓄積の度合いをもって進歩とみなす、という考えかたは、きわめて近代的なものなのだ。

今日の世界で、政治的な進歩や経済的な進歩についてもっとも先進的な地位にあるのが、アメリカ合衆国である。それは偶然の産物ではない。アメリカは、意識して、そのような地位を獲得した。

新興独立国として、移民の国として、特別な使命をもった覇権国として、アメリカはつねに進歩を求めてきた。もし進歩が止まるならば、アメリカ合衆国の国家としての性格にも変質が起こるだろう。自由主義の雄としてのアメリカは、進歩主義の雄でもあった。

2　アメリカの「明白な運命」

覇権国アメリカと拡張主義

アメリカは世界中で戦争に関わってきている特別な国である。冷戦終焉後の時代だけをとってみても、アメリカは、湾岸戦争時のイラク、ソマリア、ハイチ、ボスニア・ヘルツェゴビナ、セルビア、アフガニスタン、イラクなどに、次々と軍事的な攻撃をしかけた。ハイチ、アフガニスタン、イラクの場合には、相手方の政権を倒し、体制転換を引き起こした。ボスニアやセルビアへの介入行動もまた、望むかたちでの和平合意の締結を引き出し、結果的には敵対勢力の顚覆《てんぷく》を実現した。

しかしアメリカの介入主義的行動は、冷戦が終わった後の時代に急に始まったわけではない。冷戦中も、ドミニカ共和国、グレナダ、パナマへの軍事介入およびキューバやニカラグアへの体制顚覆を狙った介入などが中南米諸国において見られた。アジアでは朝鮮戦争やベトナム戦争で実態として戦争主体として行動した。十九世紀から二十世紀初頭にかけての時代においても、アメリカ合衆国は中南米諸国になんどとなく介入した。

十八世紀末の北米の英国十三植民地の独立とその後の合衆国憲法制定によって始まったアメリカ合衆国は、一八四六〜四八年の米墨戦争によってテキサス州やカリフォルニア州をメキシコから奪って合衆国領土とするときまでには、北米大陸の両岸を包含する巨大な帝国的な国家となった。それは先

アメリカ合衆国の拡張

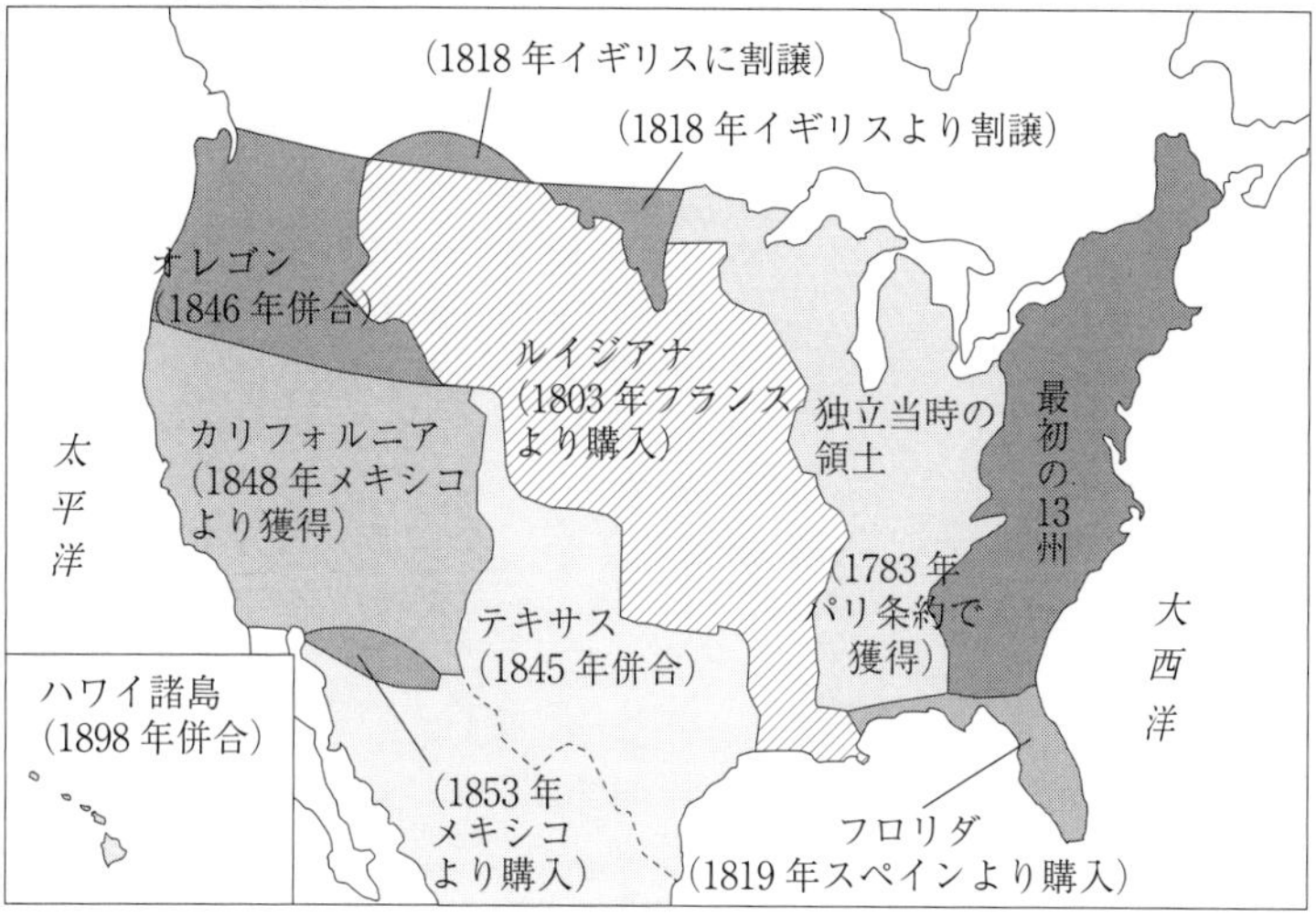

住民(アメリカ・インディアン)やメキシコを駆逐する拡張主義によって特徴づけられるものであった。

一八六〇年代の南部諸州による分離主義は、苛烈な南北戦争と、その後の連邦軍の軍事占領によって叩き潰され、アメリカ合衆国の拡張主義は、十九世紀末には米西戦争によるグアムやフィリピン、プエルトリコの領有とキューバの保護領化まで続いた。このような拡張主義の運動は、ときには他国にたいする介入的行動を通じて、進められた。

なぜアメリカ合衆国は、このような拡張と介入を追い求め、建国以来、戦争に次ぐ戦争を遂行しつづけてきたのだろうか。二十世紀のアメリカの介入主義の歴史は、「超大国」という「特別な責任」の問題として理解されるときもあるかもしれない。しかしアメリカ合衆国は、十九世紀においてすら、西半球世界における圧倒的な国力を背景にした覇権的地位を享受していた。

アメリカ合衆国は、第一次世界大戦でヨーロッパ政治に介入を始め、第二次世界大戦以降に世界の超大国として君臨するようになった。しかし、じつはアメリカは、十九世紀においてもやはり覇権主義的な国としての思想をもち、覇権的な国としてふるまっていた。いやそれどころか、建国以前の植民地の時期から、先住民にたいして、ヨーロッパから来た北米大陸の移民たちは、覇権的にふるまっていた。

アメリカの「明白な運命」

アメリカ合衆国は、進歩しつづける時代においてもっとも特別な役割を担うのは自分たちである、という強烈なイデオロギーをもちつづけてきた奇異な国であった。「明白な運命《マニフェスト・デスティニー》」という特異な論理を掲げて、領土獲得を正当化し、その膨張主義の原理を国民的使命として説いた特別な国でもあった。

「明白な運命」とは、神によって合衆国は政治的、領土的に卓越した国家となるべく運命づけられている、という思想を言いあらわす概念である。この表現自体は、一八四〇年代にアメリカに登場した。ただし同じ思想を言いあらわした別の概念は、それ以前の時代から存在していた。トマス・ジェファーソンが説いた「自由の帝国」の概念は、その典型例である。「自由の帝国」とは、奴隷制を擁護し、先住民を虐殺する「帝国」であった。*7

言うまでもなく、「明白な運命」の言説の陰で、白人入植者による身勝手な拡張主義がとられて、アメリカ合衆国は現在のような姿になった。奴隷は国家の一部ではあっても、市民ではなかった。先住民は、国家の一部ではなく、むしろ駆逐されるべきなにものかであった。

アメリカ合衆国は、征服と虐殺によって造られたヨーロッパ人の入植地が独立することによって生まれた国である。白人の到来前に現在の合衆国の領域には推定で二百万人以上のアメリカ・インディアンたちがいたとされるが、十九世紀末にはわずか二十五万人程度にまで激減していた。入植者たちの「明白な運命」にもとづく殺戮《さつりく》・排斥行為によるものであった。

インディアンたちは、白人との戦いに敗れて多数の死者を出し、あるいは強制移住によって強いられた過酷な生活で人口を失い、さらには理不尽なやりかたで虐殺された。そしてひとつの独自の居住集団としては事実上消滅してしまった。その結果、アメリカ合衆国は完成した。

南米と比べれば規模は大きくないが、同じような一方的な殺戮が婦女子に至るまでおこなわれた。見せしめのため、あるいは目的もなく、常軌を逸した残虐行為が横行していたことは、まったく同じである。今日、その記録を読む者は誰でも、暗澹《あんたん》たる気持ちになるだろう。むしろ数世紀前の南米よりも組織的に、国家的なお墨付きを得て、虐殺・凌辱《りょうじょく》が許容されていたことは、特筆に値する。

一八六七年に大平原諸部族と講和を交渉するために派遣された合衆国使節団は、その報告書のなかでつぎのように述べた。「われわれとインディアンとの戦争は、ほとんど絶え間がなかったといわれる。われわれは一貫して不正だったのであろうか。ためらうことなく答える。そうだ、と」[*8]。

征服者が、単に絶対的な支配体制を確立するのではなく、先住民を消滅させるほどに直接・間接の虐殺をおこなった例は、世界史のなかでも珍しい。「明白な運命」とまで呼ばれた思想が、確信犯的な政策を正当化したのである。植民地期の対インディアン戦争から二十一世紀の対テロ戦争までを、ひと続きの思想でとらえなおそうとする見かたは、客観的な範囲内で妥当なものだと言えると思われる。[*9]

介入主義のドクトリン

さらに十九世紀アメリカの拡張・介入主義を支えたのは、「明白な運命」論とも一致する「モンロー・ドクトリン」のような外交政策であった。モンロー・ドクトリンとは、アメリカ合衆国が、西半球「新世界」(New World)への欧州「旧世界」(Old World)の列強の不干渉を唱えた教義である。しかしそれはアメリカの勢力圏における介入主義を正当化するドクトリンでもあった。

一八二三年に第五代アメリカ合衆国大統領ジェイムズ・モンローが議会にあてて作成した「第七次年次教書」は、「旧世界」と「新世界」の相互不干渉を唱えたものであり、必ずしも「孤立主義」を述べたものではない。それは、西半球の新しい独立諸国が道徳的には優越していることを前提にして宣言されたドクトリンであった。[*10]

当時のあるロシア外交官の言葉が、ヨーロッパ各国のモンロー・ドクトリンの受け止めかたを如実に物語る。ロシアの駐ロンドン大使によれば、

「この宣言はマニフェストというべきものになっている。これを根拠とすることでワシントンの政府はヨーロッパで主流となっている原理を非難し、いわば東西両半球を結びつけている絆を切ってしまおうとしている。そして、民主的原理の守護者を自任しており、全世界の運命の最終判定者を気取っている」

モンロー大統領の宣言は、独立戦争後しばらくの間、妥協的な姿勢でヨーロッパ各国と接していか

なければならなかったアメリカ合衆国が、国力を整えて、独自の原則を表明するほどになったことを示していた。「ここで主張しているのは、アメリカ合衆国が別の標準、いわばアメリカン・システムを確立し、アメリカ流の個人的獲得の自由を最大限に保障することで法的秩序を実現する世界となったこと」であった。そしてモンロー・ドクトリンは、「ヨーロッパ公法秩序という枠組みに変革を迫るマニフェストとしての力を持つ」ものとして、アメリカ人たちによってくりかえし参照されていくことになったのである。[*11]

十九世紀になって国力を増大させはじめていたアメリカは、太平洋に面した北米西北地方の領有権を獲得する機会を、虎視眈々と狙っていた。神聖同盟諸国（ウィーン会議後に形成されたイギリスをのぞくヨーロッパ諸国の保守・復古的同盟）を牽制することは、アメリカの西部への膨張という「明白な運命」のためにも、必要なことであった。実際にアメリカは、十九世紀なかばにはテキサスを併合し、メキシコに戦争をしかけて圧倒的な勝利を収め、オレゴンとカリフォルニアを獲得して、太平洋岸に到達した。一八四〇年代に大統領を務めたジェイムズ・ポーク（一七九五～一八四九）は、ヨーロッパに併合される恐れのある領土を併合することが合衆国の義務である、というモンロー・ドクトリンの含意を明確化した。

「植民地主義」や「新植民地主義」を非難する者は、ヨーロッパ列強のアジア・アフリカ地域での帝国領土の拡張を問題視する。しかしその一方で十九世紀のアメリカは「孤立主義」をとっていた平凡な小国であったなどと理解する者がいる。それは、「主権国家体系のヨーロッパ中心主義」の色眼鏡でしか世界を見ることができなくなった者の最悪の偏見のひとつだ。アメリカ大陸では植民地にもされず、併合ともいわれず、ただ、人間が理不尽に殺戮され、消滅させられつづけた。植民地経営は非難すべき帝国主義だが、虐殺して消滅させてしまうのであれば孤立主義と呼ぶ、というのは、まったく理不尽だ。

むしろ北米十三州を植民地経営していたイギリス本国は、「インディアン」とのあいだに和平を保つ政策をとっていた。それを桎梏《しっこく》ととらえて、独立戦争の正当化要因のひとつとした北米植民者たちは、アメリカ独立宣言においても、国王はインディアンをけしかけていると糾弾した。そして植民地支配から脱して独立すると、虐殺による領土拡張を始めたのであった。

一八六〇年代の南北戦争後の南部諸州の「復興」(Reconstruction)時代も終わると、世界的な帝国主義の広がりにものって、アメリカの拡張主義は加速度を増していく。一八九五年に、リチャード・オルニー国務長官は、「今日、アメリカ合衆国はこの大陸において実際の主権者であり、その命令は臣民にたいする法律である」と述べた。[*12] そうしてアメリカ合衆国は、中南米での軍事行動を毎年のようにくりかえした。

二十世紀になると、モンロー・ドクトリンは、「新世界」を離れた文脈で参照されるようになった。そうした時代を象徴したのが、国際連盟規約第二十一条におけるモンロー・ドクトリンへの言及であった。『モンロー』主義ノ如キ一定ノ地域ニ関スル了解ニシテ平和ノ確保ヲ目的トスルモノ」は、国際連盟によってけっして破壊されず、擁護されるものとして定式化された。

連盟規約第二十一条は、アメリカ議会による規約の批准をうながす措置であったのは確かかもしれない。しかしより本質的には、連盟規約はモンロー・ドクトリンの拡大版であるという、ウィルソン米国大統領の意向を反映したものとして、第二十一条は成立していた。[*13]

ウィルソンによれば、

「規約は、モンロー・ドクトリンに対する最高の献辞である。なぜなら規約こそが、モンロー・ドクトリンを政治的に拡張させたものなのであり、合衆国はそれにもとづいて他の米州諸国の政治的独立と領土的一体性を守るのである」

「私が提案しているのは、いわば諸国家がモンロー大統領のドクトリンを、世界のドクトリンとして、一つの合意として、採用することである」[*14]

ウィルソンの大統領在任期間、アメリカは、ハイチ、ドミニカ、メキシコ、キューバ、パナマなどにくりかえし軍事介入をおこない、駐留し、みずからの望む政体の維持に努めた。

「普遍的国際社会」とアメリカの拡張主義

二十世紀後半になると、モンロー・ドクトリンは、「集団的自衛権」の先行的な事例であると位置づけられることになった。[*15]冷戦時代の北大西洋条約の締結もまた、同様にモンロー・ドクトリンの延長線上に位置づけられて議論された。これはモンロー・ドクトリンが、普遍的国際機構、あるいは「自由主義陣営」という普遍的な共同体の発想とあわさって、地域的な制約を越えていったことを物語っている。

封じこめ政策で知られる「トルーマン・ドクトリン」によって本格化した冷戦構造は、自由主義陣営の「モンロー体制」の確立によるものであった。アメリカ政治史研究の泰斗である斎藤眞《さいとうまこと》（一九二一～二〇〇八）によれば、「一九四七年のトルーマン教書は、……体制の問題がからみあって、体制擁護・拡大という発想においては軌を一にする。……神聖同盟の正統主義は全体主義という名を冠せられた共産主義とかわっているが、アメリカ的体制・アメリカ的生活様式に対立する体制・生活様式の排除という考え方それ自体はモンロー主義とかわってはいない。……トルーマン主義はモンロー主義の論理的延長であり、地域的限定をとりはらった、世界大のモンロー主義（これは表現矛盾ではあるが）ともいえよう」[*16]。

アメリカが特別な使命感をもって拡張主義的な政策をとる地理的範囲が、十九世紀から二十世紀にかけて、劇的に拡大した。十九世紀であれば、アメリカの安全保障政策は西半球世界にのみ関わるものであった。二十世紀後半には、欧州やアジアの同盟国が存在する地域へと拡大した。ただし背景にある考えかたは、同一であった。

アメリカの軍事同盟ネットワークは、同時に市場経済を原則とする資本主義諸国のネットワークであった。共通の安全保障政策をとりながら、同じ市場経済体制を共有するのが、アメリカが張りめぐらせた同盟国のネットワークであった。拡大版モンロー・ドクトリンによって表現される「自由主義世界」におけるアメリカの覇権は、安全保障の面においてだけでなく、市場経済の面においても、決定的に重要な要素であった。

二十一世紀におけるモンロー・ドクトリンの拡大版は、「敵か味方か」の二項対立的な選択を迫る「ブッシュ・ドクトリン」においても見ることができる。[*17] 地理的に普遍的になった「モンロー体制」の領域のなかで、「敵」と認定して非領域的なテロリストたちの住む世界を規定し、なお「体制内」

アメリカの軍事介入例

年	大統領	ことがら
1846	ポーク	メキシコが領有を主張していたテキサスに進軍，占領→米墨戦争へ
1848		グアダルーペ・イダルゴ条約→カリフォルニア，ネバダ，ユタなどを割譲させる。 メキシコは国土の3分の1を失う
1854	ピアース	合衆国海軍と海兵隊がニカラグアの港湾都市グレイタウンを占領。 →ニカラグア政府がアメリカ公使を抑留したことへの報復
1873	グラント	パナマ人によるコロンビアにたいする分離独立闘争に際し，合衆国市民の生命財産の保護を名目に派兵
1894	クリーブランド	ニカラグアの革命戦争に際して合衆国市民の生命財産の保護を名目に派兵
1898	マッキンレー	米西戦争→スペインからフィリピン，グアム，プエルトリコを奪い，キューバを保護国として独立させる
1903	Th.ローズヴェルト	米海軍がパナマ独立を支援。 海兵隊がパナマ運河建設の工事監督として駐留（～1914年）
1904		ドミニカ共和国の内乱に際し，合衆国権益保護のため海軍を派遣
1906		キューバの内乱に際し，米人によるキューバ平定軍を組織，秩序回復と政府維持にあたる
1907		ニカラグアとホンジュラスの戦争に際し，合衆国権益の維持と称してホンジュラスの6都市に派兵
1910	タフト	ニカラグアの内乱に際して海兵隊を派遣，反政府軍を支援
1912		キューバの内乱阻止のため，ハバナとオリエンテに海兵隊を派遣 ニカラグアの内乱に介入，親米政権維持のため1925年まで海兵隊分遣隊が駐屯
1914	ウィルソン	ハイチにたいして借款返済を要求，海兵隊が上陸して国立銀行に進撃，国庫の金の約半分をもちかえる ドミニカ共和国の内乱を調停するとして，プエルト・プラタとサント・ドミンゴの両市に海軍部隊を派遣 メキシコとの紛争に際し，大統領の命で海軍がベラクルスを砲撃，占領
1915		ハイチ大統領が暗殺される→米軍を派遣して反乱鎮圧。以降1934年まで駐屯
1916		ドミニカの内乱再発にあたり派兵，反乱軍鎮圧後1924年まで軍政を維持
1917		キューバの政情不安に際して軍隊を派遣，1922年まで占領継続
1918		パナマの選挙管理のため軍隊を派遣，翌年まで駐屯 メキシコからの不法入国者を国境を越えて追跡することが少なくとも9回におよぶ→～1919年
1921	ハーディング	パナマとコスタリカの国境紛争の危機に際し，地峡の両側に海軍部隊を派遣して圧力をかける
1924	クーリッジ	ホンジュラス国内の地方反乱に際し，合衆国権益の保護として軍事介入
1925		パナマ国内のストライキにあたり，秩序維持と合衆国権益の保護として派兵
1926		ニカラグアの内乱再発により海軍と海兵隊を派遣，以後7年間にわたって占領
1954	アイゼンハワー	CIAによるグアテマラ政府転覆計画
1959		キューバ革命
1961	アイゼンハワー ケネディ	キューバと国交断絶。 ピッグス湾事件→カストロ政権転覆に失敗
1962	ケネディ	キューバ危機
1965	ジョンソン	ドミニカのクーデターに際して，約2万2000人の軍隊を派遣
1966		グアテマラに特殊部隊を派遣，約2年間にわたって反乱鎮圧の援助にあたる
1983	レーガン	カリブ海と太平洋に艦隊を派遣，中米諸国に示威 グレナダに軍事介入
1989	ブッシュ（父）	パナマに侵攻→独裁者ノリエガ将軍の身柄を合衆国に移して裁判にかける
2015	オバマ	キューバと国交回復

曽村保信『地政学入門』をもとに作成

と「体制外」というふたつの世界の区分を明確にするのは、まさに「新世界」と「旧世界」を分断するモンロー・ドクトリンの論理構成と同じであったと言える。

二〇〇一年の9・11テロ事件の後にアメリカが対外的軍事行動を拡大させた時期、アメリカを「帝国」と呼ぶ言説が数多くあらわれた。[*18] それはアメリカの卓越した力に着目した議論ではあったが、アメリカが拡張主義を正当化する特異なイデオロギーをもった特別な国であることにも関心を払ったものであった。

アメリカをひとつの「帝国」だと表現するのは、自国領土をこえて大きな政治的・経済的影響力を行使し、あるいは積極的に軍事介入もおこなう特別な国になっていることを強調するときであろう。もしアメリカが「帝国主義的」であるならば、それは「自由の帝国」として、「帝国主義的」なのだとされる。

中南米とヨーロッパ人の膨張主義

ところでアメリカの膨張主義を強調するあまり、同じアメリカ州の中南米諸国を、アメリカの帝国主義に翻弄されてきた悲哀に満ちた諸国と理解する場合がしばしば見られる。

その背景に、南北アメリカ大陸の経済発展の度合いの相違があることは確かだろう。その相違を、たとえばピューリタニズムとカトリシズムの文化的相違や、イギリスとポルトガル／スペインの資本主義体制の相違、イギリス本国には奴隷制や人種混交がなかったのにたいしてイベリア半島諸国はかえって奴隷の人格を認めて混血にも寛容であったことなどにまで踏みこんで、説明を施そうとする膨大な研究の蓄積がある。[*19] より近代資本主義に連なるかたちで植民地化が進められたのが、産業革命を開始した国イギリスの植民地であった北米大陸東部であったことには異論がないだろう。

だが、だからといって、アメリカ合衆国を形成する北米十三州に加えて、十九世紀に中南米諸国が独立したことを、二十世紀にアジア・アフリカで広がった「脱植民地化」の波の先駆けの歴史としてとらえることができるかは、疑問が残る。

中南米諸国の「独立」は、二十世紀後半のアジア・アフリカ諸国の「独立」とはまったく性格が異なる。本書は、第五章において、アフリカの大西洋奴隷貿易は、ヨーロッパ帝国主義支配にも先立って、アフリカ大陸を蝕んでいたと言えることを論じた。南北アメリカ大陸は、さらにいっそう破壊の程度が大きい。土着の住民の共同体は、南北大陸を通じて、ほぼ完全に破壊され、除去され、せいぜい吸収されて、消滅してしまったのだからである。

西半球世界において「独立」したのは、明らかにヨーロッパ植民者の子孫たちであった。たしかに、スペイン本国の王室が、原住民の政治共同体を保護する政策を掲げた時期もあった。しかしそれは必ずしも額面どおりには実行されなかった。けっきょく、十九世紀の時点で、植民地化された現地の人びとが独立したと言える要素はなく、植民地化をした人びとがのちに自分たちの植民地を独立させたにすぎない。

アフリカであれば、植民地化以前の現地共同体と現在の国家との連続性はもう少しはっきりしている。現地の人びとが独立を勝ち取ったと言えるからこそ、外来的な植民地支配の影響を分析することにも意味が出てくる。

しかし西半球世界の場合、植民地化される以前の人びとは、ほぼ完全に抹殺された。人類史上でも類まれな人的損失のはてに植民地が形成されたがゆえに、独立後の国家群と、植民地化以前の共同体との連動性が問題になる場面すら生まれえなかった。

ポルトガル・スペインの帝国が弱体化したがゆえに独立をはたした中南米諸国は、イギリスの勢力の隆盛期にその支配から離脱した北米十三州とは、たしかに異なる出自をもっていたとは言える。しかしより大きな歴史的視野で見れば、それはいくつかの段階的なヨーロッパ近代の膨張主義の折重なり合いの問題にすぎない。

中南米諸国もまた、アメリカ合衆国と同じように、ヨーロッパ人たちが作り出した巨大な膨張主義によって産み落とされたものだと言うべきだろう。

合衆国であれ中南米諸国であれ、アメリカ大陸の諸国の歴史を特徴づけているのは、暴力的な膨張主義によってつくられた社会が、やがてそのまま国家となったという歴史である。合衆国はそのような膨張主義の歴史の象徴であるが、けっして膨張主義の唯一の孤立した事例ではない。合衆国が特別なのは、自己を正当化する思想の体系性と、実際の軍事的・経済的な力の卓越性のゆえである。

中南米諸国では、冷戦時代から武力紛争が頻発するなか、独裁政権が強権的な支配をとりがちであった。ただし冷戦終焉後の世界においては、武力紛争の数自体は減少しつつある。中南米諸国では、強権的な政権が多かったのにたいして、逆に共産主義勢力の伸長も顕著であったため、左派と右派の対立が武力紛争の構図を形成している場合が多かった。その対立構造が冷戦終焉とともに終熄《しゅうそく》に向かった。各国で、反政府系の左派の勢力は減退し、政権を握る勢力の側では新自由主義的な政策が採用される度合いが高まった。[*20]

こうした冷戦構造との連動性が高い武力紛争の歴史が展開してきている背景には、伝統的な経済的・政治的格差の甚大さがある。イデオロギー的に自由主義的性格が強いのは、植民地時代からいびつな社会構造が固定化しているためでもある。

アメリカ州における格差社会の現実は、世界の他の地域と比べても特異である。植民地化の歴史が、他の地域と比して特異である。ヨーロッパ人に恣意的に濫用された「無主地先取」の自然権は、原始的な自由主義がいかに暴力的であったかを示すものだ。先住民は人間とはみなさず抹殺したがゆえに、ヨーロッパ人は「先取」の権利を確立した。それほどのあからさまな暴力の歴史の帰結として、国家が形成されている地域は、他にはない。

中南米における苛烈な征服の歴史

ジャレド・ダイアモンドは、ヨーロッパ人とアメリカ先住民との関係におけるもっとも劇的な瞬間として、一五三二年にスペインの征服者フランシスコ・ピサロとインカ皇帝アタワルパがペルー北方の高地カハマルカで出合ったときを描写している。

アタワルパは、アメリカ大陸で最大かつもっとも進歩した国家の絶対君主であり、何百万の臣民を抱え、八万の兵士によって守られていた。ピサロは、百六十八人のならず者を率いていた。銃と鉄剣を駆使したスペイン人たちによって、約七千人のインディオたちが殺戮され、アタワルパは数分のうちに捕えられた。世界最高額の身代金として膨大な量の黄金を運ばせた後、スペイン人たちは約束を反故《ほご》にしてアタワルパを処刑した。

インカ帝国で王位をめぐる内紛が起こっていたことがスペイン人たちを利したのだが、それはヨーロッパ人たちが持ちこんだ病原菌がすでに蔓延しはじめていて、王家にも死者が出はじめていたからであった。インカ帝国を滅ぼしたのは、銃と鉄剣であった。さらに土着の住民たちを殲滅《せんめつ》したのは、ヨーロッパからもちこまれたがゆえに現地の人びとがまったく免疫をもっていなかった病原菌であった。[*21]

征服前のインカ帝国の人口は四百万〜千五百万人程度と推計されるが、十七世紀初頭の人口調査ではわずか七十万人にまで激減していたことが確認されている。つまり、じつに八三パーセントから九五パーセントの原住民の人口が、ヨーロッパ人の到来後に失われたことになる。殺戮、疾病、強制労働、文化ショックのいずれがどの程度の要因であるかは諸説あったとしても、未曾有の人口消滅があったことについては議論の余地がない。[*22]

白人植民者層は、「エンコミエンダ」と呼ばれる住民人口の委託制度を通じて、生き残った原住民を奴隷として搾取した。建前上は、住民にキリスト教を教えて保護する代わりに、彼らを使役する権限を征服者・植民者に与えるのが、「エンコミエンダ」であった。しかし実際には植民者の利益が優先された。奴隷化された住民を使っても原住民労働力は不足したため、アフリカ大陸から徴集された黒人奴隷なども、中南米において広範に使われた。[*23]

原住民たちは、まず白人支配者層に無数の反乱をしかけたが、そのたびに徹底的に鎮圧され、殲滅された。

たとえば一五三二年にインカ帝国を滅ぼしたピサロは、その後に傀儡のインカ皇帝マンコ・インカを選んだ。新しいインカはピサロとの契約を守ったが、スペイン人たちは、気ままに彼を監禁したり、鎖につないだまま家臣の前に晒《さら》したり、からだに小便をかけたり、目の前で彼の妻を犯したりしたという。やがてインカは反乱を起こし、約四十年にわたって反乱の時代が続いた。しかし遂に一五七二年に最後のインカが鎮圧されて捕えられ、拷問の末に処刑された。ただし反乱はやむことがなく、アフリカから奴隷として連れてこられた黒人たちも頻繁に反乱を起こすようになった。[*24]

すでに一五四二年の段階で、征服者たちの暴虐をスペイン本国に報告したラス・カサス（一四八四～一五六六）によれば、十六世紀の最初の四十年間で千二百万人から千五百万人のインディオが犠牲になったという。そのやりかたが、無抵抗な婦女子にたいする虐待を含む想像を絶する残忍なものであり、しかも異常なまでに徹底したものであったことを、ラス・カサスは克明に記録した。数々の大量殺戮を記録してきた人類史上においても、その残虐性と破壊の規模の大きさは、他に類を見ないものだと言ってよいだろう。[*25]

度重なる原住民や黒人奴隷の反乱は、ほとんどすべてさらなる拷問と殺戮を招いただけであったので、それらはけっして独立国の成立に展開していったものではない。十九世紀にスペイン王家に反旗を翻して独立を達成したのは、かつてのエンコミエンダ所有者のような階層を中心とする白人入植者層であった。

すでに大国の地位を失っていたポルトガルやスペインに代わって、イギリスとフランスの勢力が西半球世界を席巻する時代になると、入植者の子孫＝クリオーリョたちは本国から離脱して独立したいと考えはじめるようになった。そこにホセ・デ・サン＝マルティン（一七七八～一八五〇）やシモン・ボリバル（一七八三～一八三〇）という軍事指導者の行動が生まれて、雪崩を打って独立がはたされていくようになったのである。

だがそこには、独立した土着の文化を持って南北アメリカ大陸に住んでいた人びとが、自分たちの独立を取り戻したと言えるような要素は、まったくない。ポルトガルやスペインの植民地支配が完全に破綻したのが、十九世紀の中南米諸国の独立であったということにすぎない。新しい独立諸国を運営していくことになったのは、あくまでも征服者の子孫たちであった。

十八世紀末の北米から始まったアメリカ大陸における独立国家群の誕生は、二十世紀に見られた「脱植民地化」によって生まれたアジア・アフリカ諸国の誕生とは、大きく異なる。現地社会を完膚なきまでに破壊したうえでつくられたヨーロッパからの入植者たちの家産経営地が、アメリカ大陸の諸国である。独立によってヨーロッパ人たちは撤退しなかった。むしろ入植者たちが土地にたいする永久支配を固めたのが、アメリカ大陸諸国の独立であった。

長い伝統にもとづく「定常状態」や「自然との調和」といった原住民がもっていただろうしくみが見られなくなったことは、むしろ当然だと言える。アメリカ合衆国に代表されるアメリカ大陸の新興諸国が、はてしない発展を求め、際限のない膨張主義をとったとしても、不思議ではないだろう。それは国家が生まれる前から始まっていた巨大な運動だったのであり、膨張が止まったときにどのような国家が存立しうるかは、まったく未経験の未知の領域なのである。

3　「成長の限界」の衝撃

「成長の限界」は来るのか

近代自由主義そして資本主義の特異な思想を検証するには、その前提を疑う見かたと対比させてみることが有益である。つまり、アメリカ合衆国の歴史が象徴的に代表する、人間社会は進歩するものであり、アメリカは成長しつづけるという考えかたの妥当性を疑う見かた、たとえば『成長の限界』などに代表される見かたと対比させるということである。

ローマ・クラブのレポートとして、『成長の限界』(The Limits to Growth) が出版されたのは、一九七二年のことであった。一九七〇年に世界各国の科学者や経済学者などによって設立されたローマ・クラブは、成長の限界という問題に関する検討を、MIT（マサチューセッツ工科大学）の研究者チームに委嘱した。そのMITチームが提出した報告書である『成長の限界』は、急激な工業化、人口増加、栄養不足、天然資源枯渇、環境の悪化などの要因により、成長がいつか限界点に達することを、さまざまなデータの解析をもって論じ、当時の世界各国に大きな議論を巻き起こした。

ドネラ・メドウズ（一九四一〜二〇〇一）を中心にした当時のMITチームの研究者たちによれば、世界人口、工業化、汚染、食糧生産、資源の使用のやりかたが不変であるならば、百年以内に地球上の成長は限界点に達する。もっとも起こる見こみの強い結末は、人口と工業力の突然で制御不可能な減少であろう。この事態を回避し、地球上の人びとの物質的必要と能力実現の機会を満たす均衡状態を達成することは可能ではある。しかしそのような持続可能な生態学的ならびに経済的な安定性を保つためには、意識的な行動が必要となる。[*26]

この議論は、当時の世界に大きな議論を巻き起こした。データ解析の信憑性から、技術革新の可能性まで、さまざまなタイプの批判がありえた。しかし二十一世紀のわれわれから見て、『成長の限界』の議論が根拠のあるものだったことは、確かだと言える。

当時の世界は、たとえばまだ一九七〇年に人口が三十六億人に達したばかりの時期であった。もっともそれはすでに急激な人口増加が発生した結果であった。ローマ・クラブが委嘱した研究者たちは、「幾何級数的成長」の結果として、三十年以内に人口は二倍の約七十億人に達するであろうと予測した。今日われわれは、この予測自体は、十年ほどの誤差で達成されてしまったことを知っている。

経済成長について言えば、ＭＩＴの研究者たちは、一九六〇年代の世界の年平均経済成長率は七パーセントであったと指摘している。これは年二パーセントという人口成長率も凌駕しているので、十四年ほどの間に、世界の人びとの物質的な生活水準が二倍になるという予測が成り立つ。しかし、じつは世界の工業成長の大部分は先進国で生じており、「富める者はますます富を得るが、貧しい者は子どもを得る」という状態をつくりだしている。もちろんさまざまな変化や調整が加わってくるだろうことは当然としつつ、「今日生じているような経済成長の過程は、世界の豊かな国と貧しい国の間の絶対的なギャップを、容赦なく拡大していく」と、ＭＩＴチームは予測した。

世界人口の推移

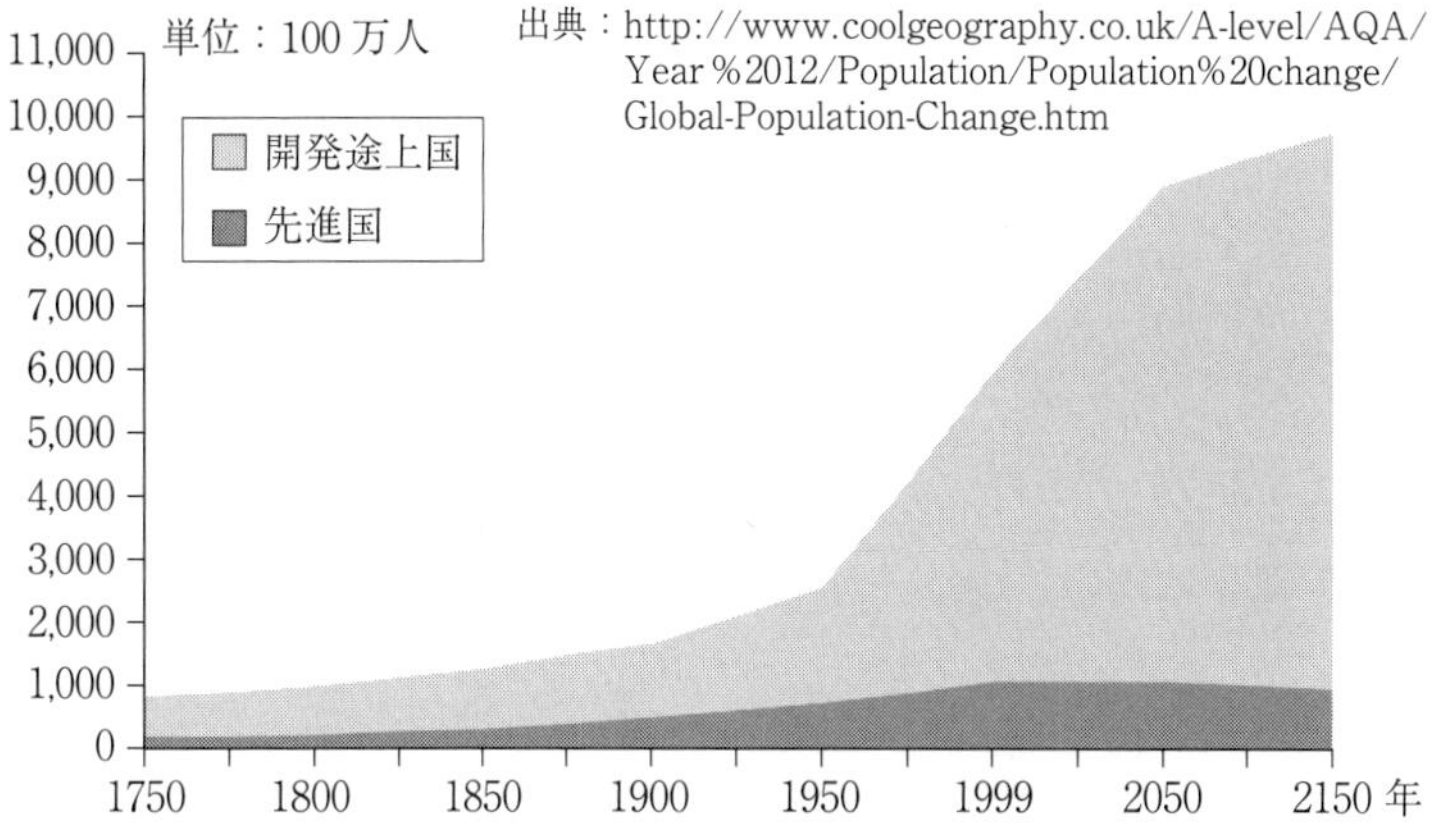

出典：http://www.coolgeography.co.uk/A-level/AQA/Year%2012/Population/Population%20change/Global-Population-Change.htm

こうした「幾何級数的成長」の問題性を分析しながら、さらにローマ・クラブ委嘱のＭＩＴの研究者たちは、たとえば耕作可能な土地の枯渇という事態が、三十年ほどの間に起こってくるだろうと予測した。同様に、資源消費の幾何級数的増加が、有限な資源埋蔵量を食いつぶしてしまうときがやってくる。しかも人間活動の廃棄物は、自然の生態学的システムに吸収されず、有害なものとして残存しつづけるため、汚染問題もまた幾何級数的に深刻化の一途をたどる。[*27]

ＭＩＴの研究者たちは、技術革新がもたらす効果を検討しつつ、そこにもやはり限界があると論じた。技術革新は、限界に達する時期を遅延させる効果をもつにすぎない。そしてＭＩＴの科学者たちは、結論として、成長が無限に続くとは考えられないと指摘し、システムに大きな変革がなにもなされなければ、「人口と工業の成長は、おそくともつぎの世紀内に確実に停止するだろう」、と予測した。そして、「世界システムの基本的な行動様式は、人口および資本の幾何級数的成長とその後にくる破局である」とも述べた。[*28]

しかも成長があまりに急激であるために、古い政策や措置の結果を正しく評価できるようになるはるか以前に、システムに新しい政策や措置を加える陥穽に陥ってしまう可能性が高い。固有の遅れをもったシステムの残りの部分が作用して成長を止めるのが間にあわず、システムは「限界」をこえてしまうことになる。たとえば汚染が危険な点をこえたことが判明して、システムを放っておいたとしたら、汚染は増大しつづけてしまう。つまり、限界の到達はシステムの自動停止ではなく、むしろ限界の後に到来する破局の予告かもしれないわけである。[*29]

『成長の限界』報告書は、アメリカの都市を例にして、次のように述べている。

アメリカの都市が新しかったころには、その成長は激しかった。土地は豊富で安く、新しいビルがたえず建設され、人口および都市地域の経済活動は増加した。しかし遂には都心部のすべての土地は使用し尽くされてしまった。都心部は物理的な限界に到達し、人口や経済の成長がとまるおそれが生じた。それに対する技術的解答は、高層建築とエレベーターの開発であり、それにより成長を押える要素としての土地面積の制約は実質的に解決された。都心部には、ますます多くの人と仕事とが集中した。つぎに、新しい制約があらわれた。高密度な都心部の内外を商品や労働者がすばやく移動することはできなくなった。再び技術がその問題を解決した。高速道路網や大量輸送システムが建設され、高層ビルの屋上にはヘリコプターの発着場がつくられた。輸送の限界は克服され、ビルはますます高層化し、人口も増大した。今やアメリカの大都市のほとんどは、成長をとめてしまった。……都心部における生活の質は低下してしまった。技術的には解決しえない問題が一因となって、成長がとまってしまったのである。……技術的に解決できない問題は、数多い。核兵器競争、民族間の緊張、失業等はその例である。たとえ技術がいくら進歩しても、技術では解決できない問題、ないしはそれらの相互作用のために、人口や資本の成長が結局はとまってしまう公算が大きい。[*30]

「成長の限界」にたいして、MITチームが提案するのは、「均衡」をめざすことである。「世界的な均衡」とは、「人口と資本を増加させる力と減少させる力とが注意深く制御されたバランスに達し、人口と資本が本質的に安定的な状態」として定義される。[*31] しかし人類がこの「均衡」をめざして大きな政策転換をする兆しはない。そこで『成長の限界』の研究者グループは警鐘を鳴らす。たとえば人口増加を例にとれば、次のようになる。

引き起こされたアンバランスを解消するには、二つの方法しかない。すなわち、出生率を新しい、低い死亡率に等しい水準にまで引き下げるか、あるいは死亡率を再び引き上げるかである。人口成長に対する「自然の」制約は、すべて二番目の経路――死亡率の上昇――を通じてはたらく。……成長に対する自然発生的な限界を受け入れるには、ものごとのなりゆきにまかせ、何が起こるかを待つ以外なんの努力もいらない。そのような決定の最もありうる結果は、われわれがここで示そうとしたように、人口と資本の制御不可能な減少である。そのような破局の真の意味は想像しがたい。[*32]

うか。

一九七〇年代以降の世界

『成長の限界』のような根源的な警告の後で、はたして世界の歴史はどのように展開してきただろうか。

いまや世界の人口は、一九七二年当時の二倍の七十億人以上となった。当時の先進工業国が低経済成長時代に入っているとはいえ、さらに中国やインドなどの巨大な人口を抱える諸国を含むアジアが急速な工業化の時代を迎え、環境汚染、食糧不足、資源枯渇が、よりいっそう深刻な課題として立ちあらわれてきている。[*33]

世界人口における貧困者の比率も絶対数も下がったとされるが、それは主に東アジアの経済発展によるものである。世界銀行のデータでは、中国の貧困人口は、過去三十年間で六億八千万人近く減少したが、これは同時期の世界全体の貧困人口減少の九五パーセントに相当するものだ。南アジアやサブサハラ・アフリカでは依然として貧困率が高いため、総人口の増加によって貧困者の絶対数も、南アジアの場合にはほとんど変わらず、サブサハラ・アフリカではむしろ大幅に増えている。[*34]

かつての先進諸国である欧米諸国は、とくにリーマン・ショック以来の経済停滞にあえいでいる。過去四十年間の世界経済は、東アジア諸国の急速な経済成長と、冷戦終焉後の東欧諸国の世界市場への参入によって、市場規模の拡大を見てきた。しかしこうした事情は無限に続くものではない。先送りにされた格好の『成長の限界』の洞察は、依然として有効性を保ちつづけているのである。

『成長の限界』報告書が出版された一九七〇年代初頭の世界は、第二次世界大戦後の先進国における進歩主義が、ベトナム反戦運動や学生運動や公民権運動によって、疑問を投げかけられた時期であった。『成長の限界』出版の前年の一九七一年は、アメリカのニクソン大統領が七月に中華人民共和国への訪問を宣言してアメリカの外交政策の変質が明らかになり、さらに八月にドル紙幣と金との兌換《だかん》一時停止を宣言してアメリカの経済政策の変質が明らかになった年であった。

そして『成長の限界』が出版された翌年の一九七三年に、オイル・ショックが起こった。第四次中東戦争の勃発を受け、石油輸出国機構（OPEC）加盟産油国のうちペルシア湾岸の六ヵ国が、原油公示価格を一バレル三・〇一ドルから五・一二ドルへ、その後すぐに一一・六五ドルへ引き上げた。そしてアラブ石油輸出国機構（OAPEC）は、原油生産を段階的に削減しつつ、アメリカなどのイスラエル支持国に石油禁輸を課すことも決定した。こうした事情から、アメリカの国民総生産は、一九七四年から二年間連続でマイナス成長となった。その一九七四年、ニクソン大統領はウォーターゲート事件によって、アメリカの歴史に大きな汚点を残しながら、辞任した。

一九七九年にはソ連がアフガニスタンに侵攻し、第二次冷戦と呼ばれる時代が始まった。この年に中東におけるアメリカの最大の同盟国であったイランでイスラム革命が起こり、モハンマド・レザー・シャー（パーレビ国王）の政権が崩壊したことは、アメリカの外交政策にとって大きな痛手であった。アメリカ国内では、「人権外交」を謳い文句にするカーター大統領が弱腰すぎるイメージをもたされて、支持率を落とすことになる。このように一九七〇年代は、アメリカの覇権的地位にたいする決定的な挑戦が中東から発せられた時代であった。天然資源の有限性のために世界経済は危機に陥り、アメリカの権威も低下したのであった。

しかしアメリカの国力の低下は、明らかに国際秩序の構造的な転換によってもたらされた状況であった。そして同時に、新たな変質が生まれる兆候でもあった。しかし「成長」を求めつづける動きは、けっきょくは現代にいたるまで「成長の限界」の問題を深刻化させつづけてきた。

一九八〇年代になると、アメリカはロナルド・レーガン（一九一一〜二〇〇四）を大統領とし、平時としては空前の軍拡をおこなって、自国の威信を取り戻そうとする。その試みは、東欧諸国とソ連の共産主義政権の崩壊を経て、一九九〇年代以降のアメリカの自信の回復へとつながった。

二十一世紀はじめのジョージ・W・ブッシュ政権の時代には、アメリカを「帝国」となぞらえる風潮も登場するほどにアメリカの「単独行動主義」が問題視された。「成長の限界」を克服したかのように思われた冷戦終焉後の時代のアメリカは、発展しつづける世界の指導国として自意識を過剰なまでに保持しているようであった。

しかしアフガニスタンやイラクへの介入が泥沼の内戦となって国力を疲弊させた後の二〇一〇年代のオバマ政権の時代には、こんどはまたアメリカは超大国としての威信と自信を失ったようにも見える。

このような時代の推移に応じて、アメリカの国力は衰退した、孤立主義に陥っている、いや依然として唯一の超大国である、むしろ帝国と呼ぶべき傲慢な大国だ、といった議論が交錯しつづけてきている。それは多くの場合、世界は一極支配から多極化の時代に向かっている、中国のＧＤＰはやがてアメリカを凌駕する、いやアメリカにとって代わることはまだ予測できない、といった「超大国」としての特別な地位を持つ国の「数」の問題として議論される。

しかしより本質的な問いは、アメリカという特異な国は、無限の成長が可能であるというイデオロギーによって類まれな求心力を誇ったのではないか、というものだろう。アメリカが特別な国として君臨できたのは、人びとが無限の成長を信じることができた時代があったからこそではなかっただろうか。

アメリカが衰退すれば別の国がアメリカの役割を担うという前提は自明ではない。アメリカの衰退は「アメリカのような特別な国」の消滅を意味するのではないか。

アメリカの特別な地位と、「成長の限界」の問題とは、密接に結びついている。「成長の限界」が来るのであれば、アメリカの衰退というよりも、「アメリカが占めているような特別な国の地位の衰退」こそが、問題にされるべきだからである。

「資本主義の終焉」

『成長の限界』報告書それ自体は、歴史的な文書となってしまっている。だが同じような問いかけは、現代でもさまざまな機会でなされている。『成長の限界』が問いかけた問題が、解決されることなく現代でも存在していることの証左である。

現代日本で、「成長の限界」と非常に結びつきの高い議論を展開しているのは、たとえば水野《みずの》和夫《かずお》（一九五三〜）であろう。ベストセラーになった二〇一四年の著書『資本主義の終焉と歴史の危機』において、水野は、資本主義が終焉しつつある、と論じて、話題を呼んだ。

水野が、十六世紀以降のヨーロッパの歴史を頻繁に参照しつつ、すでにわれわれも第五章で参照した世界システム論にも連なるアナール学派の最高峰フェルナン・ブローデルらの歴史学の議論に大きく依拠していることには、注意を払っておいてよいだろう。

水野が「資本主義の終焉」を観察するのは、まずは二パーセント以下という超低金利の時代が、日本では二十年近くの長期にわたって続いている点においてである。資本を投下し、利潤を得て資本を自己増殖させることが資本主義の基本的な性質だと考えれば、極端に低い利潤率は、資本主義の機能不全を示しているという。日本以外の主要国でも同じ傾向が見られる。

水野によれば、歴史的な転換点は、一九七〇年代前半にある。なぜなら利子率は一九七四年以来、長期的な下落傾向に陥ったからである。一九七〇年代に、アメリカを中心とする先進各国の影響力の地理的・物理的膨張は、終結した。イラン革命が起こった一九七九年の第二次オイル・ショックでさらに悪化する資源問題は、先進各国が資源調達コストを安く維持できた時代の終わりであった。[*35]

本書の視点からすれば、一九七〇年代は、脱植民地化のプロセスが完成し、主権をもつ国民国家群からなる「普遍的国際社会」が成立する歴史的転換点である。それ以前の「ヨーロッパ国際社会」の原理が残存していた時代と比せば、まさに歴史的転換点が訪れたのが、この時代であった。その際に、欧米諸国を中心とした先進各国に有利な経済システムもまた、大きな転換を求められていたのである。

アメリカは、近代システムに代わる新たなシステムを構築するのではなく、別の「空間」を生み出すことで資本主義の延命を図った。すなわち「電子・金融空間」に利潤のチャンスを見つけ、「金融帝国」化していった。アメリカは、IT（情報技術）と金融自由化を結合させて「電子・金融空間」をつくりだし、「地理的・物的空間」に依存せず、途方もない金融資産をつくりだすことに成功した。
　しかしアメリカの金融帝国化は、中間層を豊かにせず、格差の拡大を進める結果をもたらした。二〇〇八年のリーマン・ショックでは、自己資本の数十倍の投資をしていた金融機関が、レバレッジの重さで自壊してしまった。[*36]
　水野の観察は、ブローデルをはじめとする権威ある歴史学者をふまえており、『成長の限界』で見せたローマ・クラブの政策的警鐘と共鳴する部分もあると言えるだろう。歴史をふまえた視点の欠落による単純な進歩主義に警鐘を鳴らす議論は、たとえばバブル崩壊後の日本でも存在した。[*37]
はたして資本主義に「終焉」はあるのか。諸国がお互いの得点を競いあう際のゲームのルールのように自明視している「経済は成長しつづける」という大前提は、近代という特別な時代にのみ存在しえたものだったのだろうか？　もし「成長」は無限だという前提が通用しなくなり、資本主義それ自体すらも終焉を迎えるときがあるのだとすれば、世界は今後どうなっていくのだろうか。

『成長の限界』とアメリカの覇権の限界

　二十一世紀の世界が、いよいよ「成長の限界」を見せる時代に突入しているとしたら、そのことはわれわれの分析にたいしてどのような意味を持つだろうか。

　二十世紀はアメリカの世紀と呼ばれた時代であった。とくに二十世紀後半に、アメリカは超大国として君臨して国際秩序の構築・維持において特別な役割を担うようになった。超大国としてのアメリカの地位は、冷戦の終焉によってさらにいっそう高まったかに見えた。
しかしそれはアメリカにとっては、ひとつの頂点をきわめ、もはやその後の進歩を見つけるのが困難になった時代の到来であったかもしれない。フロンティアを求めて先住民を駆逐して国家を設立し、国家を膨張させ、そしてその後も「ニュー・フロンティア」を求めながら国力の増大を図りつづけてきたアメリカは、もはや進歩する余地がないといった事態にはけっして耐えることができない国である。

二十一世紀のアメリカの対外行動を象徴する、独裁国家やテロ国家にたいする軍事介入や体制顚覆は、ある意味でアメリカの政治的影響力を高め、国際的に開かれた市場を拡張するための行動であったと言うことはできる。しかし対テロ戦争は、アメリカの力の限界を見せつける結果ももたらした。アメリカには、もはや介入主義的な対外政策で不必要なまでに国力を消耗する余裕はない。

あるいは相対的に力を失ったアメリカを引きつづき国際秩序の中心に据え、もりたてたりしながら、現在の国際秩序の維持・発展をめざすという方向性も、理論的にはありうるかもしれない。しかし覇権国・アメリカの求心力がなくなった後の国際秩序は、おそらくはまったく異なる性格を持つ国際秩序にならざるをえないだろう。それほどまでに現在の国際秩序は、秩序形成者であり維持者であったアメリカという特別な国の存在と密接不可分である。

パナマのマヌエル・ノリエガ（一九三四〜）、セルビアのスロボダン・ミロシェビッチ（一九四一〜二〇〇六）、アフガニスタンのムハンマド・オマル（一九五九?〜二〇一三）やウサマ・ビン・ラディン、イラクのサダム・フセイン（一九三七〜二〇〇六）ら、アメリカの軍事介入によって除去されてきた人びとは、いずれもアメリカを中心とする国際秩序の攪乱者であったとみなされてきた。国際社会は、彼らが除去されることによって、むしろよりよく発展するはずなのであった。少なくともそのように考えるということが、自由主義を思想的基盤とする冷戦後世界の国際秩序を信奉することと同義であった。

つまりアメリカの介入主義的行動は、未完の国際秩序を完成させるという目標に向かって進んでいるものだと解釈することはできる。国際社会に地理的拡大の余地はなく、単純に経済成長をするのも困難な時代になったのだとすれば、国際社会内部に是正すれば発展が可能になる問題領域を見つけ、それを除去することによって成長を維持していかなければならない。アメリカはつねに「ニュー・フロンティア」を求めており、その開拓のための戦争も厭わない。

けっきょくのところ、アメリカがおこなう戦争とは、「成長の限界」の超克をめざす超大国の努力の過程であるとみなすことができる。国際秩序が進化していく過程で噴出する「限界」を乗り越えることができなければ、アメリカという国だけでなく、現存の国際秩序もまた、発展を止め、停滞の時代に入る。そしていくつもの構造的な問題は、解決されることなく、そのまま残存してしまうのかもしれない。だがもちろん、「限界」を乗り越えようとする冒険的な試みが、いつか決定的な最後の「限界」に突き当たる可能性も、決して否定することができない。

本書は、第一章において、冷戦終焉という「歴史の終わり」の後の世界が、もはや理念の戦いが見られない「最後の人間」が蔓延する世界でありうるというフクヤマの洞察を紹介した。そのときアメリカは、「最後の人間」になることを徹底して拒絶し、より高い次元の「自由主義の帝国」の完成を、自国内でも、国際社会でも、めざしていく超大国でありつづけるだろうことを示唆した。つまり残存する内的障害の克服をめざして、介入し、戦い、成長しつづけることをめざすのが、アメリカという国であろうことを示唆した。

だが、それはほんとうに持続可能な態度だろうか。いかに稀有な政治理念を標榜し、圧倒的な国力をもつ超大国であったとしても、二十一世紀の世界で、そのような態度をとりつづけることは、ほんとうに可能なのだろうか。

「成長の限界」にもかかわる「歴史の終わり」以降の「最後の人間」が蔓延する世界で、超大国アメリカは、成長し、歴史を切り開き、「超人」のように行動しつづけていけるのだろうか。

そしてそれは、二十一世紀の世界にとって、望ましいことなのだろうか。はたして破綻を避けながら進めることができる、健全な国際秩序の発展は、可能なのだろうか。

アメリカがおこなう戦争を構造的に考えるということは、世界史的な視点から現代の国際秩序の持続可能性を考えるということと直結している。

むすびに——現代世界の紛争と日本

あらためて日本を

本書は、現代国際社会の全体動向のなかで紛争を理解していくために、いくつかの代表的な理論を題材として取り上げながら、構造的に武力紛争の背景を探ることを試みた。

第一章では、まず現代国際社会の秩序の特徴を見たうえで、国際秩序への挑戦として紛争をとらえることを論じた。第二章は、東アジアに焦点をあて、勢力均衡の理論的視座を用いながら、紛争構造を分析することを試みた。第三章は、ヨーロッパに焦点をあて、地政学の理論的視座を用いた分析を試みた。第四章は、中東情勢を論じるにあたって、文明の衝突という考えかたを参照してみる作業をおこなった。第五章は、アフリカを格差社会としての国際社会の問題としてとらえるために、世界システム論などを手がかりにすることを試みた。第六章は、アメリカによる対外的な軍事行動を、成長の限界を克服するための運動としてとらえることを試みた。

本書がこれらの試みをおこなったのは、日本においてとくに、紛争分析に問題関心が集まる機会があまりなく、とくに理論的な視座を駆使した分析の機会が少ないことを補うという意図をもってのことであった。

本書の議論だけでは不足があることは当然だ。しかし紛争分析とは、単に混沌とした情報を並べることではなく、ときには理論的視座も駆使しながら、目に見えない社会の動きの性格を把握していくことである。そのことを、少しでも示唆することができたとすれば、本書の執筆にはそれなりの意味があったということになるだろう。

本書を結ぶにあたり、冒頭の日本における紛争分析の伝統の弱さという問題提起に立ち返り、本書の議論がどのように日本にかかわってくるのかについて、もう少し述べておきたい。

第二章の東アジアの分析においては、超大国として台頭した中国をめぐる政治情勢を念頭に置きながら、かつては東アジア最大の大国とみなされていた国として日本を位置づけつつ、勢力均衡の観点からの検討をおこなった。同じ理論的視座から明治維新以降の日本の外交政策の性格を描き出し、さらに二十世紀後半の日米同盟を基軸にした対外政策の意味を論じた。現在の安倍政権下の日本の外交政策は、基本的に東アジアを念頭に置いた勢力均衡の視点によって説明されるものだということも示唆した。

第三章で焦点をあてた地政学の視点は、二十世紀前半の日本において大きく着目された理論的視座であった。それは日露戦争以降に東アジアの覇権国になった日本が、世界大の国際政治においてどのように行動すべきか、という問いを検討するために、人びとが大きな関心を寄せた理論的視座だったのである。

太平洋戦争は、「ハートランド」を制圧してユーラシア大陸を支配しようとするドイツと同盟関係を結ぶ日本が、「海洋国家」間の盟主の地位をめぐってアメリカと不可避的に雌雄を決するためにおこなわれざるをえないものとして認識された。そのため二十世紀後半の日本においては地政学の議論は時代遅れであるのみならず、危険なものとしてみなされるようになった。だが、だからといって、ヨーロッパ人らの意識のなかでは、依然として地政学から発する理論的視座が大きな意味をもっていることを見失うならば、関連する紛争分析において大きな制約となってしまうだろう。

第四章では、はたして中東における紛争が、文明の衝突という大きな視点によって理解できるものなのかどうかを検討した。

原油供給地としての中東への政策的関心や、イスラム圏にたいする学問的関心の土壌は、日本における中東地域に関する研究の量を豊富にしている。詳細な現地情勢分析を施せば施すほど、文明の衝突といった大きな物語は、非常に抽象的なものとして感じられるようになってくるだろう。

しかし現代世界の否定しがたい大きな現象として、アメリカが国威をかけて遂行する「対テロ戦争」が、とくに中東地域における紛争の構造的性格に大きな影を落としていると考えることは、的はずれではないだろう。世界的規模の戦争が起こっているからこそ、もともとはそこまで明白には対立していなかった宗派間の対立が刺激され、それらが実際の紛争の構造に組みこまれるという地域情勢も発生してくるのである。

理論的な紛争分析とは、物事の哲学的本質を決定論的に重視することではなく、時々の現象の性格を構造的な要因を視野に入れながら把握するということである。個々の政策がもってくる正・負の効果もまた、構造的な情勢によって決まってくるのである。

第五章で論じたアフリカの情勢は、日本にとっては離れた世界のできごとであると感じられる度合いが強いだろう。

日本政府が、TICAD（アフリカ開発会議）の際などに、いくつかのアフリカ諸国が目覚ましい経済成長率を見せていることを強調して、日本企業にもアフリカに注目するようにうながし、ODAが日本の経済成長を促進する効果をアピールしたことは、新しい変化だと言えるのかもしれない。ただし、それがアフリカに積極的に進出している中国への対抗意識にもとづいて進められていることだとすれば、日本のアフリカ政策とは、つまり東アジアの情勢分析の問題だということになる。

アフリカの経済成長は、依然として天然資源に依存している度合いが強く、強権的な政権が特定の外国と結びついて進められている場合も少なくない。アフリカという問題が、二十一世紀の国際秩序に突きつけている問題の性格を考えることは、日本が世界的規模の政治情勢分析をおこなうことに直結している。

第六章は、自由主義陣営の内部に潜む「成長の限界」に関する悲観論が、逆にアメリカの対外的積極行動を説明することを述べた。「成長の限界」を克服するためには、たとえば既存の国際秩序の内部に存在する問題を克服してみせることに、大きな意味がある。紛争は、「成長の限界」を克服するための格闘として、もたらされてしまうかもしれない。

もし、ほんとうに「成長の限界」が訪れるのだとしたら、それは単にアメリカという国の問題にとどまるものではなく、自由主義を基盤にした現在の国際秩序の大きな変更を要請する事態であるかもしれない。変更は容易ではなく、多くの摩擦が起こるだろう。国際秩序の安定のためには、「成長の限界」の可能性とどうつきあっていくべきかという問いに、体系的に答える準備が求められるかもしれない。

本書は、今日の世界では、普遍化した自由主義的制度が標準化していると指摘することによって、議論を開始した。しかし、勢力均衡や地政学といった国際政治上の状況に由来する普遍主義への留保、文明の衝突といったアイデンティティにかかわる普遍主義への挑戦、世界システムの格差構造や成長の限界といった普遍主義の欠陥などが、普遍的国際秩序の完成を阻んでいることも、本書は確認していった。

こうした巨大な矛盾の構造が表出した現象として、世界各地の武力紛争をとらえなおす必要がある。もちろん紛争だけではなく、他の国際政治上の衝突や、深刻な社会経済問題なども同じように、巨大な矛盾が表出した現象ではあるだろう。いずれにせよ、事態を場当たり的にとらえるのではなく、理論的視座をもって、構造的要因を見据えた分析を施すことが必要である。

すべては、分析から

理論的な分析視点を導入することによって、本書はけっして理論の万能性を唱えたわけではなかった。また、ひとつの地域情勢を説明する際に、複数の理論的視座を適用することが有効になる場合があることを否定したわけでもない。そもそも本書は、世界各地の地域情勢のそれぞれに精通すべきことを主張したわけでもなかった。

本書がなんらかのメッセージをもっているとすれば、それは、日本人が自分自身を客観的に見るために、さまざまな理論的ツールをもって、構造的分析の視点から見ることが大切だ、ということであった。

日本の国際政治における行動は、とくに明治維新以来、勢力均衡の原理にしたがって進んできており、それは過去を理解するために必要な視座であり、その延長線上に現在と未来を理解するために必要な視座である。

また、日本は地政学とさまざまなかたちで格闘し、たとえば二十世紀前半には特有の地政学の理解にもとづいて、太平洋戦争に臨んだ。現在でも日本の外交的な立ち位置は、地政学的に描写される日本の地理政治的な特徴を受けとめることなくしては、理解することが困難なものであろう。

また、日本は文明の衝突の構図のなかで、微妙な姿勢をとり、ときには意図的に埋没を狙いながら、ときには党派的な行動について攻撃されたりする。対テロ戦争は、文明の衝突の時代において曖昧な立ち位置を示す日本に、二十一世紀にも生き残るためには、その曖昧さと折りあいをつけていくことを迫る意味をもっている。

また、日本は世界的な規模の格差社会のなかで、植民地化されたことのない非欧米国として、独特の位置づけをもつ。二十世紀前半の日本は、自国の内部の巨大な格差社会の矛盾に苦しみ、いわば矛盾を解消するために破局的な戦争へと向かっていった。戦後の日本は、劇的な改革をおこなうチャンスを活かして、社会構造の変革を進めて格差社会の構造を是正した。しかし戦後七十年が経ついま、格差忌避社会としての日本社会の性格は変わり、人びとの考えかたもまた大きく変わった。格差社会の問題は、今後の日本社会のありかたを占う大きな意味をもちはじめている。

そして格差社会を是正するためには、単純に成長を追い求めるだけの方策では十分ではないかもしれない。成長に限界があるとすれば、やみくもに成長しうる領域を開拓しようとするだけではなく、まさに成長の限界と折りあいをつけていく姿勢が求められるのかもしれない。資本主義の行き詰まりが、日本において顕在化しているのだとすれば、日本は安定的な国際社会の枠組みを維持しながら、成長の限界を受け止める方法を示す使命をもっているとも言えるだろう。

本書は、冒頭において、人間の社会における複数の目的をめぐる矛盾の顕現が、紛争であるという視点を紹介した。紛争解決とは矛盾の解消であり、平和構築とは矛盾の管理である。しかし解決したり管理したりするためには、どのような矛盾が存在しているのかを分析しなければならないのである。

註

■第一章

＊1　邦訳されている紛争解決学の教科書としては、オリバー・ラムズボサム／トム・ウッドハウス／ヒュー・マイアル『現代世界の紛争解決学』（宮本貴世訳、明石書店、二〇一〇年）。

＊2　こうした考えかたは、法律家による紛争解決や、ビジネスの世界における交渉と同じ理論的枠組みを共有していると言ってよい。たとえば、廣田尚久『紛争解決学』（新版、信山社、二〇〇二年）、ロジャー・フィッシャー／ウィリアム・ユーリー『ハーバード流交渉術――イエスを言わせる方法』（金山宣夫／浅井和子訳、三笠書房、一九八九年）。

＊3　篠田英朗『国際社会の秩序』（東京大学出版会、二〇〇七年）、篠田英朗『「国家主権」という思想――国際立憲主義への軌跡』（勁草書房、二〇一二年）、篠田英朗『平和構築入門』（ちくま新書、二〇一三年）参照。

＊4　モーゲンソー『国際政治――権力と平和』上・中・下（原彬久訳、岩波文庫、二〇一三年）、ヘドリー・ブル『国際社会論――アナーキカル・ソサイエティ』（臼杵英一訳、岩波書店、二〇〇〇年）、ヘンリー・キッシンジャー『回復された世界平和』（伊藤幸雄訳、原書房、一九七六年）、高坂正堯『国際政治――恐怖と希望』（中公新書、一九六六年）、坂本義和『国際政治と保守思想』（岩波書店、二〇〇四年）。

＊5　明石欽司『ウェストファリア条約――その実像と神話』（慶應義塾大学出版会、二〇〇九年）。ベンノ・テシィケ『近代国家体系の形成――ウェストファリアの神話』（君塚直隆訳、桜井書店、二〇〇八年）なども参照。

＊6　Stephen D. Krasner, *Sovereignty: Organized Hypocrisy* (Princeton University Press, 1999), p. 20.

＊7　篠田英朗「国際社会の立憲的性格の再検討――『ウェストファリア神話』批判の意味」『国際法外交雑誌』第一一三巻、第三号、二〇一四年十一月、参照。

＊8　篠田英朗「重層的な国際秩序観における法と力

——『モンロー・ドクトリン』の思想的伝統の再検討」大沼保昭編『国際社会における法と力』（日本評論社、二〇〇八年）所収。

*9 金井光太朗「アメリカン・システムのマニフェスト——ヨーロッパ公法秩序とモンロー・ドクトリン」『アメリカ研究』四九巻、二〇一五年、二—三、一七頁。

*10 篠田『「国家主権」という思想』参照。

*11 篠田英朗「ウッドロー・ウィルソン——介入主義、国家主権、国際連盟」遠藤乾編『グローバル・ガバナンスの歴史と思想』（有斐閣、二〇一〇年）所収。

*12 メアリー・カルドー『新戦争論——グローバル時代の組織的暴力』（山本武彦／渡部正樹訳、岩波書店、二〇〇三年）。

*13 E・H・カー『危機の二十年——理想と現実』（原彬久訳、岩波文庫、二〇一一年）。

*14 フランシス・フクヤマ『歴史の終わり〈上〉歴史の「終点」に立つ最後の人間』『歴史の終わり〈下〉「歴史の終わり」後の「新しい歴史」の始まり』（新装版、渡部昇一訳、三笠書房、二〇〇五年）。

*15 G・ジョン・アイケンベリー『アフター・ヴィクトリー——戦後構築の論理と行動』（鈴木康雄訳、NTT出版、二〇〇四年）。

*16 Walter Russell Mead, "The Return of Geopolitics: The Revenge of the Revisionist Powers," *Foreign Affairs*, May/June 2014 Issue; John Ikenberry, "The Illusion of Geopolitics: The Enduring Power of the Liberal Order," *Foreign Affairs*, May/June 2014 Issue.

*17 Francis Fukuyama, "Why Is Democracy Performing So Poorly?" *Journal of Democracy*, Vol. 26, Issue 1, January 2015, pp. 11-20; Robert Kagan, "The Weight of Geopolitics," *Journal of Democracy*, Vol. 26, Issue 1, January 2015, pp. 21-31.

*18 ロバート・ケーガン『ネオコンの論理』（山岡洋一訳、光文社、二〇〇三年）、ロバート・ケーガン『アメリカが作り上げた〝素晴らしき〟今の世界』（古村治彦訳、ビジネス社、二〇一二年）参照。

■第二章

*1 ジョン・J・ミアシャイマー『大国政治の悲劇——

米中は必ず衝突する！』（改訂版、奥山真司訳、五月書房、二〇一四年）、一〇―一一頁。

＊2　A・ハミルトン／J・ジェイ／J・マディソン『ザ・フェデラリスト』（斎藤眞／中野勝郎訳、岩波文庫、一九九九年）。

＊3　Martin Wight, *Power Politics*, second edition, edited by Hedley Bull and Carsten Holbraad (Harmondsworth: Royal Institute of International Affairs, 1979), p. 174.

＊4　モーゲンソー『国際政治――権力と平和』II（現代平和研究会訳、福村出版、一九八六年）、一八〇頁。

＊5　同右。

＊6　同右、一八一頁。

＊7　同右。

＊8　同右、一八四―一八八頁。

＊9　同右、一八八頁。

＊10　キッシンジャー『回復された世界平和』。

＊11　ケネス・ウォルツ『国際政治の理論』（河野勝／岡垣知子訳、勁草書房、二〇一〇年）。

＊12　Stephen M. Walt, *The Origins of Alliances* (Ithaca, NY: Cornell University Press, 1987).

＊13　ジョン・J・ミアシャイマー『大国政治の悲劇――米中は必ず衝突する！』

＊14　モーゲンソー『国際政治』II、二三六頁。

＊15　International Monetrary Fund (IMF), *World Economic Outlook* (*WEO*), April 2015. <http://www.imf.org>

＊16　「私は第一次欧州大戦以後の国家連合の時代は、この次の最終戦争のための準決勝戦時代だと観察しているのであります。先に話しました四つの集団（引用者註：ソ連・米州・欧州・東亜）が第二次欧州大戦以後は恐らく日、独、伊すなわち東亜と欧州の連合と米州との対立となり、ソ連は巧みに両者の間に立ちつつも、大体は米州に多く傾くように判断されますが、われわれの常識から見れば結局、二つの代表的勢力となるものと考えられるのであります。どれが準決勝で優勝戦に残るかと言えば、私の想像では東亜と米州だろうと思います。人類の歴史を、学問的ではありませんが、しろうと考えで考えて見ると、アジアの西部地方に起った人類の文明が東西両方に分かれて進み、数千年後に太平洋という

世界最大の海を境にして今、顔を合わせたのです。この二つが最後の決勝戦をやる運命にあるのではないでしょうか。軍事的にも最も決勝戦争の困難なのは太平洋を挟んだ両集団であります。」石原莞爾『世界最終戦争』（増補版、毎日ワンズ、二〇一一年）、五九頁。

＊17　William T. Tow, "The Trilateral Strategic Dialogue, Minilateralism, and Asia-Pacific Order Building" in Yuki Tatsumi (ed.), *US-Japan-Australia: Security Cooperation: Prospects and Challenges,* April 2015, The Stimson Center.

■第三章

＊1　アルフレッド・T・マハン『マハン海上権力史論』（新装版、北村謙一訳、原書房、二〇〇八年）。

＊2　たとえば、カルル・ハウスホーファー『太平洋地政治学――地理歴史相互関係の研究』（上）（下）（日本青年外交協会研究部訳、大空社、二〇〇五年）参照。

＊3　ニコラス・スパイクマン『平和の地政学――アメリカ世界戦略の原点』（奥山真司訳、芙蓉書房出版、二〇〇八年）、一―二、四頁。

＊4　モーゲンソー『国際政治』I、第一〇章一七一―一七二頁。

＊5　「地理学からみた歴史の回転軸」H・J・マッキンダー『マッキンダーの地政学――デモクラシーの理想と現実』（曽村保信訳、原書房、二〇〇八年）所収。

＊6　同右、二八一頁。

＊7　マッキンダー『マッキンダーの地政学』、八二頁。

＊8　同右、一七七頁。

＊9　同右、一六二頁。

＊10　同右、一八七頁。

＊11　日本における地政学の紹介書としては、茂木誠『世界史で学べ！　地政学』（祥伝社、二〇一五年）、奥山真司『地政学――アメリカの世界戦略地図』（五月書房、二〇〇四年）、曽村保信『地政学入門――外交戦略の政治学』（中公新書、一九八四年）、倉前盛通『悪の論理――ゲオポリティク（地政学）とは何か』（日本工業新聞社、一九七七年）、倉前盛通『新・悪の論理――日本のゲオポリティクはこれだ』（日本工業新聞社、一九八〇年）など。

＊12 スパイクマン『平和の地政学』、一〇一頁。

＊13 同右、一〇四頁。

＊14 「球形の世界と平和の勝利」、マッキンダー『マッキンダーの地政学』所収、二九六頁。

＊15 たとえば、クリミア併合決定時のプーチン大統領の演説を参照。
"Address by President of the Russian Federation," The Kremlin, Moscow, March 18, 2014, <http://en.kremlin.ru/events/president/news/20603>.

＊16 Z・ブレジンスキー『ブレジンスキーの世界はこう動く――21世紀の地政戦略ゲーム』（山岡洋一訳、日本経済新聞社、一九九八年）、六八頁。黒川祐次『物語 ウクライナの歴史――ヨーロッパ最後の大国』（中公新書、二〇〇二年）なども参照。

＊17 International Crisis Group, "Ukraine: Running out of Time," Europe Report No.231, 14 May 2014, p. 18.

＊18 Mary Elise Sarotte, "A Broken Promise? What the West Really Told Moscow About NATO Expansion," *Foreign Affairs*, September/October 2014.

＊19 John J. Mearsheimer, "Why the Ukraine Crisis Is the West's Fault: The Liberal Delusions That Provoked Putin," *Foreign Affairs*, September/October 2014.

＊20 たとえば、エマニュエル・トッド『「ドイツ帝国」が世界を破滅させる――日本人への警告』（堀茂樹訳、文春新書、二〇一五年）。

＊21 スパイクマン『平和の地政学』、九七―九八頁。

■第四章

＊1 サミュエル・ハンチントン『文明の衝突』（鈴木主税訳、集英社、一九九八年）、三二頁。

＊2 同右、三二頁。

＊3 S・P・ハンチントン『第三の波――20世紀後半の民主化』（坪郷實／中道寿一／藪野祐三訳、三嶺書房、一九九五年）。

＊4 ハンチントン『文明の衝突』、一五〇頁

＊5 同右。

＊6 同右、一五一頁。

＊7 山内昌之『中東 新秩序の形成――「アラブの春」を超えて』（NHKブックス、二〇一二年）、四〇―

四四頁。「ユース・バルジ」については、グナル・ハインゾーン『自爆する若者たち――人口学が警告する驚愕の未来』（猪股和夫訳、新潮選書、二〇〇八年）を参照。

*8　エマニュエル・トッド『アラブ革命はなぜ起きたか――デモグラフィーとデモクラシー』（石崎晴己訳、藤原書店、二〇一一年）。

*9　ハンチントン『文明の衝突』、三一五、三一九頁。

*10　同右、三二九頁。

*11　二〇〇三年当時、大量破壊兵器の有無がイラク戦争の核心的問題だと考えている者がほんとうにいたというのは、いまから考えれば驚くべきことだが、少なくとも冷静な観察者は、問題はそんなことではないということを論じていた。篠田英朗「対イラク戦争の諸問題」『創文』No.四五〇、二〇〇三年一二月号、四六―五〇頁。篠田英朗「アメリカ『帝国』とリベラル・デモクラシー――『ホッブズ的世界』と『歴史の終わり』」『現代思想』二〇〇三年十二月号、一五一―一六二頁。篠田英朗「グローバル化と主権国家――アメリカのイラク戦争」『現代思想』二〇〇三年五月号、一六六―一七六頁。

*12　酒井啓子「イラクの「宗派問題」――その国内要因と国外要因」大串和雄編『21世紀の政治と暴力――グローバル化、民主主義、アイデンティティ』（晃洋書房、二〇一五年）所収。

*13　International Crisis Group, "Arming Iraq's Kurds: Fighting IS, Inviting Conflict," *Middle East Report*, No.158, 12 May 2015. http://www.crisisgroup.org/~/media/Files/Middle%20East%20North%20Africa/Iraq%20Syria%20Lebanon/Iraq/158-arming-iraq-s-kurds-fighting-is-inviting-conflict

*14　宮田律『アメリカはイスラム国に勝てない』（PHP新書、二〇一五年）、八頁。池内恵『イスラーム国の衝撃』（文春新書、二〇一五年）、内藤正典『イスラム戦争――中東崩壊と欧米の敗北』（集英社新書、二〇一五年）。

*15　Audrey Kurth Cronin, "ISIS Is Not a Terrorist Group: Why Counterterrorism Won't Stop the Latest Jihadist Threat," *Foreign Affairs*, March/April, 2015.

*16　ブルース・ラセット『パクス・デモクラティア

——冷戦後世界への原理』（鴨武彦訳、東京大学出版会、一九九六年）。See also Anna Geis, Lothar Brock and Harald Müller (eds.), *Democratic Wars: Looking at the Dark Side of Democratic Peace* (Houndmills and New York: PalgraveMacmillan, 2006).

■第五章

＊1 http://reporting.unhcr.org/

＊2 UNHCR, "Global Trends: Forced Displacement in 2014," p.48.

＊3 David M. Anderson and Jacob McKnight, "Kenya at War: Al-shabaab and its Enemies in Eastsrn Africa," *African Affairs*, 114/454, pp. 1-27.

＊4 武内進一「アフリカの紛争に見る変化と継続——マリ、中央アフリカの事例から考える」大串和男編『21世紀の政治と暴力——グローバル化、民主主義、アイデンティティ』（晃洋書房、二〇一五年）所収。

＊5 United Nations Department of Peacekeeping Operations, http://www.un.org/en/peacekeeping/archive/2014/bnote1214.pdf

＊6 カール・マルクス『共産主義者宣言』（金塚貞文訳、平凡社ライブラリー、二〇一二年）。

＊7 トマ・ピケティ『21世紀の資本』（山形浩生／守岡桜／森本正史訳、みすず書房、二〇一四年）。

＊8 ピケティ『21世紀の資本』第一章。

＊9 I・ウォーラーステイン『近代世界システム』I・II・III・IV（川北稔訳、名古屋大学出版会、二〇一三年）。

＊10 ジャレド・ダイアモンド『銃・病原菌・鉄——一万三〇〇〇年にわたる人類史の謎』上（倉骨彰訳、草思社文庫、二〇一二年）。

＊11 池本幸三／布留川正博／下山晃『近代世界と奴隷制』（人文書院、一九九五年）、宮本正興／松田素二編『新書アフリカ史』（講談社現代新書、一九九七年）、E・E・エヴァンズ＝プリチャード『ヌアー族』（向井元子訳、平凡社ライブラリー、一九九七年）参照。

＊12 Immanuel Wallerstein, *Africa and the Modern World* (Trenton, New Jersey: Africa World Press, 1986). See also Immanuel Wallerstein, *Africa, The*

Politics of Independence (New York: Vintage Books, 1961); Immanuel Wallerstein, *The Road to Independence: Ghana and the Ivory Coast* (Paris & The Hague: Mouton, 1964); Immanuel Wallerstein, *Africa: The Politics of Unity* (New York: Random House, 1967); Immanuel Wallerstein, *University in Turmoil: The Politics of Change* (New York: Atheneum, 1969); Immanuel Wallerstein with Evelyn Jones Rich, *Africa: Tradition & Change* (New York: Random House, 1972).

*13　I・ウォーラーステイン『資本主義世界経済II——階級・エスニシティの不平等、国際政治』（日南田静眞監訳、名古屋大学出版会、一九八七年）、二一頁。

*14　同右、四六頁。

*15　同右、四七頁。

*16　ポール・コリアー『最底辺の10億人』（中谷和男訳、日経BP社、二〇〇八年）。

■第六章

*1　明石紀雄『トマス・ジェファソンと「自由の帝国」の理念——アメリカ合衆国建国史序説』（ミネルヴァ書房、一九九三年）。

*2　ロック『市民政府論』（鵜飼信成訳、岩波文庫、一九六八年）、藤原保信『自由主義の再検討』（岩波新書、一九九三年）、一六—二一、四〇—四二頁。

*3　アダム・スミス『国富論』（一）（二）（大河内一男監訳、中央公論新社、二〇一〇年）。

*4　アダム・スミス『国富論』（三）（大河内一男監訳、中央公論新社、二〇一〇年）、一六二、二二八頁。

*5　『世界の名著38　ベンサム／J・S・ミル』（関嘉彦編、中央公論社、一九六七年）、八三—八四頁。

*6　J・S・ミル『自由論』（塩尻公明／木村健康訳、岩波文庫、一九七一年）、一四二、二六頁。

*7　山岸義夫『アメリカ膨張主義の展開——マニフェスト・デスティニーと大陸帝国』（勁草書房、一九九五年）、第二章。安武秀岳『自由の帝国と奴隷制——建国から南北戦争まで』（ミネルヴァ書房、二〇一一年）、参照。

*8　富田虎男『アメリカ・インディアンの歴史』（第三版、雄山閣、一九九七年）、三五、一六四、一六

三頁。

＊9 土井淑平『終わりなき戦争国家アメリカ――インディアン戦争から「対テロ」戦争へ』（編集工房朔、二〇一五年）参照。

＊10 篠田英朗「重層的な国際秩序観における法と力――『モンロー・ドクトリン』の思想的伝統の再検討」、二三一―二七四頁、中嶋啓雄『モンロー・ドクトリンとアメリカ外交の基盤』（ミネルヴァ書房、二〇〇二年）、Dexter Perkins, *The Monroe Doctrine, 1823-1826* (Cambridge, MA: Harvard University Press, 1927); David W. Dent, *The Legacy of the Monroe Doctrine: A Reference Guide to U.S. Involvement in Latin America and the Caribbean* (Westport, CT: Greenwood Press, 1999).

＊11 金井「アメリカン・システムのマニフェスト」一七、一六頁。草野大希「モンロー主義とアメリカの介入政策――単独主義と多角主義の淵源となった外交理念のダイナミクス」『アメリカ研究』四九巻、二〇一五年も参照。

＊12 Quoted in Albert Bushnell Hart, *The Monroe Doctrine: An Interpretation* (Boston: Little, Brown, and Company, 1916), p.196.

＊13 篠田英朗「ウッドロー・ウィルソン――介入主義、国家主権、国際連盟」『グローバルガバナンスの歴史と思想』（遠藤乾編、有斐閣、二〇一〇年）所収。

＊14 S. M. Kennedy, "The Monroe Doctrine Clause of the League of Nations Covenant," *Graduate Studies Texas Tech University*, No. 20, May 1979, pp. 25, 14.

＊15 西崎文子『アメリカ冷戦政策と国連　１９４５―１９５０』（東京大学出版会、一九九二年）、西崎文子『アメリカ外交とは何か――歴史の中の自画像』（岩波新書、二〇〇四年）。

＊16 斎藤眞『アメリカ外交の論理と現実』（東京大学出版会、一九六二年）、六一―六二頁。

＊17 篠田英朗「重層的な国際秩序観における法と力――『モンロー・ドクトリン』の思想的伝統の再検討」大沼保昭編『国際社会における法と力』（日本評論社、二〇〇八年）所収、篠田英朗「グローバル化と主権国家――アメリカのイラク戦争」、『現代思想』（二〇〇三年五月号）。

＊18　藤原帰一『デモクラシーの帝国――アメリカ・戦争・現代世界』（岩波新書、二〇〇二年）、佐伯啓思『新「帝国」アメリカを解剖する』（ちくま新書、二〇〇三年）、エマニュエル・トッド『帝国以後――アメリカ・システムの崩壊』（石崎晴己訳、藤原書店、二〇〇三年）。篠田英朗「アメリカ『帝国』とリベラル・デモクラシー――『ホッブズ的世界』と『歴史の終わり』」、『現代思想』（二〇〇三年十二月号）。

＊19　宮野啓二『南・北アメリカの比較史的研究――南・北アメリカ社会の相違の歴史的根源』（御茶の水書房、二〇一三年）。

＊20　村上勇介編『21世紀ラテンアメリカの挑戦――ネオリベラリズムによる亀裂を超えて』（京都大学学術出版会、二〇一五年）。

＊21　ジャレド・ダイアモンド『銃・病原菌・鉄――一万三〇〇〇年にわたる人類史の謎』（上）（倉骨彰訳、草思社、二〇一二年）、一二二―一四八頁。

＊22　増田義郎『物語ラテン・アメリカの歴史―未来の大陸』（中公新書、一九九八年）、九六頁。

＊23　同右、六四頁。

＊24　同右、一一一―一一二頁、一三一―一三五頁。

＊25　ラス・カサス『インディアスの破壊についての簡潔な報告』（染田秀藤訳、岩波文庫、一九七六年）。

＊26　ドネラ・H・メドウズ／デニス・L・メドウズ／ジャーガン・ラーンダズ／ウィリアム・W・ベアランズ三世『成長の限界――ローマ・クラブ「人類の危機」レポート』（ダイヤモンド社、一九七二年）、一一―一二頁。（Donella H. Meadows, Dennis L. Meadows, Jørgen Randers, William W. Behrens III, *The Limits to Growth: A Report for the Club of Rome's Project on the Predicament of Mankind* [New York: Universe Books, 1972].）

＊27　同右、第II章（三三―七二頁）。

＊28　同右、一〇八頁、一一三頁。

＊29　同右、一二六頁。

＊30　同右、一三一―一三三頁。

＊31　同右、一五五頁。

＊32　同右、一四二―一四三頁、一五二―一五三頁。

＊33　『成長の限界』の著者たち自身によるその後の一連の検証としては、ドネラ・H・メドウズ／ヨルゲン・ランダース／デニス・L・メドウズ『限界を

超えて――生きるための選択』（松橋隆治／茅陽一／村井昌子訳、ダイヤモンド社、一九九二年）、ドネラ・H・メドウズ／ヨルゲン・ランダース／デニス・L・メドウズ『成長の限界 人類の選択』（枝廣淳子訳、ダイヤモンド社、二〇〇五年）、ドネラ・H・メドウズ『世界はシステムで動く――いま起きていることの本質をつかむ考え方』（小田理一郎／枝廣淳子訳、英治出版、二〇一五年）。

＊34 World Bank, "Regional aggregation using 2005 PPP and $1.25/day poverty line" at
http://www.worldbank.org/content/dam/Worldbank/Feature%20Story/japan/poverty/poverty-rate-region.pdf.

＊35 水野和夫『資本主義の終焉と歴史の危機』（集英社新書、二〇一四年）、一六―二一頁。

＊36 同右、二六―三七頁。

＊37 たとえば榊原英資『進歩主義からの訣別――日本異質論者の罪』（読売新聞社、一九九六年）。

あとがき

本書の執筆中は、新しい安全保障関連法案をめぐる議論が盛んであった。あるいはそのように見えた。総理大臣は戦火を逃れる船の上の親子の絵を見せて、この人たちを助けたい、と訴えた。火事の模型を使って解説しはじめて、テレビの司会者を困惑させたこともあった。野党側は、戦争法案が導入されたら徴兵制が不可避だぞ、と訴えるパンフレットをつくってから廃棄してみたり、「強行採決」のシーンに立ち会って「自民党感じ悪いよね」と書いたプラカードをテレビに映そうと奮闘したりした。

研究をする職務で給与を得ている大学教員であっても、断片的な結論を断定調に連呼しながら攻撃的な発言をくりかえす技を、競いあっているかのような者もいたようだ。

議論のようすだけを見ていると、いったいなにが論点なのかまったく見えてこない。国際情勢の分析というよりは、国内情勢の分析が必要なのだろう。

二十世紀後半の日本は、右と左、安保と憲法、親米と反米、国内と国際、といった二項対立図式による分断が社会全体を硬直化させていた時代だった。じつは二十一世紀においてもそうなのだろうか。世代交代のみならず、体制変革も進んでいない日本社会の現状を見るならば、先行きは楽観的に見とおせるものではないかもしれない。

膨大な国債を発行しつづけ、バブルに酔いしれた人びとこそが、あいかわらず既得権益の維持を目指し、「事業仕分けで手放した失地の回復」のために国庫から資金を引き出すことに狂奔している。子ども・孫・その後の数世代に空前の負債を背負わせつづけようとする世代こそが、「民主主義」や「法的安定性」の名の下に、自分の意見に付きしたがう若者や中年だけを重用できる社会を夢見つづけている。

東大法学部に入れば、東大法学部卒業生がエリートとして扱われる社会を当然だと信じ、東大法学部で教えられていることが最高の真理とされる社会を守りたくなるのだろう。幼少期から決まりきった塾に通って中央官庁の役人になったりすれば、国家機構を媒介にして自分たちが一生安泰に暮らしていくのは歴史の摂理であり、そのために国債発行を減らせないとしてもそれはもちろん役人や外郭団体天下り職員の責任などではないと信じるようになるのだろう。団塊の世代に生まれれば、多数者の声を聞く民主主義を達成すべきだと主張したがり、自分たちが社会の多数派でありつづける社会の正当性を疑ったりはしなくなるのだろう。

そうして、やがて誰も外部世界の分析などには関心をもたなくなり、どのようにして自分の立場を守れるか、相手陣営を弱められるかばかりを心配するようになる。

紛争後社会を研究していると痛感するのは、ひとたび大きな社会変動が起これればもろくも崩れさる社会システムであっても、崩れるまではその永続性を前提にして人間は生きたがるものだ、ということである。現実には、永遠に続くシステムなどはない、ということを知っているはずだとしても。

われわれは、われわれ個々人の努力を通じて、座標軸を磨きつづけたりしながら、未来を構想していくしかないのだ。

＊

本書は、学術的内容をもっている書籍ではあるが、一般向けに書こうと努力した書物ではある。参照文献としては、できるかぎり日本語の文献を、直接関係しているものに限定して、選ぶようにした。結果としてかえって内容説明や表記方法などが中途半端になっているところがあるかもしれない。それはすべて著者の力量不足によるものである。

講談社の横山建城さんには執筆過程における助言から、細かな編集作業の労に至るまで、お世話になりっぱなしであった。横山さんがいなければ本書がこのようなかたちで世に出ることもなかっただろう。

横山さんは大学の学部で私が属した政治思想ゼミの一学年上の先輩である。平凡な成績であった私が、ゼミに入れたのは、藤原保信先生の横で面接官役をなさってくれた二人の先輩――そのうちの一人は横山さんであった――のおかげでもあるだろう。偏屈者が集まることで絶対的な権威があった藤原ゼミに入ったことによって、私の人生は変わった。毎年毎年複数のゼミ生が大学院に進学していく環境で、しかも政治思想だけではなく、国際政治、社会学、経済学、文学、哲学などさまざまな専門に分かれて広がって次々と研究者になっていく人びとが集まっている環境に身を置けたことによって、私自身もそれまで意識していなかった研究者の道を志すようになった。

月日は流れ、いまや私が大学から給与をいただくようになってからでも、十五年以上になる。今回、横山さんと仕事ができたことは、私にとってはいささか感傷的な思いも抱く大切な事実である。深く感謝している。

東京外国語大学国際社会学部における二〇一五年度ゼミ生のみなさんには、夏合宿の機会に本書の草稿を読み、批評をしてもらった。この場を借りて厚く御礼を申しあげたい。約束どおりゼミ生のみなさんに本書を献本できる日を楽しみにしている。

二〇一五年　秋

篠田英朗

文献索引

[カ]

[サ]

[タ]

[ナ]

[ハ]

[ラ]

［ワ］

人名索引

国際紛争《こくさいふんそう》を読《よ》み解《と》く五《いつ》つの視座《しざ》

現代世界《げんだいせかい》の「戦争《せんそう》の構造《こうぞう》」

二〇一五年一二月一〇日第一刷発行
二〇二二年一〇月 四 日第五刷発行

著者 篠田英朗《しのだひであき》

発行者 鈴木章一
発行所 株式会社 講談社
東京都文京区音羽二丁目一二―二一 〒一一二―八〇〇一
電話（編集）〇三―三九四五―四九六三
（販売）〇三―五三九五―四四一五
（業務）〇三―五三九五―三六一五

装幀者 奥定泰之
本文印刷 株式会社 新藤慶昌堂
カバー・表紙印刷 半七写真印刷工業 株式会社
製本所 大口製本印刷 株式会社

KODANSHA

ISBN978-4-06-258617-7 Printed in Japan N.D.C.319 300p 19cm

講談社選書メチエの再出発に際して

講談社選書メチエの創刊は冷戦終結後まもない一九九四年のことである。長く続いた東西対立の終わりはついに世界に平和をもたらすかに思われたが、その期待はすぐに裏切られた。超大国による新たな戦争、吹き荒れる民族主義の嵐……世界は向かうべき道を見失った。そのような時代の中で、書物のもたらす知識が一人一人の指針となることを願って、本選書は刊行された。

それから二五年、世界はさらに大きく変わった。特に知識をめぐる環境は世界史的な変化をこうむったとすら言える。インターネットによる情報化革命は、知識の徹底的な民主化を推し進めた。誰もがどこでも自由に知識を入手でき、自由に知識を発信できる。それは、冷戦終結後に抱いた期待を裏切られた私たちのもとに差した一条の光明でもあった。

その光明は今も消え去ってはいない。しかし、私たちは同時に、知識の民主化が知識の失墜をも生み出すという逆説を生きている。堅く揺るぎない知識も消費されるだけの不確かな情報に埋もれることを余儀なくされ、不確かな情報が人々の憎悪をかき立てる時代が今、訪れている。

この不確かな時代、不確かさが憎悪を生み出す時代にあって必要なのは、一人一人が堅く揺るぎない知識を得、生きていくための道標を得ることである。

フランス語の「メチエ」という言葉は、人が生きていくために必要とする職、経験によって身につけられる技術を意味する。選書メチエは、読者が磨き上げられた経験のもとに紡ぎ出される思索に触れ、生きるための技術と知識を手に入れる機会を提供することを目指している。万人にそのような機会が提供されたとき初めて、知識は真に民主化され、憎悪を乗り越える平和への道が拓けると私たちは固く信ずる。

この宣言をもって、講談社選書メチエ再出発の辞とするものである。

二〇一九年二月　　野間省伸